AF080663

www.ingramcontent.com/pod-product-compliance
Lightning Source LLC
LaVergne TN
LVHW010156070526
838199LV00062B/4388

9789369087761

ترجمہ قرآن مجید

حصہ اول: فاتحہ تا اعراف

میر محمد اسحاق

مرتبہ: اعجاز عبید

© Taemeer Publications LLC

Quran Tarjuma Meer Ishaq – Part:1 *(Quran Urdu Translation)*
by: Meer Mohammed Ishaq
Edition: April '2025
Publisher :
Taemeer Publications LLC (Michigan, USA / Hyderabad, India)

ISBN 978-93-6908-776-1

مترجم یا مرتب یا ناشر کی پیشگی اجازت کے بغیر اس کتاب کا کوئی بھی حصہ کسی بھی شکل میں بشمول ویب سائٹ پر اَپ لوڈنگ کے لیے استعمال نہ کیا جائے۔ نیز اس کتاب پر کسی بھی قسم کے تنازع کو نمٹانے کا اختیار صرف حیدرآباد (تلنگانہ) کی عدلیہ کو ہو گا۔

© تعمیر پبلی کیشنز

کتاب	:	**قرآن ترجمہ میر اسحاق** (سورہ الفاتحہ تا اعراف)
مترجم	:	**میر محمد اسحاق**
جمع و ترتیب	:	اعجاز عبید
صنف	:	ترجمہ قرآن
ناشر	:	تعمیر پبلی کیشنز (حیدرآباد، انڈیا)
سالِ اشاعت	:	۲۰۲۵ء
صفحات	:	۲۷۴

فہرست

۱۔ فاتحہ.......................................3

۲۔ البقرہ......................................4

۳۔ آل عمران..................................76

۴۔ النساء.....................................122

۵۔ المائدہ 164

۶۔ الأنعام 195

۷۔ الاعراف..................................231

1

۱۔ فاتحہ

بِسۡمِ اللّٰہِ الرَّحۡمٰنِ الرَّحِیۡمِ

۱. اللہ کے (پاک) نام سے شروع کرتا ہوں جوکہ بڑا مہربان، نہایت ہی رحم والا ہے۔

۲. سب تعریفیں اللہ کے لئے ہیں جو پروردگار ہے سب جہانوں کا،

۳. جو بڑا مہربان، نہایت رحم والا ہے،

۴. جو مالک ہے، بدلے کے دن کا، (مالک!)

۵. ہم تیری ہی بندگی کرتے ہیں، (اور کرتے رہیں گے) اور تجھ ہی سے مدد مانگتے ہیں، (اور مانگتے رہیں گے)

۶. سرفراز فرمادے ہمیں سیدھی راہ سے،

۷. یعنی ان حضرات کی راہ سے، جن پر تیرا انعام ہوا نہ ان کی جن پر تیرا غضب ہوا، اور نہ ان کی جو بھٹک گئے (راہ حق و صواب سے)۔

***

۲۔ البقرہ

بِسۡمِ اللّٰہِ الرَّحۡمٰنِ الرَّحِیۡمِ

اللہ کے نام سے جو رحمان و رحیم ہے

١. الم

٢. یہ ایسی (عظیم الشان) کتاب ہے جس میں کوئی شک نہیں، سراسر ہدایت ہے، ان پرہیزگاروں کے لئے،

٣. جو بن دیکھے (سچا پکا) ایمان رکھتے ہیں (غیبی حقائق پر) اور وہ قائم کرتے ہیں نماز کو اور خرچ کرتے ہیں (ہماری رضا کے لئے) اس میں سے جو کہ ہم نے ان کو دیا (بخشا) ہوتا ہے

٤. اور جو ایمان رکھتے ہیں اس (کتاب) پر جو اتاری گئی آپ کی طرف (اے پیغمبر) اور ان (سب کتابوں) پر بھی جن کو اتارا گیا آپ سے پہلے اور وہ (سچے دل) سے یقین رکھتے ہیں آخرت پر،

۵۔ یہی لوگ ہیں جو اپنے رب کی طرف سے (ملنے والی) سیدھی راہ پر ہیں اور یہی وہ لوگ ہیں جو (حقیقی معنوں میں) کامیاب ہونے والے (اور فلاح پانے والے) ہیں،

۶۔ (اس کے برعکس) جو لوگ اڑ گئے اپنے کفر (و باطل) پر (اپنے عناد اور ہٹ دھرمی کی وجہ سے) بیشک ان کے حق میں برابر ہے کہ آپ انہیں خبردار کریں یا نہ کریں، انہوں نے (بہرحال) ایمان نہیں لانا

۷۔ اللہ نے مہر لگا دی ان کے دلوں پر اور (ڈاٹ لگا دیئے) ان کے کانوں پر (ان کی اپنی بد نیتی اور سوء اختیار کی بنیاد پر) ان کی آنکھوں پر ایک (سخت قسم کا) پردہ ہے اور ان کے لیے بہت بڑا عذاب ہے

۸۔ اور کچھ لوگ ایسے ہیں جو (زبان سے تو) کہتے ہیں کہ ہم ایمان لائے اللہ پر اور قیامت کے دن پر مگر وہ ایمان دار ہیں نہیں

۹۔ وہ (اس طرح) دھوکہ دیتے ہیں اللہ کو اور ان لوگوں کو جو ایمان لائے ہیں حالانکہ (حقیقت میں) وہ دھوکہ خود اپنے آپ کو ہی دے رہے ہیں، مگر وہ شعور نہیں رکھتے

۱۰۔ ان کے دلوں میں ایک بڑی (خطرناک) بیماری ہے۔ پھر اللہ کی طرف سے (ملنے والی مہلت کے باعث) ان کی یہ بیماری اور بڑھ گئی اور ان کے لئے بڑا ہی دردناک عذاب ہے ان کے اس جھوٹ کی بنا پر جو یہ لوگ بولتے تھے (پوری ڈھٹائی کے ساتھ)

۱۱۔ اور جب ان سے کہا جاتا ہے کہ فساد مت مچاؤ تم لوگ (اللہ کی) اس زمین میں تو یہ لوگ کہتے ہیں (کہ نہیں صاحب) ہم تو اصلاح کرنے والے ہیں

۱۲. اور (ان کے دھوکے میں نہیں آنا) یقیناً یہی لوگ فساد مچانے والے ہیں لیکن یہ اس کا شعور نہیں رکھتے

۱۳. اور (اسی طرح) ان سے کہا جاتا ہے کہ تم لوگ (سچے دل سے) ایمان لے آؤ جس طرح کہ یہ دوسرے لوگ ایمان لائے ہیں تو یہ کہتے ہیں کہ ہم اسی طرح ایمان لے آئیں جس طرح کے بیوقوف لوگ ایمان لائے ہیں آگاہ رہو کہ بیوقوف یہ خود ہیں لیکن یہ جانتے نہیں

۱۴. اور جب یہ (بدبخت) ایمان والوں سے ملتے ہیں تو کہتے ہیں کہ ہم ایمان لائے ہیں مگر جب یہ تنہائی میں اپنے شیطانوں کے پاس پہنچتے ہیں تو کہتے ہیں کہ ہم تو (دل و جان سے) تمہارے ساتھ ہیں (ان لوگوں سے تو) ہم بس مذاق کر رہے تھے

۱۵. حالانکہ مذاق (حقیقت میں) اللہ کی طرف سے خود ان کا اڑایا جا رہا ہے وہ (اپنے حلم اور کرم بے پایاں سے) ان کی رسی دراز کیے جا رہا ہے، جس سے یہ لوگ اپنی سرکشی میں (پڑے) بھٹک رہے ہیں

۱۶. یہ وہ (بدبخت) لوگ ہیں جنھوں نے گمراہی کو اپنایا ہدایت کے بدلے میں پس نہ ان کو نفع دیا ان کی اس تجارت نے اور نہ ہی یہ ہدایت پانے والے ہیں،

۱۷. ان کی مثال (ان کی محرومی اور بدنصیبی میں) ایسی ہے جیسے کسی نے آگ جلائی ہو مگر جب اس آگ نے روشن کر دیا اس کے آس پاس کو تو اللہ نے سلب کر دیا ان کی روشنی کو اور ان کو (بھٹکتا) چھوڑ دیا ایسے اندھیروں میں کہ ان کو کچھ سوجھتا ہی نہیں

۱۸. یہ بہرے گوں گے اور اندھے ہیں پس یہ نہیں لوٹیں گے

۱۹. یا (ان کی مثال ایسے ہے) جیسے آسمان سے اترنے والی زور دار بارش ہو، جس میں اندھیرے بھی ہوں اور (زور کی) گرج اور چمک بھی یہ لوگ بجلی کی کڑک کی (ہولناک) آوازوں کی بنا پر موت کے ڈر کے مارے اپنی انگلیاں اپنے کانوں میں ٹھونسے جا رہے ہوں، اور اللہ نے پوری طرح گھیرے میں لے رکھا ہے ایسے تمام کافروں کو

۲۰. قریب ہے کہ وہ بجلی اچک لے ان کی آنکھوں کو جب وہ ان کے لئے چمکتی ہے تو یہ اس (کی روشنی) میں چل پڑتے ہیں لیکن جب ان پر اندھیرا چھا جاتا ہے تو یہ (حیران و پریشان) کھڑے رہ جاتے ہیں اور اگر اللہ چاہتا تو لے جاتا ان کے کان، اور چھین لیتا (ان سے) ان کی آنکھیں بیشک اللہ ہر چیز پر پوری قدرت رکھتا ہے

۲۱. اے لوگوں بندگی کرو تم سب اپنے اس رب (وحدہٗ لاشریک) کی جس نے پیدا فرمایا تم سب کو بھی (اپنی قدرت بے نہایت اور رحمت بے غایت سے) اور ان کو بھی جو تم سے پہلے گزر چکے ہیں تاکہ تم پرہیزگار بن سکو،

۲۲. جس نے بنا دیا تمہارے لیے اس زمین کو ایک عظیم الشان بچھونا اور آسمان کو ایک عظیم الشان چھت، اور اس نے اتارا آسمان سے پانی (ایک نہایت ہی پُر حکمت نظام کے تحت) پھر اس نے نکالیں اس کے ذریعے طرح طرح کی پیداواریں (اپنی قدرت کاملہ اور حکمت بالغہ سے) تمہاری روزی رسانی کے لئے پس تم لوگ اللہ کے لئے شریک مت بناؤ درآنحالیکہ تم لوگ خود جانتے ہو

۲۳. اور اگر تمہیں شک ہو اس (کتاب) کے بارے میں جس کو ہم نے اتارا ہے اپنے بندہ پر تو تم اس جیسی ایک (چھوٹی سے چھوٹی) سورت ہی بنا لاؤ اور بلا لو تم اس (غرض کے لئے) اپنے تمام حمایتیوں کو سوائے اللہ (پاک سبحانہ و تعالی) کے اگر تم سچے ہو

۲۴. پس اگر تم لوگ (ہمارے اس کھلے چیلنج کے باوجود) ایسا نہ کر سکے اور ہرگز بھی نہیں کر سکو گے تو پھر بچو تم (دوزخ کی) اس (ہولناک) آگ سے جس کا ایندھن لوگ ہوں گے اور پتھر (اور) جو تیار کی گئی ہے کافروں کے لئے

۲۵. اور خوشخبری سنا دو تم ان (خوش نصیبوں) کو جو ایمان لائے اور انہوں نے نیک کام کیے کہ ان کے لئے ایسی عظیم الشان جنتیں ہیں جن کے نیچے سے بہہ رہی ہوں گی طرح طرح کی عظیم الشان نہریں جب بھی ان کو وہاں کوئی پھل کھانے کو ملے گا تو وہ کہیں گے کہ یہ تو وہی ہے جو ہمیں اس سے پہلے ملا تھا اور انہیں دیئے بھی جائیں گے باہم ملتے جلتے اور ان کے لئے وہاں ایسی بیویاں ہوں گی (جنہیں ہر طرح کے ظاہری و باطنی عیوب و نقائص سے) پاک کر دیا گیا ہو گا اور ان (خوش نصیبوں) کو ان (جنتوں اور ان کی نعمتوں) میں ہمیشہ رہنا نصیب ہو گا

۲۶. بیشک اللہ (پاک سبحانہ و تعالی) شرماتا نہیں اس بات سے کہ وہ بیان فرمائے کوئی مثال (حقیقت حال کی توضیح کے لئے) مچھر کی یا اس سے بھی بڑھ کر کسی چیز کی سو جو لوگ ایمان (کا نور) رکھتے ہیں وہ یقین جانتے ہیں کہ یہ (تمثیل) قطعی طور پر حق ہے ان کے رب کی طرف سے مگر جو لوگ کفر (کی ظلمت) والے ہیں وہ کہتے ہیں کہ اللہ کو کیا لگے اس طرح کی مثالوں

سے اللہ اس سے بہتوں کو گمراہی (کی دلدل) میں ڈالتا ہے اور بہتوں کو ہدایت (کی عظیم الشان دولت) سے نوازتا ہے اور وہ اس سے گمراہ نہیں کرتا مگران ہی بدکاروں کو

۲۷. جو توڑتے ہیں اللہ کے عہد کو اس کے پختہ کرنے کے بعد اور جو قطع کرتے ہیں ان (تعلقات اور رشتوں) کو جن کو جوڑنے کا اللہ نے حکم دیا ہے اور وہ فساد پھیلاتے ہیں (اللہ کی) زمین میں یہی لوگ ہیں خسارے والے

۲۸. تم کیسے کفر کرتے ہو اللہ کے ساتھ (اے منکرو!) حالانکہ تم بے جان تھے تو اس نے تمہیں زندگی (کی یہ عظیم الشان نعمت) بخشی پھر وہی تمہیں موت دیتا ہے (اور دے گا) اور وہی تمہیں زندگی بخشتا ہے (اور بخشے گا) پھر اسی کی طرف تم لوٹائے جاتے ہو (اور لوٹائے جاؤ گے)

۲۹. وہ (اللہ) وہی تو ہے جس نے پیدا فرمایا تمہارے لئے (اپنی قدرت کاملہ حکمت بالغہ اور رحمت شاملہ سے) وہ سب کچھ جو کہ زمین میں سے ہے، پھر اس نے توجہ فرمائی آسمان کی طرف تو برابر کر دیا ان کو سات آسمانوں کی صورت میں بیشک وہ ہر چیز کو پوری طرح جاننے والا ہے

۳۰. اور (وہ بھی یاد کرو کہ) جب فرمایا تمہارے رب نے فرشتوں سے کہ (اے فرشتو! بیشک میں بنانے والا ہوں زمین میں (اپنا) ایک خلیفہ تو فرشتوں نے عرض کیا کہ (مالک) کیا آپ زمین میں ایسے شخص کو (اپنا خلیفہ) بنائیں گے جو اس میں فساد مچائے اور خون ریزی

کرے حالانکہ ہم برابر تسبیح کرتے ہیں آپ کی حمد (و ثنا) کے ساتھ اور ہم آپ کی تقدیس کرنے میں لگے ہوئے ہیں فرمایا میں پوری طرح جانتا ہوں وہ کچھ جو تم نہیں جانتے

۳۱. اور سکھائے اللہ نے (اپنی قدرت کاملہ اور حکمت بالغہ سے) آدم کو نام سب چیزوں کے پھر اس نے پیش فرمایا ان سب کو فرشتوں کے سامنے پھر فرمایا (ان سے) کہ بتاؤ مجھے نام ان چیزوں کے اگر تم سچے ہو

۳۲. انہوں نے عرض کیا کہ (مالک) ہم تو بس وہی کچھ جانتے ہیں جو آپ نے ہمیں سکھایا ہے بیشک آپ ہی ہیں سب کچھ جانتے نہایت حکمتوں والے

۳۳. تب اللہ نے فرمایا (آدم سے) کہ اے آدم بتاؤ ان کو نام ان چیزوں کے سو جب بتا دیئے آدم نے ان کو نام ان سب چیزوں کے تو فرمایا (تمہارے رب نے فرشتوں سے کہ) کیا میں نے تم سے نہ کہا تھا کہ بیشک میں جانتا ہوں سب چھپی باتیں آسمانوں کی اور زمین کی اور میں جانتا ہوں وہ سب کچھ جو کہ تم ظاہر کرتے ہو اور وہ سب کچھ بھی جسے تم چھپاتے ہو

۳۴. اور (وہ بھی یاد کرو) کہ جب ہم نے فرشتوں سے کہا کہ تم سجدہ کرو آدم کو تو وہ سب سجدے میں گر پڑے بجز ابلیس کے کہ اس نے انکار کیا اور وہ اپنی بڑائی کے گھمنڈ میں بتلا ہوا اور وہ (علم الٰہی میں) پہلے سے ہی کافروں میں سے تھا

۳۵. اور ہم نے کہا (آدم سے کہ) اے آدم رہو تم بھی اور تمہاری بیوی بھی جنت میں اور کھاؤ (پیو) تم اس میں بفراغت جہاں سے چاہو مگر اس درخت کے قریب بھی مت پھٹکنا ورنہ تم ظالموں میں سے ہو جاؤ گے

۳۶. مگر آخر شیطان نے پھسلا دیا ان دونوں کو اسی درخت کی بنا پر اور اس نے نکال دیا ان دونوں کو ان نعمتوں سے جن میں وہ (رہ رہے) تھے اور حکم دیا ہم نے (آدم اور حوا کو) کہ اتر جاؤ تم اس حال میں کہ تم ایک دوسرے کے دشمن ہوؤ گے اور تمہارے لئے زمین میں ٹھکانا ہے اور برتنے (استعمال کرنے) کا سامان ایک (مقرر) وقت تک

۳۷. پھر سیکھ لئے آدم نے کچھ کلمے اپنے رب کی طرف سے تب اس (کے رب) نے اس کی توبہ قبول فرمالی بیشک وہ بڑا ہی توبہ قبول کرنے والا اور نہایت ہی مہربان ہے

۳۸. ہم نے کہا تم اتر جاؤ یہاں سے سب کے سب پھر اگر آئے تمہارے پاس میری طرف سے کوئی ہدایت تو جس نے (صدق دل سے) پیروی کی میری ہدایت کی تو ایسے لوگوں پر نہ کوئی خوف ہوگا اور نہ ہی وہ غمگین ہوں گے

۳۹. اور اس کے (برعکس) جن لوگوں نے کفر کیا اور جھٹلایا میری آیتوں کو تو وہ ساتھی (اور یار) ہوں گے دوزخ کے جس میں ان کو ہمیشہ رہنا ہوگا

۴۰. اے بنی اسرائیل یاد کرو تم میرے طرح طرح کے ان احسانوں کو جو میں نے تم پر کئے ہیں اور پورا کرو تم میرے عہد کو میں پورا کروں گا تمہارے عہد کو اور تم خاص مجھ ہی سے ڈرو

۴۱. اور ایمان لاؤ تم لوگ اس کتاب پر جو میں نے (اپنی کامل اور آخری کتاب کی شکل میں اب) اتاری ہے جو تصدیق کرنے والی ہے اس کتاب کی جو تمہارے پاس ہے اور تم اس کے پہلے منکر مت بنو اور مت لو تم لوگ میری آیتوں کے بدلے میں (دنیائے دوں کا) گھٹیا مول اور تم خاص مجھ ہی سے ڈرو

۴۲۔ اور نہ ملاؤ تم حق کو باطل کے ساتھ اور نہ چھپاؤ تم (نور) حق کو جانتے بوجھتے

۴۳۔ اور قائم کرو تم نماز کو ایمان (لاکر) اور ادا کرو زکوٰۃ (طیب خاطر) کے ساتھ اور (دل و جان سے) جھک جاؤ تم اپنے (مالک حقیقی کے حضور) دوسرے جھکنے والوں کے ساتھ

۴۴۔ کیا تم لوگ دوسروں کو نیکی کا حکم دیتے ہو اور بھولتے ہو خود اپنے آپ کو (اور غفلت برتتے ہو تم اپنے بھلے سے) درآنحالیکہ تم خود کتاب پڑھتے ہو کیا تم لوگ عقل سے کام نہیں لیتے ہو

۴۵۔ اور مدد مانگو تم اپنے (رب سے) صبر اور نماز کے ذریعے بیشک یہ نماز بڑی بھاری ہے مگر ان عاجزی کرنے والوں پر

۴۶۔ جو یہ یقین رکھتے ہیں کہ انہیں ملنا ہے بہر حال اپنے رب سے (اور اس کے حضور پیش ہونا ہے) اور انہیں (ہر صورت میں) آخر کار اسی کے حضور لوٹ کر جانا ہے،

۴۷۔ اے بنی اسرائیل یاد کرو تم میرے احسانوں کو جو میں نے (طرح طرح سے) تم پر کئے ہیں، اور (خاص کر میرے احسان کو کہ) میں نے تم کو فضیلت دی تمام جہانوں پر

۴۸۔ اور ڈرو تم لوگ اس ہولناک دن سے جس میں نہ کوئی شخص کسی شخص کے کچھ کام آ سکے گا، نہ اس سے کوئی سفارش قبول کی جائے گی، نہ اس سے کوئی معاوضہ لیا جائے گا، اور نہ ہی ان لوگوں کی (کہیں سے) کوئی مدد کی جائے گی،

۴۹۔ اور (وہ بھی یاد کرو کہ) جب ہم نے نجات دی تم کو (اپنی رحمت و عنایت سے) فرعون والوں سے، جو کہ چکھاتے تھے تم لوگوں کو (طرح طرح کے) برے عذاب، تمہارے بیٹوں

کو وہ چن چن کر ذبح کرتے ، اور تمہاری بیٹیوں کو وہ (اپنی اغراض کے لئے) زندہ رکھ چھوڑتے ، اوراس میں بڑی آزمائش تھی تمہارے رب کی جانب سے

۵۰. ، اور (وہ بھی یاد کرو کہ) جب ہم نے پھاڑا سمندر کو تمہارے لئے راستہ بنانے کو، اور (پھر اسی میں) غرق کر دیا ہم نے (فرعون کو اور) فرعون والوں کو، جب کہ تم لوگ خود (اپنی آنکھوں سے یہ سب کچھ دیکھ رہے تھے

۵۱. اور (وہ بھی یاد کرو کہ) جب ہم نے موسیٰ سے وعدہ کیا، چالیس راتوں کا (تورات عطا کرنے کے لئے) پھر تم نے ٹھہرالیا اس (بے جان اور بے حقیقت) بچھڑے کو (اپنا معبود) اس کے بعد، اور تم ہو ہی ظالم لوگ

۵۲. پھر اس (ہولناک اور سنگین جرم) کے بعد بھی، ہم نے تم سے درگزر ہی کیا، تاکہ تم لوگ احسان مانو (اور اپنے منعم حقیقی کا شکر بجالاؤ)

۵۳. اور (ہمارا احسان بھی یاد کرو کہ) جب ہم نے موسیٰ کو وہ (عظیم الشان) کتاب (یعنی توراۃ) دی، اور (حق و باطل کے درمیان) فیصلے کا سامان بھی، تاکہ تم لوگوں کو راستہ مل سکے

۵۴. اور (وہ بھی یاد کرنے کے لائق ہے کہ) جب موسیٰ نے (دکھ اور درد بھرے انداز میں) اپنی قوم سے کہا کہ اے میری قوم (کے لوگو!) بیشک تم نے بڑا ظلم ڈھایا ہے اپنی جانوں پر اس بچھڑے کو (اپنا معبود) ٹھہرا کر، سو تم لوگ فوراً سچی توبہ کے ساتھ رجوع کرو اپنے پیدا کرنے والے (رب) کے حضور، اور قتل کرو اپنے آپ کو، یہ تمہارے لئے بہتر ہے

تمہارے پیدا کرنے والے کے ہاں، پھر اس نے (اپنے فضل و کرم سے) تمہاری توبہ قبول فرمالی، بیشک وہ بڑا ہی قبول کرنے والا، نہایت مہربان ہے،

۵۵. اور (وہ بھی یاد کرو کہ) جب تم لوگوں نے (اپنے پیغمبر سے) کہا کہ اے موسیٰ ہم ہرگز تمہارے کہنے پر یقین نہ کریں گے، یہاں تک کہ ہم اللہ کو خود اپنی آنکھوں سے کھلم کھلا نہ دیکھ لیں، تو (اس گستاخی پر) تم کو آ پکڑا بجلی کے ایک کڑاکے نے تمہارے دیکھتے ہی دیکھتے، (جس کے نتیجے میں تم سب ڈھیر ہو کر رہ گئے)

۵۶. پھر ہم نے اٹھا کھڑا کیا تم سب کو (اپنی رحمت و عنایت سے) تمہارے مر چکنے کے بعد، تاکہ تم لوگ احسان مانو (اور اپنے منعم حقیقی کا) شکر بجالاؤ،

۵۷. اور (مزید کرم یہ کہ) ہم نے تم پر (میدان تیہ میں) بادلوں کا سایہ کیا، اور تم پر من و سلویٰ اتارا (اور تم سے کہا کہ) کھاؤ (پیو) تم لوگ ان پاکیزہ چیزوں میں سے جو ہم نے تمہیں بخشی ہیں، اور انہوں نے (حکم عدولی کر کے) ہمارا کچھ بگاڑا بلکہ وہ خود اپنی ہی جانوں پر ظلم کر رہے تھے

۵۸. اور (وہ بھی یاد کرنے کے لائق ہے کہ) جب ہم نے (تم سے) کہا کہ داخل ہو جاؤ تم اس بستی میں، اور وہاں تم لوگ کھاؤ (پیو فراغت اور) بے تکلفی کے ساتھ جہاں سے چاہو، اور داخل ہونا اس کے دروازے سے جھکے ہوئے، اور (زبان سے) کہتے جانا حطۃ (ہماری توبہ) تو ہم بخش دیں گے تمہاری خطاؤں کو، اور مزید (عنایتوں سے) نوازیں گے نیکوکاروں کو،

۵۹. مگر بدل دیا ان ظالموں نے اس کو ایک اور ہی بات سے، اس کے خلاف جو کہی گئی تھی، جس کے نتیجے میں ہم نے اتارا ان ظالموں پر ایک بڑا ہی سخت (اور ہولناک) عذاب آسمان سے، ان کی ان نافرمانیوں (اور حکم عدولیوں) کی بنا پر جو کہ یہ لوگ کرتے چلے آ رہے تھے

۶۰. اور (وہ بھی یاد کرنے کے لائق ہے کہ) جب موسیٰ نے اپنی قوم کے لئے (ہم سے) پانی کی درخواست کی، تو ہم نے ان سے کہا کہ مارو تم اپنی لاٹھی کو فلاں پتھر پر، پس (لاٹھی کا مارنا تھا کہ) اس سے پھوٹ پڑے بارہ چشمے (اور بنی اسرائیل کے بارہ قبائل میں سے) ہر گروہ نے اچھی طرح (دیکھ اور) پہچان لیا اپنے گھاٹ کو، (اور ہم نے ان سے کہا کہ) کھاؤ پیو تم لوگ اللہ کے دیئے ہوئے میں سے، اور مت پھرو تم اس زمین میں فساد مچاتے

۶۱. اور (وہ بھی یاد کرو کہ) جب تم نے کہا کہ اے موسیٰ ہم ہرگز صبر نہیں کر سکتے ایک ہی طرح کے کھانے پر، پس آپ ہمارے لئے درخواست کریں اپنے رب سے، کہ وہ ہمارے لئے نکالے ان چیزوں میں سے جن کو زمین اگاتی ہے، جیسے ساگ، (کھیرے) ککڑی، گیہوں، مسور، اور پیاز، (وغیرہ) تو موسیٰ نے فرمایا کہ کیا تم لوگ ادنیٰ چیز کو لینا چاہتے ہو، اس کے بدلے میں، جو کہ اس سے کہیں زیادہ بہتر ہے؟ اچھا تو اتر جاؤ تم لوگ کسی شہر میں، وہاں تمہیں وہ سب کچھ مل جائے گا جو تم نے مانگا ہے، اور (آخر کار نوبت یہاں تک پہنچی کہ) چپکا دی گئی ان پر ذلت (وخواری) اور پستی (وبدحالی) اور لوٹے یہ لوگ اللہ کی طرف سے (آنے والے) ایک بڑے ہی ہولناک غضب کے ساتھ، یہ اس لئے کہ یہ لوگ کفر کرتے تھے اللہ (پاک) کی آیتوں کے ساتھ، اور قتل کرتے تھے (اس کے) نبیوں کو ناحق

طور پر، (اور) یہ اس لئے کہ یہ لوگ نافرمانی کرتے تھے (اپنے رب کی) اور یہ لوگ تجاوز کرتے تھے، (اس کی مقرر کردہ حدوں سے)

۶۲. بیشک (اللہ کے قانون عدل و انصاف کے مطابق) جو لوگ ایمان لائے، جو یہودی بن گئے، اور نصرانی اور صابی (ان میں سے) جو کوئی بھی (سچے دل سے) ایمان لایا اللہ پر اور روز آخر پر، تو ایسوں کے لئے (بلا فرق و تمیز) ان کا اجر ہے ان کے رب کے یہاں، اور ان پر نہ کوئی خوف ہوگا اور نہ ہی وہ غمگین ہوں گے

۶۳. اور (وہ بھی یاد کر لیا کرو کہ) جب ہم نے تم سے پختہ عہد لیا تھا، اور تم پر اٹھا دیا تھا کوہ طور کو، (اور تم سے کہا تھا) کہ مضبوطی سے تھام لو تم اس چیز کو جو ہم نے تمہیں دی ہے، (یعنی توراۃ) اور یاد کرو تم ان (احکام و ہدایات) کو جو کے اس کے اندر (موجود و مندرج) ہیں تاکہ تم بچ سکو،

۶۴. پھر اس کے بعد بھی تم لوگ پھر گئے (اپنے اس پختہ قول و قرار سے) سو اگر نہ ہوتی تم لوگوں پر اللہ کی مہربانی اور اس کی رحمت (و عنایت) تو یقیناً تم لوگ ہو جاتے خسارہ اٹھانے والوں میں سے،

۶۵. اور تم اپنی قوم کے ان لوگوں (کے حال و مال) کو بھی اچھی طرح جانتے ہو، جنہوں نے (قانون) سبت کے بارے میں تجاوز کیا تو ہم نے ان سے کہا (اپنے حکم قہری اور تکوینی طور پر) کہ ہو جاؤ تم بندر ذلیل (و خوار)

٦٦. سو (اس طرح) ہم نے اس (قصہ) کو سامان عبرت بنا دیا اس زمانے کے لوگوں کے لیئے، اور اس کے بعد آنے والی نسلوں کے لیئے بھی، اور ایک عظیم الشان نصیحت پرہیزگاروں کے لیئے

٦٧. اور (وہ بھی یاد کرو کہ) جب موسیٰ نے کہا اپنی قوم سے کی اللہ تمہیں حکم دیتا ہے کہ تم ذبح کرو ایک گائے کو، تو انہوں نے کہا کیا آپ ہم سے مذاق کرتے ہیں؟ موسیٰ نے کہا ''میں اللہ کی پناہ مانگتا ہوں اس بات سے کہ میں ہو جاؤں جاہلوں میں سے''

٦٨. تو انہوں نے کہا کہ ''اچھا تو پھر آپ اپنے رب سے یہ درخواست کرو، کہ وہ ہمارے لیئے بیان کرے کہ گائے کیسی ہو''؟ تو موسیٰ نے کہا کہ وہ فرماتا ہے کہ وہ گائے نہ تو (بہت) بوڑھی ہو، اور نہ (بالکل) بچھیا، (بلکہ) اس کے درمیان اوسط عمر کی ہو، پس تم لوگ کر گزرو وہ کام جس کا حکم تمہیں دیا جا رہا ہے

٦٩. (مگر) انہوں نے پھر بھی موسیٰ سے کہا کہ آپ اپنے رب سے درخواست کرو کہ وہ ہمیں بتائے کہ ''اس کا رنگ کیسا ہو؟'' موسیٰ نے کہا ''وہ فرماتا ہے کہ وہ زرد رنگ کی ہونی چاہیے، جس کا رنگ ایسا شوخ (اور تیز) ہو کہ وہ بھاتی ہو دیکھنے والوں کے دلوں کو''

٧٠. انہوں نے پھر کہا کہ ''آپ اپنے رب سے پھر درخواست کریں، کہ وہ گائے کس طرح کی ہو، کیونکہ گایوں کا معاملہ ہم پر سخت مشتبہ ہو رہا ہے، اور ہم اگر اللہ نے چاہا تو ضرور (حقیقت کی) راہ پالیں گے''

۷۱. تو موسیٰ نے کہا کہ بیشک میرا رب فرماتا ہے کہ ''وہ گائے ایسی ہو کہ نہ اس سے خدمت لی جاتی ہو، نہ اس کو ہل چلانے میں جوتا جاتا ہو، اور نہ ہی وہ کھیتی کو پانی دیتی ہو، صحیح سالم اور بے داغ ہو'' کہنے لگے ''اب آپ نے حق (اور پوری) بات کہی'' تب انہوں نے اس کو ذبح کر دیا (مگر) وہ لگتے نہ تھے کہ ایسا کریں گے

۷۲. اور (وہ بھی یاد کرو کہ) جب تم نے ایک شخص کو (ناحق طور پر) قتل کر دیا، پھر تم اس کا الزام ایک دوسرے کو دینے لگے، اور اللہ نکال باہر کرنے والا ہے، ان چیزوں کو جن کو تم لوگ چھپاتے تھے،

۷۳. تو ہم نے کہا اس (مقتول کی لاش) کو اس (گائے) کے ایک حصے سے ضرب لگاؤ، (چنانچہ ایسا کرنے سے وہ خود ہی زندہ ہو کر بول پڑا) اسی طرح اللہ زندگی بخشتا ہے (اور زندگی بخشے گا) مردوں کو (اپنی قدرت کاملہ اور حکمت بالغہ سے) اور وہ دکھاتا ہے تمہیں اپنی نشانیاں، تاکہ تم لوگ عقل سے کام لو

۷۴. مگر تمہارے دل اس کے بعد بھی سخت ہو کر پتھروں کی طرح ہو گئے، بلکہ وہ سختی میں ان سے بھی کہیں بڑھ گئے، کیونکہ پتھروں میں بھی کچھ ایسے ہیں جن سے پھوٹ نکلتی ہیں طرح طرح کی نہریں، اور کچھ ایسے ہیں جو پھٹ پڑتے ہیں اور ان سے پانی نکل آتا ہے، اور کچھ ایسے ہیں جو گر پڑتے ہیں اللہ کے خوف سے (لرز کر) اور (یاد رکھو کہ) اللہ بے خبر نہیں ان کاموں سے جو تم لوگ کر رہے ہو،

۷۵۔ کیا پھر بھی تم (اے مسلمانو! ایسے لوگوں سے) یہ توقع رکھتے ہو کہ وہ تمہارے کہنے سے ایمان لے آئیں گے؟ حالانکہ ان (کی جسارت و بے باکی کا عالم یہ ہے کہ ان) میں ایک گروہ ایسے لوگوں کا ہے جو سنتے ہیں اللہ کے کلام کو، پھر اس کو بدل دیتے ہیں (اپنی اہواء و اغراض کے مطابق) اس کے بعد کہ وہ اس کو سمجھ چکے ہوتے ہیں، جانتے بوجھتے

۷۶۔ اور (ان کا حال یہ ہے کہ) جب یہ ملتے ہیں ایمان والوں سے، تو کہتے ہیں ہم ایمان لائے، مگر جب یہ تنہائی میں ایک دوسرے سے ملتے ہیں، تو کہتے ہیں کہ کیا تم ان (مسلمانوں) کو وہ باتیں بتاتے ہو، جو اللہ نے تم پر کھولی ہیں، تاکہ اس طرح وہ تمہارے خلاف حجت قائم کریں، تمہارے رب کے یہاں؟ کیا تم لوگ سمجھتے نہیں ہو؟

۷۷۔ کیا یہ (احمق) لوگ اتنا بھی نہیں جانتے کہ اللہ پوری طرح (اور ایک برابر) جانتا ہے ان باتوں کو بھی جن کو یہ لوگ چھپاتے ہیں اور ان کو بھی جن کو یہ ظاہر کرتے ہیں،

۷۸۔ اور ان میں سے کچھ ایسے امی (اور ان پڑھ) ہیں جو کتاب کو نہیں جانتے سوائے کچھ (بے بنیاد) امیدوں (اور آرزوؤں) کے، اور یہ لوگ محض ظن (و تخمین) پر چلے جا رہے ہیں،

۷۹۔ سو بڑی خرابی ہے، ان لوگوں کے لئے جو لکھتے ہیں کتاب کو اپنے ہاتھوں سے، (اپنے خود ساختہ اضافوں کے ساتھ) پھر کہتے ہیں کہ یہ (سب کچھ) اللہ کی طرف سے ہے، تاکہ اس طرح وہ (اپنی جسارت کے عوض دنیا دوں کا) کچھ گھٹیا مول حاصل کر سکیں، سو بڑی خرابی ہے ان کے لئے ان کے اپنے ہاتھوں کے اس لکھے کی بناء پر، اور بڑی خرابی ہے ان کے لئے ان کی اپنی اس کمائی کی بناء پر،

۸۰۔ جو یہ لوگ (اس طرح) کرتے ہیں، اور کہتے ہیں کہ ہمیں دوزخ کی آگ چھوئے گی بھی نہیں، بجز گنتی کے کچھ دنوں کے، (ان سے) پوچھو کہ "کیا تم نے (اس پر) اللہ کے یہاں کوئی عہد لے رکھا ہے؟ کہ وہ اپنے عہد کی خلاف ورزی نہیں کرے گا، یا تم لوگ یونہی اللہ کے ذمے ایسی بات لگاتے ہو، جس (کی خطورت و سنگینی) کو تم جانتے نہیں؟"

۸۱۔ (اور دوزخ کی آگ تمہیں چھوئے گی) کیوں نہیں؟ (جب کہ قانون عام یہ ہے کہ) جس کسی نے بھی برائی کمائی اور (یہاں تک کمائی کہ) گھیر لیا اس کو اس کی خطا کاریوں نے، تو ایسے لوگ (یقیناً) دوزخی ہیں، جہاں انہیں ہمیشہ رہنا ہوگا

۸۲۔ اور (اس کے برعکس) جو لوگ ایمان لائے، اور انہوں نے کام بھی نیک کئے، وہ جنتی ہوں گے جہاں انہیں ہمیشہ رہنا نصیب ہوگا،

۸۳۔ اور (وہ بھی یاد کرنے کے لائق ہے کہ) جب ہم نے بنی اسرائیل سے پختہ عہد لیا کہ تم نے بندگی نہیں کرنی مگر صرف اللہ کی، اور تم نے اچھا سلوک کرنا ہے اپنے ماں باپ کے ساتھ، اور اپنے رشتہ داروں، یتیموں، اور مسکینوں کے ساتھ، اور عام لوگوں سے بھلی بات ہی کرنی ہے، اور یہ کہ تم لوگ نماز قائم رکھنا، اور زکوٰۃ ادا کرتے رہنا، پھر تم لوگ پھر گئے، بجز تم میں سے بہت تھوڑے سے لوگوں کے، اور تم لوگ تو ہو ہی پھرنے والے

۸۴۔ اور (وہ بھی یاد کرنے کے لائق ہے کہ) جب ہم نے تم سے پختہ عہد لیا کہ تم نے آپس میں خونریزی نہیں کرنی، اور نہ ایک دوسرے کو اپنے گھروں سے نکالنا ہے، پھر تم خود (اس عہد کا) اقرار بھی کیا، اور تم خود اس پر شہادت (اور گواہی) بھی دیتے ہو،

۸۵. پھر تم وہی لوگ ہو، جو (اس پختہ قول و قرار اور صریح شہادت کے باوجود) آپس میں ایک دوسرے کو قتل بھی کرتے ہو، اور اپنے میں سے ایک گروہ کو تم ان کے گھروں سے نکال باہر بھی کرتے ہو، ان کے خلاف چڑھائی کرتے ہوئے گناہ اور ظلم کے ساتھ، اور اگر وہ قیدی بن کر تمہارے پاس آ جائیں، تو تم فدیہ دے کر چھڑا لیتے ہو، حالانکہ ان کو (گھروں سے) نکالنا ہی سرے سے تم پر حرام تھا، تو کیا تم لوگ کتاب کے کچھ حصوں کو مانتے ہو اور کچھ کو نہیں مانتے؟ سو کیا جزاء ہو سکتی ہے اس شخص کی جو تم میں سے ایسا کرے، بجز اس کے کہ اس کے لئے ایک بڑی رسوائی ہو دنیاوی زندگی میں، اور قیامت کے دن ایسے لوگوں کو لوٹایا جائے گا سخت ترین عذاب کی طرف، اور اللہ غافل (و بے خبر) نہیں، تمہارے ان کاموں سے جو تم لوگ کرتے ہو،

۸۶. یہ وہ (بدبخت) لوگ ہیں جنہوں نے اپنا لیا دنیا کی (عارضی و فانی) زندگی کو، بدلے میں آخرت (کی حقیقی اور ابدی زندگی) کے، سو نہ تو (کسی طرح) ہلکا کیا جائے گا ان سے ان کا عذاب، اور نہ ہی ان کی (کہیں سے کوئی) مدد کی جائے گی،

۸۷. اور بلاشبہ ہم ہی نے موسیٰ کو بھی کتاب (ہدایت) عطا کی، اور ہم ہی نے ان کے بعد پے در پے (مختلف) رسول بھیجے، اور ہم ہی نے عیسیٰ بیٹے مریم کو بھی (حق و صداقت کے) کھلے دلائل دئیے، اور ان کو قوت بخشی روح القدس کے ذریعے، تو پھر (تمہاری یہ کیا روش رہی کہ) جب بھی تمہارے پاس کوئی پیغمبر وہ کچھ لے کر آیا، جو تمہارے نفسوں کو نہیں بھایا

تو تم لوگ اپنی بڑائی کے گھمنڈ میں مبتلا ہو گئے، (اور تم نے سرکشی کی) جس کی بناء پر تم نے (حضرات انبیاء کرام کے) ایک گروہ کو جھٹلایا، اور ایک کے تم نے قتل کا ارتکاب کیا،

۸۸. اور کہتے ہیں کہ ''ہمارے دل بند ہیں'' (نہیں) بلکہ ان پر اللہ کی پھٹکار ہے ان کے کفر کی بناء پر پس یہ لوگ کم ہی ایمان لاتے ہیں،

۸۹. اور جب آ پہنچی ان کے پاس ایک ایسی عظیم الشان کتاب، اللہ کے یہاں سے، جو کہ تصدیق کرنے والی ہے، اس (کتاب) کی جو کہ ان کے پاس ہے، درآنحالیکہ اس سے پہلے یہ لوگ کافروں کے مقابلے میں فتح (و نصرت) کی دعائیں مانگا کرتے تھے، مگر جب پہنچ گیا ان کے پاس وہ کچھ جس کو انہوں نے (اچھی طرح) پہچان بھی لیا، تو یہ (پوری ڈھٹائی سے) اس کے منکر ہو گئے، پس لعنت (و پھٹکار) ہے ایسے کافروں پر،

۹۰. بڑی ہی بری ہے وہ چیز جس کے عوض انہوں نے سودا کیا اپنی جانوں کا، کہ یہ کفر کریں اس کا، جسے اللہ نے نازل فرمایا ہے، محض اس حسد (و عناد) کی وجہ سے کہ اللہ اپنی مہربانی سے (اپنی رحمت) اپنے بندوں میں سے جس پر چاہتا ہے نازل فرماتا ہے، سو مستحق ہو گئے یہ لوگ غضب بالائے غضب کے، اور ان کے لئے ایک بڑا ہی رسوا کن عذاب ہے،

۹۱. اور جب ان سے کہا جاتا ہے کہ ایمان لاؤ تم اس (کتاب کامل) پر، جسے اللہ نے (اب) نازل فرمایا ہے، تو یہ کہتے ہیں کہ ہم بس اسی پر ایمان لائیں گے جسے (براہ راست) ہم پر اتارا گیا ہے، اور اس کے سوا سب کا وہ انکار کرتے ہیں حالانکہ وہ سراسر حق ہے، تصدیق کرنے

والی کتاب کی، جو کہ ان کے پاس ہے، کہو کہ (اچھا تو) پھر تم اس سے پہلے اللہ کے نبیوں کو کیوں قتل کرتے رہے، اگر تم واقعی ایماندار رہو؟

۹۲. اور بلاشبہ موسیٰ بھی تمہارے پاس آئے کھلے دلائل کے ساتھ، پھر تم نے ان کے (کوہ طور چلے جانے کے) بعد (اپنا معبود) ٹھہرا لیا اس بچھڑے کو، اور (امر واقعہ یہ ہے کہ) تم لوگ ظالم ہو،

۹۳. اور (وہ بھی یاد کرو کہ) جب ہم نے تم سے پختہ عہد لیا، اور کوہ طور کو تمہارے اوپر اٹھا (کر ایک سایہ بان کی طرح معلق کر) دیا (اور تم سے کہا کہ) مضبوطی سے تھام لو تم لوگ اس چیز کو جو ہم نے تمہیں دی، اور سنو، تو انہوں نے کہا ہم نے سن تو لیا مگر (دل سے) مانا نہیں، اور (بات دراصل یہ تھی کہ) ان کے دلوں میں رچ بس گئی تھی محبت اس بچھڑے کی، ان کے اپنے (اختیار کردہ) کفر کی بنا پر (ان سے) کہو کہ بڑی ہی بری ہے وہ چیز جس کا حکم تمہیں تمہارا ایمان دے رہا ہے، اگر تم (واقعی) ایماندار رہو،

۹۴. (ان سے) کہو کہ اگر آخرت کا وہ (بے مثل) گھر خالص تمہارے ہی لئے ہے، دوسرے سب لوگوں کو چھوڑ کر، تو پھر تم تمنا کرو موت کی، اگر واقعی تم سچے ہو (اپنے دعویٰ میں)

۹۵. مگر (یاد رکھو کہ) یہ لوگ کبھی بھی اس کی تمنا نہیں کریں گے، اپنی اس کمائی کی بنا پر، جو انہوں نے خود اپنے ہاتھوں آگے بھیج رکھی ہے، اور اللہ (پاک وسبحانہ وتعالیٰ) خوب (خوب) جانتا ہے ایسے ظالموں کو،

۹۶۔ اور تم ان کو سب لوگوں سے بڑھ کر زندگی کا حریص پاؤ گے، حتیٰ کہ ان لوگوں سے بھی جو کہ کھلے شرک پر ہیں، ان میں سے ایک ایک یہ ہوس رکھتا ہے کہ (کسی نہ کسی طرح) اسے ایک ہزار برس کی عمر مل جائے، حالانکہ اتنی عمر کامل جانا بھی ایسے کسی شخص کو عذاب سے نہیں بچا سکتا (جوان کے لئے بحالت موجودہ مقدر ہے) اور اللہ پوری طرح دیکھ رہا ہے (اپنی قدرت کاملہ سے) ان سب کاموں کو جو یہ لوگ کر رہے ہیں،

۹۷۔ (ان سے) کہو کہ جو کوئی دشمن ہوگا جبرائیل کا، سو (وہ پرلے درجے کا احمق ہے) کیونکہ بیشک جبرائیل نے اس (قرآن کریم) کو اتارا ہے، آپ کے قلب (مبارک) پر، اللہ ہی کے اذن (وارشاد) سے، اس حال میں کہ یہ تصدیق کرنے والا ہے ان (آسمانی کتابوں) کی جو آچکی ہیں اس سے پہلے، اور یہ سراسر ہدایت اور عظیم الشان خوشخبری ہے، ایمان والوں کے لئے

۹۸۔ (اور یاد رکھو کہ) جو کوئی دشمن ہوگا اللہ (پاک سبحانہ و تعالیٰ) کا، اور رسولوں، اور (خاص کر) جبرائیل اور میکائیل کا، تو یقیناً (وہ اپنی ہی تباہی کا سامان کرے گا کہ بیشک) اللہ دشمن ہے ایسے کافروں کا

۹۹۔ اور بلا شبہ ہم نے اتاریں آپ کی طرف (اے پیغمبر) روشن آیتیں، اور ان کا انکار نہیں کرتے مگر وہی لوگ جو کہ فاسق (و بدکار) ہیں،

۱۰۰۔ کیا (یہ لوگ اپنے اس فسق کا انکار کریں گے) جب کہ ان کی روش ہمیشہ یہی رہی کہ جب بھی انہوں نے کوئی عہد کیا تو ان میں سے ایک گروہ نے اس کو پھینک دیا، بلکہ ان میں سے اکثر ایمان نہیں رکھتے،

۱۰۱۔ اور (اس کا ایک زندہ ثبوت یہ ہے کہ) جب آگیا ان کے پاس ایک ایسا عظیم الشان رسول اللہ کی طرف سے، جوکہ تصدیق کرنے والا ہے اس (کتاب) کی جوان کے پاس ہے، تو ان لوگوں کے ایک گروہ نے جن کو کتاب دی گئی تھی پھینک دیا گیا اللہ کی کتاب کو اپنی پیٹھوں کے پیچھے، (اور ایسا کہ) گویا کہ یہ جانتے ہی نہیں

۱۰۲۔ اور (حق سے منہ موڑ کر) یہ لوگ پیچھے لگ گئے ان چیزوں کے جو کہ شیطان سکھاتے (پڑھاتے) تھے لوگوں کو سلیمان کی بادشاہی کے نام پر، اور سلیمان نے کبھی کفر نہیں کیا مگر یہ شیطان ہی تھے جو کفر کرتے، اور سکھاتے تھے لوگوں کو جادوگری، نیز (یہ پیچھے ہو لئے اس کے) جوکچھ کہ اتارا گیا بابل میں ہاروت ماروت (نامی) دو فرشتوں پر، حالانکہ وہ دونوں کسی کو کچھ نہیں سکھاتے تھے، جب تک کہ (صاف طور پر اس سے) یہ نہ کہہ دیتے کہ (دیکھو بھئی) ہم تو محض ایک آزمائش ہیں، پس تم کہیں کفر میں نہ پڑ جانا، پھر بھی وہ لوگ ان دونوں سے وہ کچھ سیکھتے، جس کے ذریعے وہ تفریق کرتے میاں بیوی کے درمیان، حالانکہ اس (جادوگری) کے ذریعے وہ کسی کو بھی کوئی نقصان نہیں پہنچا سکتے تھے، مگر اللہ کی اجازت (اور اس کی مشیت) سے اور یہ لوگ وہ کچھ سیکھتے جو خود ان کو نقصان پہنچانے کا باعث تو تھا (دنیا و آخرت میں) مگر ان کو نفع نہیں دے سکتا، حالانکہ خود ان کو بھی یہ بات اچھی طرح

25

معلوم تھی کہ جس نے بھی اس کو خریدا، اس کے لئے آخرت میں کوئی حصہ نہیں، اور بڑی ہی بری ہے وہ چیز جس کے عوض انہوں نے اپنی جانوں کا سودا کیا، کاش کہ یہ لوگ جان لیتے (حق اور حقیقت کو)

۱۰۳. اور اگر یہ لوگ (سچے دل سے) ایمان لے آتے، اور تقویٰ (و پرہیزگاری) کا طریقہ اپناتے، تو یقیناً اللہ (تعالیٰ) کے یہاں سے ملنے والا اجر (و ثواب خود ان کے لئے) کہیں بہتر ہوتا، کاش کہ یہ لوگ جان لیتے،

۱۰۴. اے وہ لوگو! جو ایمان لائے ہو تم (اپنے پیغمبر کو خطاب کرتے وقت) 'راعنا' مت کہو بلکہ (اس کی بجائے) 'انظرنا' کہا کرو، اور (یوں تم غور سے) سنا کرو، اور کافروں کے لئے ایک بڑا ہی دردناک (اور ہولناک) عذاب ہے

۱۰۵. کافر لوگ خواہ وہ اہل کتاب میں سے ہوں، یا دوسرے کھلے مشرکوں میں سے، وہ ہرگز یہ نہیں چاہتے کہ تم پر کوئی بھی بھلائی اتاری جائے تمہارے رب کی جانب سے، مگر اللہ (جو کہ مالک مطلق اور مختار کل ہے وہ نوازتا اور) مختص فرماتا ہے اپنی رحمت سے جس کو چاہتا ہے، اور اللہ بڑے ہی (اور لامتناہی) فضل والا ہے،

۱۰۶. جو بھی کوئی آیت ہم منسوخ کرتے ہیں، یا اسے (ذہنوں سے) بھلا دیتے ہیں، تو ہم لے آتے ہیں اس سے کوئی بہتر آیت، یا اسی جیسی، بیشک اللہ ہر چیز پر پوری قدرت رکھتا ہے،

۱۰۷. کیا تم جانتے نہیں (اے مخاطب) کہ بیشک اللہ ہی کے لئے ہے بادشاہی آسمانوں کی اور زمین کی؟ اور تمہارے لئے اللہ کے سوا نہ کوئی حمایتی ہے، نہ مددگار،

۱۰۸. کیا تم لوگ یہ چاہتے ہو کہ تم بھی اپنے رسول سے ویسے ہی سوالات کرو جیسے کہ اس سے پہلے (حضرت) موسیٰ سے کئے جا چکے ہیں، اور (یاد رکھو کہ) جو بھی کوئی اپنائے گا کفر کو بدلے میں ایمان کے، تو یقیناً وہ بھٹک گیا سیدھی راہ سے،

۱۰۹. اور چاہتے ہیں بہت سے اہل کتاب کہ کسی طرح وہ تم کو بھی تمہارے ایمان سے پھیر کر کافر بنا دیں، محض اپنے حسد (اور جلن) کی بناء پر، اس کے بعد کہ حق ان کے لئے پوری طرح واضح ہو گیا، سو (اس کے جواب میں) تم لوگ عفو در گزر سے ہی کام لیتے رہو، یہاں تک کہ اللہ نافذ فرما دے اپنا حکم، بیشک اللہ (تعالیٰ) ہر چیز پر قدرت رکھتا ہے،

۱۱۰. اور قائم رکھو تم لوگ نماز کو، اور ادا کرتے رہو زکوٰۃ، اور (یاد رکھو کہ) جو بھی کوئی بھلائی تم لوگ اپنے لئے آگے بھیجو گے، اسے اللہ (تعالیٰ) کے یہاں (موجود و محفوظ) پاؤ گے، بیشک اللہ (تعالیٰ) پوری طرح دیکھ رہا ہے ان سب کاموں کو، جو تم لوگ کر رہے ہو،

۱۱۱. اور کہتے ہیں کہ جنت میں کوئی نہیں جائے گا مگر وہی جو کہ یہودی ہو، یا نصرانی، یہ ان کی اپنی (خود ساختہ) آرزوئیں ہیں، (ان سے) کہو، کہ اچھا تو لاؤ تم لوگ اپنی دلیل اگر تم سچے ہو (اپنے دعوے میں)

۱۱۲. کیوں نہیں (جب کہ ضابطہ عام یہ ہے کہ) جس نے بھی (صدق دل سے) اللہ کے سپرد کر دیا، اپنی ذات کو بشرطیکہ وہ نیکو کار بھی ہو، تو اس کے لئے اس کا اجر ہے، اس کے رب کے یہاں، اور ایسوں پر نہ (آئندہ کے بارے میں) کوئی خوف ہو گا، اور نہ ہی وہ (گزشتہ کے بارے میں) غمگین ہوں گے،

۱۱۳. اور یہود نے کہا کہ نصاریٰ (کا دین مذہب) کسی بنیاد پر نہیں، اور نصاریٰ نے کہا کہ یہود (کا دین مذہب) کسی بنیاد پر نہیں، حالانکہ یہ دونوں (گروہ اللہ کی) کتاب پڑھتے ہیں، اسی طرح ان ہی کے قول کے مانند کہا ان لوگوں نے جو (کسی کتاب وغیرہ کا) علم نہیں رکھتے، سو اللہ ہی (آخری اور عملی) فیصلہ فرما دے گا ان سب کے درمیان، ان تمام باتوں کا جن کے بارے میں یہ لوگ اختلاف میں پڑے ہوئے ہیں،

۱۱۴. اور اس سے بڑھ کر ظالم اور کون ہو سکتا ہے جو اللہ کی مسجدوں میں اس کے نام (پاک) کے ذکر سے روکے، اور ان کی ویرانی کی کوشش کرے؟ ایسوں کو تو ان (پاکیزہ مقامات) میں داخل ہونے ہی کا حق نہیں الّا یہ کہ یہ لوگ ان میں داخل ہوں (اس کی عظمت و کبریائی سے) ڈرتے (اور کانپتے) ہوئے، ان کے لئے دنیا میں بڑی رسوائی ہے، اور آخرت میں بہت بڑا (اور ہولناک) عذاب

۱۱۵. اور اللہ (وحدہٗ لاشریک) ہی کے لئے ہے مشرق بھی، اور مغرب بھی، سو تم جدھر بھی رخ کرو گے وہاں اللہ کی ذات (اقدس واعلیٰ) کو پاؤ گے، بیشک اللہ (پاک سبحانہ وتعالیٰ) بڑی وسعت والا، نہایت ہی علم والا ہے،

۱۱۶. اور (اس سب کے باوجود یہ لوگ) کہتے ہیں کہ اللہ (تعالیٰ) نے اولاد ٹھہرائی ہے، پاک ہے وہ (ایسی تمام شرکیات سے، اس کی کوئی اولاد نہیں) بلکہ اسی کا ہے وہ کچھ جو کہ آسمانوں اور زمین (کی اس پوری کائنات) میں ہے، سب کے سب (طوعاً و کرہاً) اسی کے (مطیع و) فرمان بردار ہیں،

۱۱۷. (وہ بلا شرکت غیرے) موجد ہے آسمانوں اور زمین (کی حیرت انگیز اور وسیع و عریض کائنات) کا، اور (اس کی عظمت شان کا یہ عالم ہے کہ) جب وہ کسی چیز کا ہونا طے کر لیتا ہے، تو (اس کے لئے) صرف اتنا فرماتا ہے کہ ہو جا تو وہ (فوراً موجود اور) ہو چکی ہوتی ہے،

۱۱۸. اور جو لوگ علم نہیں رکھتے (حق اور حقیقت کا) ان کا کہنا ہے کہ اللہ (تعالیٰ) ہم سے (براہ راست) کلام کیوں نہیں کرتا، یا ہمارے پاس کوئی خاص نشانی کیوں نہیں آجاتی، اسی طرح انہی لوگوں کی بات جیسی بات ان لوگوں نے کہی جو ان سے پہلے گزر چکے ہیں، ان سب (اگلوں پچھلوں) کے دل آپس میں ایک جیسے ہیں، بیشک ہم نے کھول کر بیان کر دی ہیں اپنی نشانیاں، ان لوگوں کے لئے جو (ایمان و) یقین (کی روشنی) رکھتے ہیں،

۱۱۹. بیشک ہم نے بھیجا آپ کو (پیغمبر!) حق کے ساتھ، خوشخبری سنانے والا، اور خبر دار کرنے والا بنا کر، اور آپ سے پوچھ نہیں ہوگی دوزخیوں کے بارے میں،

۱۲۰. اور (یاد رکھو کہ) ہر گز راضی نہیں ہوں گے تم سے یہود اور نہ ہی نصاریٰ، یہاں تک کہ تم پیروی کرنے لگو ان کے مذہب کی، (جو کہ ناممکن ہے) فرما دیجیے بیشک ہدایت تو اللہ ہی کی ہدایت ہے اور اگر (بفرض محال) تم نے پیروی کر لی ان کی خواہشات کی، اس علم کے بعد جو کہ پہنچ چکا ہے تمہارے پاس تو تمہارے لئے اللہ (کی گرفت) سے چھڑانے کے لئے نہ کوئی یار ہو گا نہ مددگار،

۱۲۱. جن لوگوں کو ہم نے کتاب دی (اور) وہ اس کو ایسے پڑھتے ہیں جیسا کہ اس کے پڑھنے کا حق ہے، تو یہی لوگ ہیں جو (در حقیقت) اس پر ایمان رکھتے ہیں، اور جس نے اس کا انکار کیا تو ایسے ہی لوگ ہیں خسارے والے،

۱۲۲. اے بنی اسرائیل یاد کرو تم لوگ میری ان نعمتوں کو جن سے میں نے تم کو (طرح طرح سے) نوازا، اور (خاص کر میری اس نعمت کو کہ) میں نے تم کو فضیلت (و بزرگی) بخشی سب (دنیا) جہاں والوں پر،

۱۲۳. اور ڈرو تم (اے لوگو!) اس (ہولناک) دن سے جس میں نہ کوئی شخص کسی شخص کے کچھ کام آسکے گا، نہ ہی ان لوگوں کی (کہیں سے) کوئی مدد کی جائے گی،

۱۲۴. اور (وہ بھی یاد کرنے کے لائق ہے کہ) جب آزمایا ابراہیم کو ان کے رب نے چند باتوں کے ذریعے، تو ابراہیم ان کو بتمام (و کمال) بجا لائے، تب اللہ (تعالیٰ) نے فرمایا کہ میں تمہیں سب لوگوں کا پیشوا بناتا ہوں، ابراہیم نے عرض کیا، اور (کیا) میری اولاد سے بھی (یہی وعدہ ہے؟) فرمایا میرا عہد (و پیمان) نہیں پہنچتا ظالموں کو،

۱۲۵. اور (وہ بھی یاد کرو کہ) جب ہم نے اس (عظیم الشان) گھر (خانہ کعبہ) کو سب لوگوں کے لئے ایک (عظیم الشان اور بے مثل) مرکز اور امن (و سکون کا گہوارہ) بنا دیا، اور (حکم دیا کہ) تم لوگ مقام ابراہیم کو نماز کی جگہ بنا لو، اور ہم نے تاکید کی تھی ابراہیم اور اسماعیل کو (اس بات کی) کہ پاک رکھنا تم میرے گھر کو، طواف کرنے والوں، اعتکاف کرنے والوں، اور رکوع و سجود کرنے والوں کے لئے

۱۲۶. اور (وہ بھی یاد کرنے کے لائق ہے کہ) جب ابراہیم نے کہا اے میرے رب تو اس (مقام) کو ایک امن والا شہر بنا دے، اور اس کے باشندوں کو طرح طرح کے پھلوں (اور پیداواروں) سے روزی عطا فرما، ان میں سے ان لوگوں کو جو ایمان لائیں اللہ پر، اور قیامت کے دن پر، رب نے فرمایا، اور جس نے کفر کیا تو (دنیاوی زندگی کا) چند روزہ سامان تو میں اس کو بھی پوری طرح دوں گا (مگر) پھر اس کو میں کشاں کشاں لے جاؤں گا دوزخ کے عذاب کی طرف، اور بڑا ہی برا ٹھکانا ہے وہ،

۱۲۷. اور (وہ بھی یاد کرنے کے لائق ہے کہ) جب ابراہیم بنیادیں اٹھا رہے تھے (اللہ کے) اس گھر کی، اور اسماعیل بھی، (اور غایت درجہ عجز و انکساری سے یہ بھی کہتے جا رہے تھے کہ) اے ہمارے رب (اپنے کرم سے) قبول فرما لے ہم سے، (ہماری یہ محنت) بیشک تو ہی سننے والا، جاننے والا،

۱۲۸. اے ہمارے پروردگار، بنا دے ہمیں اپنی فرمانبرداری کرنے والے، اور ہماری نسل میں سے بھی (پیدا فرما) ایک ایسی امت، جو تیری فرمانبردار ہو، اور ہمیں دکھا (اور سکھا) دے طریقے ہماری عبادت کے، اور توجہ فرما ہم پر، بیشک تو ہی ہم سب کی توبہ قبول کرنے والا بڑا ہی مہربان،

۱۲۹. اے ہمارے پروردگار، اور اٹھا ان کے اندر ایک ایسا عظیم الشان پیغمبر (ان کی ہدایت و راہنمائی کے لئے) جو انہی میں سے ہو جو ان کو پڑھ (پڑھ) کر سنائے تیری آیتیں،

اور سکھائے ان کو کتاب و حکمت (کے علوم و معارف) اور پاک (وصاف) کرے ان کے باطن کو، بیشک تو ہی ہے (اے ہمارے مالک!) زبردست، نہایت ہی حکمت والا،

۱۳۰. اور کون ہے جو روگردانی کرے ملت ابراہیمی سے؟ بجز اس کے جس نے حماقت میں بتلا کر دیا ہو، اپنے آپ کو، اور بلاشبہ ہم ہی نے ان کو چنا (اپنے علم واختیار کامل کہ بناء پر) دنیا میں، اور بلاشبہ وہ آخرت میں (ہمارے قرب خاص کے) سزاواروں میں ہے،

۱۳۱. (یاد کرواس کہ شان عبدیت کو کہ) جب کہا اس سے اس کے رب نے حوالے کر دو تم (اپنے آپ کو اپنے رب کے) تو اس نے (فوراً) عرض کیا کہ میں نے سپرد کر دیا اپنے آپ کو پروردگار عالم کے،

۱۳۲. اور اسی کی وصیت (وتاکید) کی ابراہیم نے اپنے بیٹوں کو، اور یعقوب نے بھی، کہ اے میرے بیٹو! بیشک اللہ نے چن لیا ہے تمہارے لئے اس دین (حق) کو، پس تم جان نہیں دینا مگر اسلام ہی کی حالت میں،

۱۳۳. کیا تم لوگ اس وقت موجود تھے جب کہ یعقوب پر موت کا وقت قریب آیا؟ جب کہ انہوں نے کہا اپنے بیٹوں سے کہ تم کس کہ بندگی کرو گے میرے بعد؟ تو ان سب نے (بالاتفاق) کہا کہ ہم اسی (معبود برحق) کی بندگی کریں گے، جو کہ معبود ہے آپ کا اور آپ کے باپ دادا، ابراہیم، اسماعیل، اور اسحاق کا، جو کہ ایک ہی معبود (برحق) ہے، اور ہم سب اسی کے فرمانبردار ہیں،

۱۳۴. یہ ایک جماعت تھی جو گزر چکی، ان کے لئے ہے وہ کچھ جو انہوں نے کمایا (اپنی زندگی میں) اور تمہارے لئے ہے وہ کچھ جو تم نے خود کمایا، اور تم سے کوئی پوچھ نہ ہوگی ان کاموں کے بارے میں جو وہ کرتے رہے تھے،

۱۳۵. مگر (اس سب کے باوجود) یہ لوگ کہتے ہیں کہ تم لوگ یہودی بن جاؤ، یا نصرانی، تو ہدایت پا جاؤ گے، کہو (نہیں) بلکہ ملت ابراہیمی کو اپناؤ جو کہ یکسو (ہو کر ایک اللہ کا ہو گیا) تھا اور اس کا مشرکوں سے کوئی لگاؤ نہیں تھا

۱۳۶. کہو (تم مانو یا نہ مانو تمہاری مرضی) ہم تو بہرحال ایمان لائے اللہ پر اور اس (وحی) پر جو اتاری گئی ہماری طرف، اور اس پر بھی جسے اتارا گیا ابراہیم، اسماعیل، اسحاق، یعقوب، اور ان کی اولاد کی طرف، اور جو کچھ کہ دیا گیا موسیٰ اور عیسیٰ کو، اور اس سب پر بھی جو کہ دیا گیا دوسرے تمام انبیاء کرام کو، ان کے رب کی جانب سے، ہم ان کے درمیان کسی بھی طرح کی کوئی تفریق نہیں کرتے، اور ہم بہرحال اسی (وحدہٗ لاشریک) کے فرمانبردار ہیں،

۱۳۷. پس اگر یہ لوگ اسی طرح کا ایمان لے آئیں جس طرح کا تم لائے ہو، تو یقیناً یہ ہدایت پا گئے، اور اگر یہ (اس کے بعد بھی) پھرے ہی رہے، تو یقیناً یہ ضد (اور ہٹ دھرمی کی دلدل) میں پڑے ہوئے ہیں، سو اللہ کافی ہے آپ کو ان سب کے مقابلے میں، اور وہی ہے سننے والا، جاننے والا،

۱۳۸. (کہو رنگ اپنانا ہے تو) اللہ کا (معنوی اور ایمان و یقین والا) رنگ اپناؤ، اس سے بڑھ کر اچھا رنگ اور کون سا ہو سکتا ہے؟ اور ہم بہرحال اسی (وحدہٗ لاشریک) کے عبادت گزار ہیں،

۱۳۹. کہو کیا تم لوگ ہم سے جھگڑا کرتے ہو اللہ کے بارے میں، حالانکہ وہی رب ہے ہمارا بھی، اور تمہارا بھی، اور ہمارے لیۓ ہمارے اعمال ہیں، اور ہم اس کے لیۓ خالص کرنے والے ہیں، (اپنی عبادت و بندگی کو)

۱۴۰. کیا تم لوگ یہ کہتے ہو کہ ابراہیم، اسماعیل، اسحاق، اور یعقوب، اوران کی اولاد، یہودی، یا نصرانی تھے؟ کہو کیا تم لوگ زیادہ جانتے ہو، یا اللہ؟ اور اس سے بڑھ کر ظالم اور کون ہو سکتا ہے جو چھپائے اس گواہی کو جو خود اس کے پاس موجود ہو اللہ کی طرف سے؟ اور اللہ بے خبر نہیں ان کاموں سے جو تم لوگ کر رہے ہو،

۱۴۱. یہ ایک جماعت تھی جو گزر چکی، ان کے لیۓ ہے ان کی وہ کمائی جو انھوں نے کی، اور تمہارے لیۓ ہے وہ کمائی جو تم نے کی، اور تم سے پوچھ نہیں ہوگی ان کاموں کے بارے میں جو وہ لوگ کرتے رہے تھے

۱۴۲. بیوقوف لوگ ضرور کہیں گے کس چیز نے پھیر دیا ان (مسلمانوں) کو ان کے اس قبلے سے جس پر یہ لوگ (اس سے پہلے) تھے کہو اللہ ہی کے لیۓ ہے مشرق بھی، اور مغرب بھی، وہ جس کو چاہتا ہے سیدھی راہ (کی توفیق) سے نوازتا ہے،

۱۴۳. اور اسی طرح ہم نے تمہیں ایک توسط (واعتدال) والی امت بنایا، تاکہ تم باقی لوگوں پر گواہ ہوؤ، اور (تمہارے) رسول تم پر گواہ ہوں، اور ہم نے نہیں بنایا اس قبلہ کو (آپ کا قبلہ اے پیغمبر!) جس پر آپ (اس سے کچھ عرصہ کے لئے) تھے، مگر (اس لئے کہ) تاکہ ہم دیکھیں کہ کون رسول کی پیروی کرتا ہے، اور کون (اس راہ سے) الٹے پاؤں پھر جاتا ہے، اور بیشک (تحویل قبلہ کا) یہ معاملہ بڑا ہی بھاری ہے، مگر ان لوگوں پر، جن کو اللہ نے ہدایت (کے اطمینان بخش نور) سے نوازا ہوتا ہے، اور اللہ ایسا نہیں کہ ضائع کر دے تمہارے ایمان کو بیشک اللہ (تعالیٰ) لوگوں پر بڑا ہی شفقت فرمانے والا، نہایت ہی مہربان ہے،

۱۴۴. بیشک ہم دیکھ رہے ہیں آپ کے چہرے کا بار بار اٹھنا آسمان کی طرف، (وحی کے انتظار میں اے پیغمبر) سو ہم ضرور پھیر دیں گے آپ کو اس قبلے کی طرف جو آپ کو پسند ہے، پس آپ پھیر دو اپنا چہرہ مسجد حرام کی طرف، اور تم بھی (اے مسلمانو!) جہاں کہیں بھی ہوؤ، پھیر دو اپنے چہروں کو اسی طرف، اور بیشک وہ لوگ جن کو دی گئی (آسمانی) کتاب، وہ اچھی طرح جانتے ہیں کہ (تحویل قبلہ کا) یہ حکم قطعی طور پر حق ہے ان کے رب کی طرف سے (مگر ضد اور عناد کی وجہ سے وہ مانتے نہیں) اور اللہ بے خبر نہیں ان کے ان کاموں سے جو یہ لوگ کر رہے ہیں،

۱۴۵. اور (ان کی ضد اور ہٹ دھرمی کا یہ عالم ہے کہ) اگر آپ ان کو ہر نشانی بھی لا کر دے دیں، تو بھی انہوں نے آپ کے قبلے کی پیروی نہیں کرنی، اور نہ ہی آپ پیروی کر سکتے ہیں ان کے قبلے کی (کسی بھی قیمت پر) اور نہ ہی یہ لوگ آپس میں ایک دوسرے قبلے کی پیروی

کرنے والے ہیں، اور اگر آپ نے (بفرض محال) پیروی کرلی ان کی خواہشات کی، بعد اس
علم کے جو کہ آگیا آپ کے پاس (آپ کے رب کی جانب سے) تو یقیناً اس صورت میں
آپ ہو جائیں گے ظالموں میں سے

۱۴۶. جن لوگوں کو ہم نے کتاب دی، وہ اس (پیغمبر) کو ایسے پہچانتے ہیں جیسے اپنے بیٹوں
کو پہچانتے ہیں، اور ان میں ایک گروہ ایسے لوگوں کا بھی ہے جو کہ (طرح طرح سے) چھپاتا
ہے حق کو، حالانکہ وہ (اچھی اور) پوری طرح جان رہے ہوتے ہیں،

۱۴۷. بہر کیف یہ امر حق قطعی طور پر تمہارے رب کی جانب سے ہے، پس تم نہیں ہو جانا
شک کرنے والوں میں سے،

۱۴۸. اور ہر کسی کے لئے ایک جہت رہی ہے، جدھر وہ اپنا منہ موڑتا ہے، پس تم لوگ
(فضول بحثوں میں پڑنے کی بجائے) نیکیوں میں آگے بڑھنے کی کوشش کرو، اور جہاں کہیں
بھی تم ہوؤ گے اللہ تم سب کو لے آئے گا اکٹھا کر کے (اپنی قدرت کاملہ سے) بیشک اللہ ہر
چیز پر پوری قدرت رکھتا ہے،

۱۴۹. اور جہاں سے بھی تم نکلو گے (نماز کے موقع پر) تو پھیر دو اپنے چہرے کو مسجد حرام کی
طرف، اور بیشک یہ قطعی طور پر حق ہے تمہارے رب کی جانب سے، اور اللہ بے خبر نہیں
ہے ان کاموں سے جو تم لوگ کرتے ہو،

۱۵۰. اور جہاں سے بھی تم نکلو سو پھیر دو اپنے چہرے کو مسجد حرام کی طرف، اور جہاں بھی تم
ہوؤ (اے مسلمانو!) تم پھیر دو اپنے چہروں کو اسی طرف، تاکہ باقی نہ رہے تمہارے خلاف

لوگوں کی کوئی حجت، بجز ان میں کے ان لوگوں کے جو ظلم ہی پر کمر بستہ ہیں، (کہ ایسوں کی زبان توکسی طرح بند نہ ہوگی) پس تم لوگ مت ڈروان (کی گیدڑ بھبکیوں سے) اور تم خاص مجھ ہی سے ڈرو، اور (یہ اس لیئے کہ) تاکہ میں پورا کروں تم پر اپنے انعام کو، اور تاکہ تم راہ پا سکو،

۱۵۱. جیساکہ ہم نے (تم لوگوں پر یہ عظیم الشان احسان کیا، ایسے ہی ہم نے) تمہارے اندر ایک ایسا عظیم الشان رسول بھیجا، خود تم ہی میں سے، جو تم لوگوں کو پڑھ (پڑھ) کر سناتا ہے ہماری آیتیں اور وہ (نکھارتا) سنوارتا ہے تمہارے باطن کو، اور سکھاتا (پڑھاتا) ہے تمہیں کتاب وحکمت (کے اسرار و رموز) اور وہ سکھاتا ہے تمہیں وہ کچھ جو تم نہیں جانتے تھے،

۱۵۲. پس تم لوگ مجھے یاد کرو، میں تمہیں یاد کروں گا، اور تم میرا شکرادا کرو اور میری ناشکری نہیں کرنا،

۱۵۳. اے لوگو، جو ایمان لائے ہو، مدد حاصل کرو تم (اللہ سے) صبر اور نماز کے ذریعے، بیشک اللہ ساتھ ہے صبر کرنے والوں کے،

۱۵۴. اور مت کہو تم ان لوگوں کے بارے میں جو مارے جائیں اللہ کی راہ میں، کہ وہ مردہ ہیں، (کہ ایسے لوگ حقیقت میں مردہ نہیں) بلکہ وہ زندہ ہیں، مگر تم لوگ (ان کی اس زندگی کا) شعور نہیں رکھتے،

۱۵۵۔ اور (کھرے کھوٹے کی تمیز و نکھار کے لئے) ہم نے ضرور تمہاری آزمائش کرنی ہے، کسی قدر خوف، بھوک، اور جان و مال کے نقصان، اور پھلوں (اور آمدنیوں) کے گھاٹے کے ذریعے، اور خوشخبری سنا دو، ان صبر کرنے والوں کو،

۱۵۶۔ جن (کی شان یہ ہوتی ہے کہ جب ان) کو کوئی مصیبت پہنچتی ہے، تو وہ کہتے ہیں کہ ہم سب تو اللہ ہی کا مال ہیں، اور ہمیں بہر حال اسی کے یہاں لوٹ کر جانا ہے،

۱۵۷۔ ایسے لوگوں پر خاص عنایات ہیں ان کے رب کی جانب سے، اور عظیم الشان رحمت بھی، اور یہی لوگ ہیں (صدق و صواب اور فوز و فلاح کی) راہ پر،

۱۵۸۔ بیشک صفا اور مروہ اللہ کی نشانیوں میں سے ہیں، پس جو کوئی بیت اللہ کا حج کرے، یا عمرہ، تو اس پر اس بارے کوئی گناہ نہیں، کہ وہ ان دونوں کے درمیان سعی کرے، اور جو کوئی خوشی سے کوئی نیکی کرے گا تو یقیناً (وہ اس کا بدلہ پائے گا کہ) اللہ بڑا ہی قدردان، سب کچھ جاننے والا ہے،

۱۵۹۔ بیشک جو لوگ چھپاتے ہیں ہماری نازل کردہ روشن تعلیمات اور کھلی ہدایات کو، اس کے بعد کہ ہم نے انہیں کھول کر بیان کر دیا لوگوں کے لئے اپنی کتاب میں، تو ایسوں پر لعنت کرتا ہے اللہ بھی، اور سب لعنت کرنے والے بھی،

۱۶۰۔ بجز ان لوگوں کے جنہوں نے توبہ کر لی، (حق پوشی کے اس جرم میں) اور انہوں نے اصلاح کر لی (اپنے فساد و بگاڑ کی) اور انہوں نے بیان کر دیا (چھپائے گئے حق کو) تو ایسوں

کی توبہ میں (اپنے فضل و کرم سے) قبول کرلوں گا، اور میں بڑا ہی توبہ قبول کرنے والا، انتہائی مہربان ہوں،

۱۶۱. (اوراس کے برعکس) جن لوگوں نے کفر ہی کو اپنائے رکھا، اور کفر ہی کی حالت میں انہوں نے جان دی، تو ایسوں پر یقیناً لعنت ہے اللہ کی، اس کے فرشتوں کی، اور لوگوں کی، سب کی،

۱۶۲. جس میں ان کو ہمیشہ رہنا ہوگا، نہ ان سے ان کے عذاب میں کوئی تخفیف ہوگی، اور نہ ہی ان کو (وہاں) کوئی مہلت دی جائے گی۔

۱۶۳. اور معبود حقیقی تم سب کا اے لوگوں بہرحال ایک ہی معبود ہے کوئی بھی عبادت کے لائق نہیں سوائے اس وحدہٗ لاشریک کے جو کہ بڑا ہی مہربان نہایت ہی رحم والا ہے

۱۶۴. بیشک آسمانوں اور زمین کی پیدائش میں رات اور دن کے ادلنے بدلنے میں اور ان کشتیوں اور جہازوں میں جو کہ رواں دواں ہیں سمندروں میں طرح طرح کے ایسے سامانوں کے ساتھ جو کہ فائدہ پہنچاتے ہیں لوگوں کو اور بارش کے اس پانی میں جسے اللہ اتارتا ہے آسمان سے پھر اس کے ذریعے وہ زندگی بخشتا ہے زمین کو اس کے بعد کہ وہ مرچکی ہوتی ہے اور طرح طرح کے ان جانوروں میں جن کو اس نے پھیلا رکھا ہے زمین میں اپنی قدرت کاملہ اور حکمت بالغہ سے اور ہواؤں کی گردش میں اور ان بھاری بھرکم بادلوں میں جن کو مسخر اور معلق کر رکھا ہے اس نے آسمان اور زمین کے درمیان میں بڑی بھاری نشانیاں ہیں ان لوگوں کے لئے جو عقل سے صحیح طور پر کام لیتے ہیں

١٦٥. مگراس سب کے باوجود کچھ لوگ ایسے ہیں جنہوں نے اللہ کے سوااوروں کواس وحدہٗ لا شریک کا ہمسر ٹھہرا رکھا ہے وہ ان سے ایسی ہی محبت کرتا ہیں جیسی محبت کہ اللہ سے کرنی چاہیے اور جو لوگ ایمان صادق کا شرف و نور رکھتے ہیں وہ سب سے زیادہ محبت اللہ ہی سے کرتے ہیں اور اگر دیکھ لیتے یہ ظالم لوگ آنے والے اس وقت کو کہ جب یہ اس عذاب کو خود دیکھیں گے اور پوری طرح کھل جائے گی ان کے سامنے یہ حقیقت کہ قوت سب کی سب اللہ ہی کے لئے ہے اور یہ کہ اللہ بڑا ہی سخت عذاب دینے والا ہے

١٦٦. توان لوگوں کی حالت قطعاً دگرگوں ہوتی جب کہ براءت و بیزاری کا اعلان کر کے الگ ہو جائیں وہ پیشوا جن کی دنیا میں پیروی کی جاتی تھی اپنے ان پیروکاروں سے جو ان کی پیروی کرتے تھے اور جبکہ دیکھیں گے عذاب اور کٹ جائیں گے وہ تمام رشتے جو کہ ان کے درمیان قائم تھے۔

١٦٧. اوراس وقت وہ پیروکار نہایت یاس وحسرت کے ساتھ کہیں گے کہ کاش ہمیں ایک مرتبہ پھر دنیا میں لوٹ جانے کا موقع مل جائے تو ہم بھی ان سے ایسے ہی کٹ کر الگ ہو جائیں جس طرح کے یہ لوگ ہم سے الگ ہو گئے ہیں سو اسی طرح اللہ دکھائے گا ان کو ان کے اعمال ان پر حسرتیں بنا کر اور یہ لوگ دوزخ کی اس آگ سے کبھی نکل نہ سکیں گے

١٦٨. اے لوگو! کھاؤ پیو تم ان چیزوں میں سے جو زمین میں ہیں اس شرط پر کے ساتھ کہ وہ حلال اور پاکیزہ ہوں اور شیطان کے نقش قدم پر نہیں چلنا کہ بیشک وہ تمہارا کھلم کھلا دشمن ہے

۱۶۹. وہ تو تمہیں برائی اور بے حیائی ہی سکھائے گا، اور یہ کہ تم لوگ اللہ کے ذمے وہ باتیں لگاؤ جنہیں تم نہیں جانتے

۱۷۰. مگر اس سب کے باوجود ان کا یہ حال ہے کہ جب ان سے کہا جاتا ہے کہ تم پیروی کرو اس دین حق کی جسے اتارا ہے اللہ نے تو یہ کہتے ہیں کہ نہیں جی ہم تو بس اسی کی پیروی کریں گے جس پر ہم نے پایا ہے اپنے باپ دادا کو کیا یہ لوگ باپ دادا کے طریقے پر ہی چلتے رہیں گے اگرچہ وہ نہ کچھ سمجھتے ہوں اور نہ ہی انہوں نے سیدھی راہ پائی ہو

۱۷۱. اور مثال ان لوگوں کی جو اڑے ہوئے ہیں اپنے کفر و باطل پر ایسے ہے جیسے کوئی پکارتا ہو کسی ایسی چیز کو جو کچھ نہ سنتی سمجھتی ہو بجز پکار و آواز کے یہ لوگ بہرے ہیں سماع حق سے گوں گے ہیں حق بات کہنے سے اندھے ہیں راہ حق کو دیکھنے پہچاننے سے پس یہ کچھ نہیں سمجھتے

۱۷۲. اے وہ لوگو جو ایمان لائے ہو کھاؤ پیو تم ان پاکیزہ چیزوں میں سے جو ہم نے اپنے کرم بے پایاں سے تم کو عطاء کی ہیں اور دل و جان سے شکر بجالاؤ تم لوگ اللہ کا اگر تم واقعی اسی کی عبادت و بندگی کرتے ہو

۱۷۳. سوائے اس کے نہیں کہ اس نے تم پر تمہارے ہی بھلے کے لیے حرام فرمایا ہے مردار، خون، اور خنزیر کے گوشت کو اور ہر ایسی چیز کو جس پر اللہ کے سوا کسی اور کا نام لیا گیا ہو اور اسے اس سے نامزد کیا گیا ہو پھر اس میں بھی اتنی چھوٹ ہے کہ جو کوئی لاچار ہو جائے اور اس بناء پر وہ ان میں سے کچھ کھا لے بشرطیکہ نہ تو وہ لذت کا طالب ہو اور نہ ہی حد

ضرورت سے تجاوز کرنے والا تو ایسے شخص پر کوئی گناہ نہیں بیشک اللہ بڑا بخشنے والا نہایت ہی مہربان ہے

۱۷۴. بیشک جو لوگ چھپاتے ہیں اس کتاب کے مضامین کو جسے اللہ نے اتارا ہے اور اس کے بدلے میں وہ اپناتے ہیں دنیا کا فانی اور گھٹیا مول تو ایسے لوگ نہیں بھرتے اپنے پیٹوں میں مگر دوزخ کی ہولناک آگ اور اللہ قیامت کے روز نہ ان سے کلام فرمائے گا اور نہ ہی وہ ان کو پاک فرمائے گا، اور ان کے لئے وہاں پر ایک بڑا ہی دردناک عذاب ہے

۱۷۵. یہ وہ لوگ ہیں جنہوں نے اپنایا گمراہی کے اندھیروں کو بدلے میں ہدایت کے نور عظیم کے اور عذاب کو بدلے میں بخشش کے سو کس قدر صبر اور حوصلہ رکھتے ہیں یہ لوگ یہ (دوزخ کی اس ہولناک) آگ پر

۱۷۶. اس لئے کہ بیشک اللہ نے اتارا کتاب کو حق کے ساتھ تاکہ دنیا نور حق سے فیض یاب ہو مگر انہوں نے دنیاوی مفادات کی خاطر اسے الٹا گمراہی کا ذریعہ بنا دیا اور بیشک جن لوگوں نے اختلاف کیا کتاب میں وہ یقیناً بہت دور جا پڑے ضد میں حق کے راستے سے

۱۷۷. نیکی یہ نہیں کہ تم لوگ اپنے چہرے پھیر لو مشرق یا مغرب کی طرف اور بس بلکہ نیکی تو دراصل یہ ہے کہ آدمی سچے دل سے ایمان لے آئے اللہ پر قیامت کے دن پر فرشتوں پر اللہ کی نازل کردہ کتابوں اور اس کے پیغمبروں پر اور وہ اپنا مال خرچ کرے اس کی محبت پر رشتہ داروں یتیموں مسکینوں مسافروں اور سوال کرنے والوں کی حاجتوں اور ضرورتوں میں اور گردنوں کے چھڑانے میں اور وہ نماز قائم کرے پابندی کے ساتھ اور زکاۃ ادا کرے صحیح

طریقے سے اور جو پورا کرتے ہیں اپنے باندھے ہوئے عہد کو جب وہ کوئی عہد کر لیں اور خاص کر وہ لوگ جو صبر و برداشت سے کام لیں سختی اور تکلیف میں اور حالت جنگ میں یہی لوگ ہیں جو سچے ہیں اپنے قول و فعل میں اور یہی ہیں متقی و پرہیزگار

۱۷۸۔ اے وہ لوگو جو ایمان لائے ہو تم پر قصاص فرض کر دیا گیا ہے مقتولوں کے بارے میں یعنی قاتل کو قتل کیا جائے گا مقتول کے بدلے میں خواہ وہ کوئی بھی کیوں نہ ہو اور کیسا ہی کیوں نہ ہو آزاد بدلے آزاد کے اور غلام بدلے غلام کے اور عورت بدلے عورت کے پھر جس کو معاف کر دیا جائے اس کے بھائی کی طرف سے کچھ بھی تو قاتل سے خون بہا کا مطالبہ کرنا ہے دستور کے مطابق اور پہنچا دینا ہے خون بہا کے اس مال کو اس کے حقدار کے پاس خوبی اور بھلائی کے ساتھ یہ تخفیف ہے تمہارے رب مہربان کی جانب سے اور ایک رحمت و مہربانی پھر جس نے زیادتی کی اس کے بعد تو اس کے لئے ایک بڑا اور دردناک عذاب ہے

۱۷۹۔ اور تمہارے لئے قصاص میں زندگی ہے اے عقل مندو تاکہ تم بچو خونریزی اور اس کے بھیانک انجام سے

۱۸۰۔ تم پر فرض کر دیا گیا ہے کہ جب تم میں سے کسی کی موت کا وقت آپہنچے اگر اس نے کچھ مال چھوڑا ہو کہ وہ وصیت کر جائے اپنے ماں باپ اور قریبی رشتہ داروں کے لئے دستور کے مطابق مناسب طور پر یہ حق ہے پرہیزگاروں کے ذمے

۱۸۱۔ پھر جس نے اس کو بدل دیا بعد اس کے کہ اس نے اس کو سن لیا تو اس کا گناہ انہی لوگوں کے ذمے ہو گا جو اس کو بدل دیں گے بیشک اللہ سب کچھ سننے جاننے والا ہے

43

۱۸۲. البتہ جس کسی کو اندیشہ و خوف ہو وصیت کرنے والے کی جانب سے کسی طرف داری یا گناہ کا اور اس بناء پر وہ ان کے درمیان صلح صفائی کروا دے تو ایسے شخص پر کوئی گناہ نہیں بیشک اللہ بڑا ہی بخشنے والا نہایت مہربان ہے

۱۸۳. اے وہ لوگو جو ایمان لائے ہو فرض کر دیا گیا تم پر روزہ رکھنا جس طرح کہ وہ فرض کیا گیا تھا ان لوگوں پر جو گزر چکے ہیں تم سے پہلے تاکہ تم لوگ متقی اور پرہیزگار بن جاؤ

۱۸۴. گنتی کے کچھ دن پھر اس میں بھی یہ رعایت کہ تم میں سے جو کوئی بیمار ہو یا وہ کسی سفر پر ہو تو وہ اتنے ہی دنوں کی گنتی پوری کر کے بعد میں اسی قدر روزے رکھ لے اور جو لوگ روزہ رکھنے کی طاقت رکھتے ہوں اور نہ رکھیں تو ان کے ذمہ فدیہ ہے یعنی ایک مسکین کا کھانا مگر جو کوئی اپنی خوشی سے نیکی کرے تو وہ بہرحال خود اسی کے لئے بہتر ہو گی اور تمہارا روزہ رکھنا بہر حال تمہارے لئے بہتر ہے اگر تم جانتے ہو

۱۸۵. رمضان کا مہینہ وہ عظیم الشان مہینہ ہے جس میں اتارا گیا قرآن حکیم جیسے کلام معجز نظام کو جو کہ سراسر ہدایت ہے لوگوں کے لئے اور جو مشتمل ہے ہدایت کے روشن دلائل اور حق و باطل کا فرق کھول کر رکھ دینے والی ٹھوس تعلیمات پر پس تم میں سے جو کوئی اس مہینے کو پائے وہ اس کے روزے رکھے اور جو کوئی بیمار ہو یا کسی سفر پر ہو تو اس کے ذمے اتنے ہی دنوں کی گنتی ہے دوسرے دنوں سے اللہ تمہارے ساتھ نرمی کرنا چاہتا ہے وہ تم سے سختی نہیں کرنا چاہتا اور یہ حکم اس لیے دیا جا رہا ہے کہ تاکہ تم لوگ پورا کر سکو روزوں کی

گنتی کو اور تاکہ تم بڑائی بیان کرو اللہ کی اس عظیم الشان کرم واحسان پر کہ اس نے تم کو نوازا ہدایت کی دولت بے مثال سے اور تاکہ تم لوگ شکر بجالاؤ اس واہب مطلق کا

۱۸۶. اور جب پوچھیں آپ سے اے پیغمبر میرے بندے میرے بارے میں تو واضح رہے کہ میں بہت ہی قریب ہوں سنتا اور قبول کرتا ہوں پکارنے والے کی پکار کو جب کہ وہ مجھے پکارتا ہے پس ان کو چاہیے کہ یہ میرا حکم بجالائیں اور مجھ پر ایمان رکھیں تاکہ یہ راہ رشد و صواب پاسکیں

۱۸۷. حلال کر دیا گیا تمہارے لئے روزوں کی راتوں میں اپنی بیویوں کے پاس جانا۔ وہ ایک عظیم الشان لباس ہیں تمہارے لئے اور تم ایک عظیم الشان لباس ہو ان کے لئے۔ اللہ کے علم میں ہے کہ تم لوگ خیانت کرتے تھے اپنی جانوں سے مگر اس نے اپنے کرم کی بناء پر تم پر عنایت فرمادی اور تم سے درگزر فرمالیا سو اب تم ان سے شب باشی کرو اور حاصل و طلب کرو وہ کچھ جو اللہ نے لکھ دیا تمہارے لئے اور تم کھاؤ پیو یہاں تک کہ اچھی طرح ظاہر ہو جائے تمہارے لئے سپیدہ صبح کی سفید دھاری تاریکی شب کی سیاہ دھاری سے پھر تم لوگ پورا کرو اپنے روزوں کو رات کی آمد تک اور تم اپنی بیویوں سے مباشرت نہیں کرنا ایسی حالت میں جبکہ تم اعتکاف میں بیٹھے ہو اپنی مسجدوں میں یہ احکام اللہ کی مقرر کردہ حدیں ہیں پس تم ان کے قریب بھی نہ پھٹکنا اسی طرح اللہ کھول کر بیان فرماتا ہے اپنے احکام لوگوں کے لئے تاکہ وہ بچ سکیں

۱۸۸۔ اور مت کھاؤ تم لوگ اپنے مال آپس میں ناجائز طریقوں سے اور نہ ہی تم انہیں لے جاؤ حاکموں کے پاس تاکہ اس طرح تم ہتھیا سکو کچھ حصہ دوسروں کے مالوں کے گناہ کے ساتھ حالانکہ تم خود لوگ جانتے ہو

۱۸۹۔ پوچھتے ہیں آپ سے یہ لوگ اے پیغمبر چاند کی گھٹتی بڑھتی صورتوں کے بارے میں کہ ایسے کیوں ہوتا ہے تو کہو کہ یہ لوگوں کے لئے تاریخوں کہ تعین اور خاص کر حج کے اوقات و تواریخ کی علامتیں ہیں اور نیکی یہ نہیں ہے کہ تم لوگ آؤ اپنے گھروں میں ان کے پیچھے کی طرف سے بلکہ نیکی تو دراصل یہ ہے کہ انسان بچے اپنے خالق و مالک کی نافرمانی و ناراضگی سے لہذا تم لوگ آؤ اپنے گھروں میں سیدھے طریقے سے یعنی ان کے دروازوں سے اور ہمیشہ ڈرتے رہا کرو تم لوگ اللہ سے تاکہ تم فلاح پاسکو

۱۹۰۔ اور لڑو تم اللہ کی راہ میں ان لوگوں سے جو تم سے لڑتے ہیں، مگر زیادتی نہ کرنا کہ بیشک اللہ پسند نہیں فرماتا زیادتی کرنے والوں کو

۱۹۱۔ اور قتل کرو تم ان عہد شکن ظالموں کو جہاں بھی تم انہیں پاؤ اور نکال باہر کرو ان کو جہاں سے انہوں نے نکالا ہے تم کو ظلم و زیادتی کے ساتھ اور فتنہ قتل سے بھی کہیں بڑھ کر ہے البتہ ان سے مسجد حرام کے قریب نہیں لڑنا یہاں تک کہ وہ خود تم لوگوں سے لڑیں پس اگر یہ وہاں بھی تم سے لڑنے سے نہ چوکیں تو تمہیں بھی اجازت ہے کہ تم ان کو قتل کرو اور حدود حرم کو ان سے پاک کرو یہی سزا ہے ایسے کافروں کی جو حرمت حرم کا بھی لحاظ نہ کریں

۱۹۲. پھر اگر وہ باز آ جائیں اپنے کفر و باطل اور اپنی شر انگیزیوں سے تو ان سے کوئی مواخذہ نہیں کہ بیشک اللہ بڑا ہی بخشنے والا نہایت ہی مہربان ہے

۱۹۳. اور لڑو تم ان سے یہاں تک کہ فتنہ و فساد باقی نہ رہے اور دین سب کا سب اللہ ہی کا ہو جائے پھر اگر یہ لوگ باز آ جائیں اپنے کفر و شرک اور فتنہ و فساد سے تو پھر ان پر کوئی دست درازی نہ کی جائے کہ دست درازی روا نہیں مگر ظالموں پر

۱۹۴. حرمت والا مہینہ بدلے میں حرمت والے مہینے کے اور حرمت والی سب چیزیں قصاص اور بدلے کی چیزیں ہیں پس جو کوئی تم پر زیادتی کرے تو تم بھی اس پر ویسی ہی زیادتی کرو، جیسی کہ اس نے تم پر کی اور اللہ سے ڈرتے رہو اور یقین جانو کہ اللہ ساتھ ہے پرہیزگاروں کے

۱۹۵. اور خرچ کرو تم لوگ اللہ کی راہ میں اور مت ڈالو تم لوگ اپنے آپ کو خود اپنے ہاتھوں ہلاکت و تباہی کے گڑھے میں اور نیکی کرتے رہو بیشک اللہ محبت فرماتا ہے نیکوکاروں سے

۱۹۶. اور پورا کرو تم حج و عمرہ کو اللہ کے لئے پھر اگر تم روک دیے جاؤ تو جو قربانی میسر ہو اسے اس کی بارگاہ اقدس میں پیش کر دو اور اپنے سر منڈاؤ تم لوگ یہاں تک کہ پہنچ جائے وہ قربانی اپنی جگہ پھر اگر تم میں سے کوئی بیمار ہو جائے یا اس کے سر میں کوئی تکلیف ہو جس کی بناء پر اس کو وقت سے پہلے ہی سر منڈوانا پڑھ جائے تو اس کے ذمے فدیہ و بدلہ ہے روزوں یا صدقہ یا قربانی کی صورت میں تمہیں امن و سکون کی دولت نصیب ہو جائے تو جو کوئی فائدہ اٹھانا چاہے عمرے کو حج کے ساتھ ملا کر تو وہ ان دونوں عبادتوں کے جمع کرنے کے شکرانے

کے طور پر جو قربانی اس سے ہو سکے ادا کرے مگر جس کو قربانی یسر نہ آئے تو وہ روزے رکھے تین حج کے دوران اور سات جب کہ تم لوٹ آؤ اپنے گھروں کو یہ پورے دس دن ہو گئے یہ رعایت واجازت صرف ایسے لوگوں کے لئے ہے جو مسجد حرام کے آس پاس اور اس کے قرب و جوار کے رہنے والے نہ ہوں اور اللہ سے ڈرتے رہو ہر حال میں اور یقین جانو کہ اللہ بڑا ہی سخت عذاب دینے والا ہے

۱۹۷. حج کے چند مہینے ہیں معلوم و مقرر پس جس شخص نے ان مہینوں میں حج کا ارادہ والتزام کر لیا تو وہ دوران حج نہ کسی شہوانی فعل کا ارتکاب کرے نہ کسی گناہ کا اور نہ کسی طرح کے لڑائی جھگڑے کا اور جو بھی کوئی نیکی تم لوگ کرو گے خواہ وہ کیسی ہی کیوں نہ ہو اللہ اس کو جانتا ہے اور تقویٰ کا زاد سفر اپنایا کرو کہ بیشک سب سے بہتر زاد سفر تقویٰ و پرہیزگاری ہی کا ہے، اور خاص مجھ ہی سے ڈرتے رہا کرو اے عقل سلیم رکھنے والو

۱۹۸. تم لوگوں پر اس بات میں کوئی گناہ نہیں کہ تم زمانہ حج میں اپنے رب کا فضل تلاش کرو پھر جب تم لوگ کوچ کرو عرفات کے میدان سے تو خوب خوب یاد کرو اللہ کو مشعر حرام کے پاس یعنی مزدلفہ میں اور اس کو اسی طرح یاد کرو جس طرح کہ اس نے تم کو ہدایت اور تعلیم دی ہے اور حقیقت یہ ہے کہ اس نور ہدایت سے پہلے تم لوگ پرلے درجے کے گمراہوں میں سے تھے،

۱۹۹. پھر تم بھی وہیں سے پلٹو جہاں سے اور لوگ پلٹ آتے ہیں اور معافی مانگو تم اللہ سے بیشک اللہ بڑا ہی بخشنے والا نہایت مہربان ہے

۲۰۰. پھر جب تم پورے کر چکو اپنے حج کے ارکان تو قیام منیٰ کے دوران اپنے باپ دادوں کے مفاخر و مآثر بیان کرنے کے بجائے تم لوگ یاد کرو اپنے اللہ کو جیسا کہ تم نے یاد کیا کرتے تھے اپنے باپ دادا کے مفاخر کو بلکہ اس سے بھی کہیں بڑھ کر یاد کرو اس وحدہٗ لاشریک کو مگر کچھ لوگ ایسے ہیں جو اپنی کوتاہ نظری سے دنیائے فانی کا ہی سوال کرتے ہیں اور کہتے ہیں کہ اے ہمارے رب ہم کو دنیا میں ہی دے دے جو کچھ دینا ہے ایسوں کو دنیا میں تو اس کی حکمت و مشیت کے مطابق جو کچھ ملنا ہوا مل جائے گا مگر ان کے لئے آخرت میں کوئی حصہ نہیں ہوگا

۲۰۱. اور اس کے برعکس کچھ لوگ ایسے ہیں جو کہتے ہیں کہ اے ہمارے رب ہمیں دنیا میں بھی بھلائی عطا فرما اور آخرت میں بھی بھلائی عطا فرما اور ہمیں بچا لے دوزخ کی اس آگ کے عذاب سے

۲۰۲. سو ایسوں کے لئے بڑا حصہ ہے ان کی کمائی میں سے اور اللہ بڑا ہی جلد حساب لینے والا ہے

۲۰۳. اور یاد کرو تم لوگ اللہ کو گنتی کے ان چند دنوں میں پھر جس نے جلدی سے کام لیکر دو دنوں میں ہی کوچ کر لیا تو اس پر کوئی گناہ نہیں اور جس نے تاخیر سے کام لیا اس پر بھی کوئی گناہ نہیں ہر ایسے شخص کے لئے جو ڈرتا ہوا اپنے رب سے اور ڈرتے رہا کرو تم لوگ اللہ سے اور یقین جانو کہ تمہیں بہر حال اسی کے حضور اکٹھے ہو کر جانا ہے

۲۰۴. اور کچھ لوگ ایسے ہیں کہ اچھی لگتی ہیں آپ کو ان کی چکنی چپڑی باتیں دنیاوی زندگی کے بارے میں اور وہ اپنی نیک نیتی پر گواہ بناتا ہے اللہ کو حالانکہ وہ پرلے درجے کا دشمن ہے حق اور اہل حق کا

۲۰۵. اور جب وہ پیٹھ پھیرتا ہے تو اس دوڑ دھوپ میں لگ جاتا ہے کہ فساد مچائے زمین میں اور ہلاک و تباہ کر ڈالے کھیتی اور نسل کو اور اللہ جس کو ایسا شخص اپنی نیک نیتی پر گواہ بناتا ہے وہ کبھی پسند نہیں فرماتا فساد کو

۲۰۶. اور اس کے تکبر کا عالم یہ ہے کہ جب اس سے کہا جاتا کہ تو ڈر اللہ سے تو آ پکڑتی ہے اس کو اس کی نخوت گناہ کے ساتھ اور وہ مزید بگڑ جاتا ہے سو کافی ہے اس کو جہنم اور بڑا ہی برا ٹھکانا ہے

۲۰۷. وہ اور دوسری طرف کچھ لوگ ایسے بھی ہیں جو کہ اللہ کی رضا کی طلب میں اپنی جان عزیز کو بھی بیچ دیتے ہیں اور اللہ بڑا ہی مہربان ہے اپنے بندوں پر

۲۰۸. اے لوگوں جو ایمان لائے ہو داخل ہو جاؤ تم اسلام کے حظیرہ قدس میں پورے کے پورے اور خبر دار شیطان کی پیروی نہیں کرنا کہ بیشک وہ تمہارا دشمن ہے کھلم کھلا

۲۰۹. پس اگر تم لوگ پھسل گئے راہ حق و صواب سے ان کھلی نشانیوں کے بعد جو کہ پہنچ چکیں تمہارے پاس تو تم یقین جان لو کہ تمہیں اللہ کی پکڑ سے کوئی ہیں چھڑا سکے گا کہ بیشک اللہ بڑا ہی زبردست نہایت ہی حکمت والا ہے

۲۱۰۔ تو کیا اب یہ لوگ اسی آخری انجام کے منتظر ہیں کہ آجائے ان کے پاس اللہ بادلوں کے سایہ بانوں میں اور اس کے فرشتے بھی اور تمام کر دیا جائے سارا معاملہ اپنی آخری شکل میں اور اللہ ہی کی طرف لوٹائے جاتے ہیں سب معاملات

۲۱۱۔ پوچھو بنی اسرائیل سے کہ ہم نے کتنی ہی کھلی نشانیاں عطا کیں ان ناشکرے بے انصافوں کو اور جو کوئی اللہ کی نعمت کو بدلے گا بعد اس کے کہ وہ اس کے پاس پہنچ گئی تو اسے اس کا بھگتان بہر حال بھگتنا ہو گا کہ بیشک اللہ بڑا ہی سخت عذاب دینے والا ہے

۲۱۲۔ خوشنما بنا دیا گیا دنیا کی زندگی اور اس کے متاع فانی و زائل کو ان بد نصیب لوگوں کے لئے جو اڑے ہوئے ہیں اپنے کفر و باطل پر اور وہ مذاق اڑاتے ہیں ان خوش نصیب لوگوں کا جو اپنے سینوں میں ایمان و یقین کا نور رکھتے ہیں حالانکہ جن لوگوں نے تقویٰ و پرہیزگاری کو اپنایا ہو گا وہ قیامت کے اس ابدی فیصلے کے دن ان کافروں سے کہیں بالا و برتر ہوں گے اپنے مراتب و درجات کے اعتبار سے اور اللہ جس کو چاہتا ہے روزی دیتا ہے بغیر کسی حساب کے

۲۱۳۔ سب لوگ شروع شروع میں ایک ہی طریقے پر تھے پھر ان میں اختلاف پڑنے پر اللہ نے اپنے پیغمبروں کو بھیجا خوشخبری دینے والے اور خبردار کرنے والے بنا کر اور ان کے ساتھ اپنی کتابیں بھی اتاریں حق کے ساتھ تاکہ اس طرح وہ فیصلہ فرمائے لوگوں کے درمیان ان تمام باتوں کے بارے میں جن میں وہ اختلاف میں پڑے ہوئے تھے اور اس میں اختلاف نہیں کیا مگر انہی لوگوں نے جن کو وہ کتاب حق دی گئی تھی اس کے بعد کہ آچکیں تھیں ان

کے پاس حق و ہدایت کی کھلی نشانیاں محض آپس کی ضد کی وجہ سے سو اللہ نے ہدایت سے سر فراز فرما دیا ان لوگوں کو جو ایمان کی روشنی رکھتے تھے اس حق و صواب کے لئے جس کے بارے میں یہ لوگ اختلاف میں پڑے ہوئے تھے اپنے اذن سے اور اللہ اپنے کمال علم و حکمت کی بناء پر جس کو چاہتا ہے نوازتا ہے ہدایت کے نور سے سیدھے راستے کی طرف

۲۱۴. کیا تم لوگوں نے یہ سمجھ رکھا ہے کہ تم لوگ یونہی بغیر کسی محنت و مشقت کے جنت میں داخل ہو جاؤ گے حالانکہ تم پر ابھی تک ان حالات کا گزر نہیں ہوا جو پہنچے ان لوگوں کو جو گزر چکے تم سے پہلے ان پر ایسی ایسی سختیاں آئیں مصیبتیں گزریں اور ان کو اس طرح جھنجھوڑ کر رکھ دیا گیا کہ ان کے پیغمبر اور جو لوگ ان کے ساتھ ایمان لائے تھے چیخ اٹھے کہ کب آئے گی اللہ کی مدد تب ان کو تسلی دی گئی کہ بیشک اللہ کی مدد قریب ہے

۲۱۵. پوچھتے ہیں آپ سے اے پیغمبر کہ کیا خرچ کریں تو کہو کہ جو بھی مال تمہیں خرچ کرنا ہو تو وہ حق ہے تمہارے ماں باپ رشتہ داروں یتیموں مسکینوں اور مسافروں کا اور یاد رکھو اور مطمئن رہو کہ جو بھی کوئی بھلائی تم لوگ صدق و اخلاص سے کرو گے تو اس کا اجر و ثواب تم یقیناً پاؤ گے کہ بیشک اللہ اس کو پوری طرح جانتا ہے

۲۱۶. تم لوگوں پر فرض کر دیا گیا اللہ کی راہ میں جہاد کرنا جو کہ تمہیں طبعاً ناگوار ہے لیکن عین ممکن ہے کی ایک چیز تمہیں ناگوار ہو مگر حقیقت میں وہی تمہارے لئے بہتر ہو اور یہ بھی ہو سکتا ہے کہ ایک چیز تمہیں پسند ہو مگر حقیقت کے اعتبار سے وہی تمہارے لئے بری ہو اللہ جانتا ہے سب کچھ اور تم لوگ نہیں جانتے

۲۱۷. پوچھتے ہو یہ لوگ آپ سے اے پیغمبر حرمت والے مہینے میں لڑائی کے بارے میں تو ان سے کہو کی اس میں لڑنا بہت برا ہے مگر اللہ کی راہ سے روکنا اور اس کے ساتھ کفر و شرک کا ارتکاب کرنا مسجد حرام کا راستہ خدا پرستوں پر بند کرنا اور جو لوگ مسجد حرام کے حقیقی اہل اور حق دار ہیں ان کو وہاں سے نکالنا اللہ کے نزدیک اس سے بھی کہیں بڑھ کر برا ہے اور فتنہ و فساد تو قتل سے بھی بڑھ کر جرم ہے اور یہ لوگ تم سے لڑتے ہی رہیں گے اے مسلمانو یہاں تک کے تم کو تمہارے دین سے ہی پھیر دیں اگر ان کا بس چلے مگر اچھی طرح یاد رکھنا کہ تم میں سے جو بھی خدا نخواستہ پھر گیا اپنے دین سے اور اس نے کفر ہی کی حالت میں جان دے دی تو اکارت چلے گئے ایسے لوگوں کے سب اعمال دنیا میں بھی اور آخرت میں بھی اور یہ لوگ یار ہیں دوزخ کے جہاں انہیں ہمیشہ ہمیشہ رہنا ہوگا

۲۱۸. اس کے بر عکس جو لوگ ایمان لائے سچے دل سے اور انہوں نے ہجرت کی اللہ کی رضا کے اور اپنے دین کی خاطر اور جہاد کیا اللہ کی راہ میں تو یقیناً ایسے لوگ امید رکھ سکتے ہیں اللہ کی رضوان رحمت کی اور اللہ بڑا ہی بخشنے والا نہایت مہربان ہے

۲۱۹. پوچھتے ہیں آپ سے اے پیغمبر شراب اور جوئے کے بارے میں تو انہیں بتا دو کہ ان دونوں چیزوں میں بڑا گناہ بھی ہے اور لوگوں کے لئے کچھ فائدے بھی مگر ان کا گناہ ان کے فائدوں سے کہیں بڑھ کر ہے اور پوچھتے ہیں آپ سے کہ کیا خرچ کریں تو کہو کہ جو زیادہ ہو تمہاری ضرورتوں سے اللہ اسی طرح کھول کر بیان فرماتا ہے تمہارے لیے اپنے احکام تاکہ تم لوگ غور و فکر سے کام لو

۲۲۰. اپنی دنیا و آخرت کے بارے میں اور پوچھتے ہیں آپ سے یتیموں کے بارے میں تو کہو کہ ان کے لئے اصلاح والا طریقہ اپنانا ہی بہتر ہے اور اگر تم انہیں کھانے پینے اور رہن سہن میں اپنے ساتھ شریک کر لو تو اس میں بھی کوئی حرج نہیں کہ وہ تمہارے بھائی ہیں دینی اور نسبی اعتبار سے اور اللہ خوب جانتا ہے بگاڑنے والے کو اصلاح کرنے والے سے اور اگر اللہ چاہتا تو تم لوگوں کو سخت مشقت میں ڈال دیتا بیشک اللہ بڑا ہی زبردست نہایت ہی حکمت والا ہے۔

۲۲۱. اور تم لوگ اے ایمان والو! مشرک عورتوں سے نکاح مت کرو یہاں تک کہ وہ ایمان لے آئیں ور ایک ایماندار باندی ایک مشرک عورت سے بہرحال کہیں بہتر ہے اگرچہ وہ مشرک عورت تم کو اچھی لگتی ہو اور تم اپنی عورتوں کو مشرک مردوں کے نکاح میں مت دو یہاں تک کہ وہ ایمان لے آئیں اور ایک ایماندار غلام ایک کافر و مشرک آزاد شخص سے یقیناً کہیں بہتر ہے اگرچہ وہ کافر مشرک تم کو اچھا لگتا ہو کیونکہ یہ کافر و مشرک لوگ بلاتے ہیں دوزخ کی ہولناک آگ کی طرف جب کہ اللہ بلاتا ہے اپنی رحمت و عنایت کی بناء پر جنت اور بخشش کی طرف اپنے اذن سے اور وہ کھول کر بیان فرماتا ہے اپنے احکام لوگوں کے لیے تاکہ وہ نصیحت حاصل کرے

۲۲۲. اور پوچھتے ہیں آپ سے حیض کے بارے میں تو کہو کہ وہ ایک گندگی ہے پس تم لوگ دور رہو اپنی عورتوں کی صحبت سے حیض کی حالت میں اور ان کے قریب بھی نہ جاؤ یہاں تک کہ وہ پاک ہو جائیں پس جب وہ اچھی طرح سے پاک ہو جائیں تو تم ان کے پاس آؤ جہاں سے اللہ

نے تم کو حکم دیا ہے ، (ان کے پاس آنے کا) بیشک اللہ پسند فرماتا ہے ان لوگوں کو جو (ہمیشہ) توبہ کرتے رہتے ہیں ، اور وہ پسند فرماتا ہے ان لوگوں کو جو پاک صاف رہتے ہیں ،

۲۲۳. تمہاری بیویاں عظیم الشان کھیتیاں ہیں تمہارے (نفع اور بھلے) کے لئے ، پس اور (ہمیشہ اور ہر حال میں) ڈرتے رہا کرو تم اللہ سے ، اور یقین جانو کہ تمہیں بہر حال اس سے ملنا ہے اور خوشخبری سنا دو ایمانداروں کو ،

۲۲۴. اور مت بناؤ تم لوگ اللہ (کے پاک نام) کو آڑ، اپنی قسموں کے لئے ، کہ (اس کی نام کی قسم کھا کر تم رک جاؤ اس سے کہ) تم نیکی کرو ، پرہیزگاری کو اپناؤ ، اور لوگوں کے درمیان صلح کراؤ، اور اللہ (سب کچھ) سنتا جانتا ہے ،

۲۲۵. اللہ تمہارے گرفت نہیں فرماتا تمہاری بے مقصد (وے ارادہ) قسموں پر، مگر وہ تمہاری گرفت ضرور فرمائے گا، جو تم نے دل کے ارادے سے کھائی ہوں ، اور اللہ ہی بڑا بخشنے والا ، نہایت ہی بردبار ہے ۔

۲۲۶. جو لوگ اپنی بیویوں کے پاس جانے سے قسم کھا بیٹھتے ہیں ، ان کے لئے مہلت ہے چار مہینے کی ، سو اگر انہوں نے (اس مدت کے اندر) رجوع کر لیا تو (ان کا نکاح باقی ، قسم توڑنے کا کفارہ لازم ، اور گناہ معاف ، کہ) بیشک اللہ بڑا ہی بخشنے والا نہایت ہی مہربان ہے ،

۲۲۷. اور اگر انہوں نے طلاق ہی کی ٹھان لی ، تو (یا درکھیں کہ یہ مدت گزرتے ہی قطعی طلاق پڑ جائے گی کہ) بیشک اللہ (سب کچھ) سنتا جانتا ہے

۲۲۸. اور طلاق یافتہ عورتیں روکے رکھیں اپنے آپ کو تین حیضوں تک، اور ان کے لئے یہ بات جائز نہیں کہ وہ چھپائیں اس چیز کو جو کہ اللہ نے پیدا فرمائی، ان کے رحموں کے اندر، اگر یہ (سچے دل سے اور صحیح معنوں میں) ایمان اور رکھتی ہیں اللہ پر اور قیامت کے دن پر اور ان مطلقہ عورتوں کے شوہر اس مدت عدت کے دوران ان کو اپنی زوجیت میں واپس لانے کا پورا حق رکھتے ہیں بشرطیکہ طلاق رجعی ہو اگر ان کا ارادہ اصلاح کا ہو اور عورتوں کے لیے مردوں کے ذمے ویسے ہی حقوق ہیں جیسا کہ ان کے ذمے مردوں کے حقوق ہیں دستور کے مطابق البتہ مردوں کو مرد ہونے کے اعتبار سے ان پر ایک خاص درجہ اور فوقیت حاصل ہے اور اللہ بڑا ہی زبردست نہایت ہی حکمت والا ہے

۲۲۹. طلاق جس کے بعد رجوع ہو سکتا ہے دو ہی مرتبہ ہے پھر یا تو رجوع کر کے اس دستور کے مطابق روک لیا جائے یا بھلے طریقے کے ساتھ چھوڑ دیا جائے اور تمہارے لئے یہ بات جائز نہیں کہ تم چھوڑنے کہ صورت میں اس مال میں سے کچھ واپس لے لو جو کہ تم نے نکاح کہ بنا پر ان کو دیا تھا مگر یہ کہ ان دونوں کو اس بات کا اندیشہ ہو کہ زوجیت کی بقاء کی صورت میں وہ دونوں اللہ کی حدوں کو قائم نہیں رکھ سکیں گے سو اگر تمہیں یہ اندیشہ ہو کہ واقعی اللہ کی حدوں کو قائم نہیں رکھ سکیں گے تو ان دونوں پر اس بات میں کو یہ گناہ نہیں کہ وہ عورت کچھ مال دے کر اپنی جان چھڑا لے یہ اللہ کی مقرر کی ہوئی حدیں ہیں پس تم ان سے آگے نہیں بڑھنا اور جو بھی کوئی اللہ کی حدوں سے آگے بڑھا تو اس نے یقیناً اپنا ہی نقصان کیا کی ایسے لوگ سراسر ظالم ہیں

۲۳۰. پھر اگر اس شخص نے ان دو کے بعد اس کو تیسری طلاق بھی دے دی تو اب وہ عورت اس کے لئے حلال نہ ہوگی یہاں تک کی وہ نکاح کر لے کسی اور خاوند سے پھر وہ شخص اگر اپنی مرضی سے کبھی اس کو طلاق دے دے اور اب ان دونوں پر کوئی گناہ نہیں کی وہ عدت گزرنے پر آپس میں رجوع کر لیں اگر ان دونوں کو اس بات کا گمان غالب ہو کہ وہ قائم رکھ سکیں گے اللہ کی مقرر کردہ حدوں کو اور یہ اللہ کی حدیں ہیں جن کو وہ کھول کر بیان فرماتا ہے ان کو لوگوں کے لئے جو علم رکھتے ہیں

۲۳۱. اور جب تم طلاق دے دو اپنی عورتوں کو پھر وہ پہنچ جائیں اپنی عدت کے خاتمے کو تو پھر یا تو تم ان کو روک رکھو اپنے نکاح میں دستور کے مطابق یا انہیں چھوڑ دو بھلے طریقے کے ساتھ اور تم انہیں مت روکو نقصان پہنچانے کی غرض سے کہ اس طرح تم ظلم اور زیادتی کا ارتکاب کرو گے اور جس کسی نے ایسے کیا تو اس نے یقیناً خود اپنی جان ہی پر ظلم کیا اور مت ٹھہراؤ تم لوگ اللہ کی آیتوں کو کھیل اور تماشہ اور یاد کرو تم اللہ لے اس عظیم الشان احسان کو جو اس نے تم پر فرمایا اور کتاب و حکمت کی اس بے مثل دولت کو جو اس نے تم پر نازل فرمائی وہ تمہیں نصیحت کرتا ہے اس خزانہ علم و حکمت کے ذریعے اور ڈرتے رہا کرو تم لوگ اللہ سے اور یقین جانو کہ اللہ ہر چیز کو پوری طرح جانتا ہے

۲۳۲. اور جب تم طلاق دے دو اپنی عورتوں کو پھر وہ پورا کر لیں اپنی عدت کو تو تم ان کو مت روکو اس بات سے کہ وہ نکاح کریں اپنے تجویز کردہ شوہروں سے جب کہ وہ آپس میں نکاح کرنے پر راضی ہو جائیں دستور کے مطابق اس مضمون کی نصیحت کی جاتی ہے تم میں سے پر

اس شخص کو جو ایمان رکھتا ہے اللہ پر اور قیامت کے دن پر یہ تمہارے لئے نہایت پاکیزہ اور بڑی صفائی کی بات ہے اور اللہ پاک سبحانہ، و تعالیٰ جانتا ہے تم نہیں جانتے۔

۲۳۳. اور مائیں دودھ پلائیں اپنی اولاد کو پورے دو سال جو پورا کرنا چاہیں دودھ پلانے کی مدت کو اور باپ جس کے لئے دراصل وہ بچہ جنا گیا ان کے ذمے ہے ان دودھ پلانے والیوں کے کھانے اور کپڑے کا بندوبست کرنا دستور کے مطابق کسی کو تکلیف نہیں دی جاتی مگر اسی قدر جتنا کہ اس کے بس اور اختیار میں ہو سو نہ تو کسی ماں کو تکلیف میں ڈالا جائے اس کے بچے کی بناء پر اور نہ ہی کسی باپ کو تکلیف میں ڈالا جائے اس کے بچے کی وجہ سے اور باپ کے زندہ نہ ہونے کی صورت میں اس کے وارث پر بھی ایسا ہی حق ہے پھر اگر وہ دونوں باہمی رضامندی اور مشورہ سے دو سال کی اس مدت کی تکمیل سے پہلے ہی دودھ چھڑانا چاہیں تو اس میں بھی تم پر کوئی گناہ نہیں جب کہ تم ادا کر دو وہ معاوضہ جس کا دینا تم نے طے کیا ہو دستور کے مطابق اور ہمیشہ ڈرتے رہا کرو اللہ سے اور یقین جانو کی اللہ پوری طرح دیکھ رہا ہے تمہارے ان کاموں کو جو تم لوگ کر رہے ہو

۲۳۴. اور تم میں سے جو وفات پا جائیں اور وہ اپنے پیچھے چھوڑ جائیں بیویاں تو ان بیواؤں کو چاہیے کہ انتظار میں رکھیں اپنے آپ کو چار مہینے اور دس دن پھر جب وہ پورا کر لیں اپنی عدت کی مدت کو تو تم پر کوئی گناہ نہیں ان کے ان کاموں کی بنا پر جو وہ خود کریں اپنی جانوں کے حق میں دستور کے مطابق اور اللہ پوری طرح باخبر ہے تمہارے ان سب کاموں سے جو تم لوگ کرتے ہو

۲۳۵. اور تم پر اس اشارہ و کنایہ میں بھی کوئی گناہ نہیں جس سے تم نے عدت کے دوران ان عورتوں کی منگنی سے متعلق کام لیا ہو خواہ تم نے اس کو ظاہر کیا ہو یا اسے چھپائے رکھا ہو اپنے دلوں میں اللہ کو خوب معلوم ہے کہ تم عنقریب ہی عدت کے بعد ان کو یاد کرو گے مگر یاد رکھنا کہ کہیں ان سے خفیہ عہد و پیمان نہ کر لینا مگر یہ کہ تم کہو کوئی بھلی بات دستور کے مطابق اور تم ان سے عقد نکاح کا قصد اور پختہ ارادہ بھی نہ کرنا یہاں تک کہ میعاد نوشت پوری ہو جائے اور یقین جانو کہ اللہ خوب جانتا ہے وہ سب کچھ کو کہ تمہارے دلوں میں ہے پس تم ہمیشہ اور ہر حال میں ڈرتے رہا کرو اس وحدہٗ لاشریک سے اور یہ بھی یقین جانو اللہ بڑا ہی بخشنے والا ہی بردبار ہے

۲۳۶. تم پر اس بات میں بھی کوئی گناہ نہیں کہ تم طلاق دے دو اپنی عورتوں کو قبل اس سے کہ تم نے ان کو ہاتھ لگایا ہو یا ان کے لئے کوئی مہر مقرر کیا ہو اور ایسی صورت میں تم ان کو کچھ سامان دے دیا کرو خوشحال پر اس کی حیثیت کے مطابق اور تنگ دست پر اس کی حیثیت کے مطابق اور تنگ دست پر اس کی حیثیت کے مطابق فائدہ پہنچانا ہے خوش اسلوبی کے ساتھ حق ہے نیکوکاروں کے ذمے،

۲۳۷. اور اگر تم ان کو طلاق دے دو اس سے کہ تم نے ان کو ہاتھ لگایا ہو جب کہ تم ان کے لئے کوئی مہر مقرر کر چکے تھے تو ایسی صورت میں تم کو اپنے مقرر کردہ مہر کا آدھا حصہ دینا ہو گا مگر یہ عورتیں معاف کر دیں یا وہ شخص معاف کر دے جس کے ہاتھ میں نکاح کی گرہ ہے اور تمہارا معاف کر دینا اے مسلمانو! تقویٰ و پرہیزگاری کے زیادہ قریب ہے اور آپس کے

معاملات میں تم لوگ احسان اور مہربانی کرنے کو نہ بھولو بیشک اللہ پوری طرح دیکھ رہا ہے ان کاموں کو جو تم لوگ کرتے ہو

۲۳۸. حفاظت کرو تم لوگ اپنی نمازوں کی اور خاص کر درمیانی نماز کی اور کھڑے رہا کرو تم لوگ اللہ کے حضور عاجزانہ طور پر

۲۳۹. پھر اگر تمہیں کبھی دشمن وغیرہ کا خوف ہو تو پیادہ یا سواری پر جیسے بھی ہو سکے نماز پڑھ لیا کرو پھر جب تمہیں امن میسر آجائے تو یاد کرو تم اللہ کو جیسا کہ اس نے سکھایا ہے تمہیں وہ کچھ جو تم لوگ نہیں جانتے تھے

۲۴۰. اور جو لوگ تم میں سے وفات پا جائیں اور وہ اپنے پیچھے بیویاں چھوڑ جائیں تو انہیں چاہیے کہ وہ وصیت کر جائیں اپنی بیویوں کے لئے سال بھر کے نان و نفقہ کی گھر سے نکالے بغیر پھر اگر وہ خود نکل جائیں تو تم پر اے وارثو اس کا کوئی گناہ نہیں جو کچھ کہ وہ خود اپنی جانوں کے بارے میں کریں بھلائی میں سے اور اللہ بڑا ہی زبردست نہایت ہی حکمت والا ہے

۲۴۱. اور طلاق والی عورتوں کو کچھ نہ کچھ سامان دینا ہے دستور کے مطابق بطور حق لازم کے پرہیزگاروں کے ذمے

۲۴۲. اسی طرح اللہ بیان فرماتا ہے تمہارے بھلے کے لئے اپنے احکام تاکہ لوگ عقل سے کام لو

۲۴۳. کیا تم نے ان لوگوں کی طرف بنظر غور و فکر نہیں دیکھا جو کہ نکل پڑے تھے اپنے گھروں سے جب کہ وہ ہزاروں کی تعداد میں تھے موت کے ڈر سے تو اللہ نے ان سے اپنے

حکم تکوینی کے اعتبار سے فرمایا کہ مر جاؤ تم سب سو وہ مر گئے پھر اللہ نے ان کو زندہ فرما دیا بیشک اللہ بڑا ہی فضل و کرم والا ہے لوگوں پر مگر اکثر لوگ ایسے ہیں کہ وہ شکر ادا نہیں کرتے

۲۴۴. اور لڑو تم اللہ کی راہ میں اے مسلمانو! اور یقین جانو کہ اللہ سب کچھ سنتا جانتا ہے

۲۴۵. کون ہے جو قرض دے اللہ کو اچھا قرض پھر اللہ اس کو بڑھا کر لوٹائے گا اس کے کئی گنا کے اضافوں کے ساتھ اور اللہ ہی اپنی حکمت و مشیت سے تنگی بھی کرتا ہے اور فراخی بھی عطا کرتا ہے اور اسی کی طرف بہر حال لوٹ کر جانا ہے تم سب کو

۲۴۶. کیا تم نے غور نہیں کیا بنی اسرائیل کے ایک گروہ کے قصہ کے بارے میں جو کہ حضرت موسیٰ کے ایک زمانہ بعد پیش آیا جب کہ انہوں نے اپنے زمانے کے نبی سے کہا کہ ہمارے لئے ایک بادشاہ مقرر کر دیجئے تاکہ ہم اس کے جھنڈے تلے لڑیں اللہ کی راہ میں تب ان کے نبی نے ان سے فرمایا کہ کہیں ایسا تو نہیں ہوگا کہ تم پر جہاد فرض کر دیا جائے پھر تم نہ لڑو تو انہوں نے کہا کہ یہ کیسے ہو سکتا ہے کہ ہم اللہ کی راہ میں نہ لڑیں جب کہ ہمیں نکال باہر کیا گیا ہے اپنے گھروں سے اور جدا کر دیا گیا اپنے بیٹوں سے مگر اس سب کے باوجود جب ان پر جہاد فرض کر دیا گیا تو وہ سب پھر گئے بجز ان کی ایک تھوڑی سی تعداد کے اور اللہ خوب جانتا ہے ظالموں کو

۲۴۷. اور ان کے نبی نے ان سے فرمایا کہ دیکھو بیشک اللہ نے مقرر فرما دیا ہے تمہارے لئے طالوت بادشاہ تو اس پر ان لوگوں نے اعتراض کرتے ہوئے کہا کہ ان کو ہم پر بادشاہی کیسے مل سکتی ہے جب کہ ہم ان کے مقابلے میں بادشاہی کے زیادہ حقدار ہیں اور ان کو تو

مال کی فراخی بھی عطا نہیں فرمائی گئی ان کے پیغمبر نے ان لوگوں کے ان اعتراضات کے جواب میں فرماتا کہ حقیقت بہر حال یہی ہے کہ اللہ نے اس کو تم پر چن لیا ہے اور دنیاوی مال و دولت کے بجائے ان کو اللہ نے علم اور جسم کی قوتوں میں فراخی اور فراوانی عطا فرمائی ہے اور اللہ اپنی بادشاہی جس کو چاہتا ہے عطا فرماتا ہے اور اللہ بڑا ہی وسعت والا نہایت ہی علم والا ہے

۲۴۸. اور ان کے نبی نے ان سے یہ بھی فرمایا کہ ان کی بادشاہی کی نشانی یہ ہوگی کہ تمہارے پاس وہ صندوق واپس آ جائے گا جو تم سے چھین لیا گیا تھا اور جس میں تمہارے لئے سکون قلب کا سامان ہے تمہارے رب کی جانب سے اور کچھ باقی ماندہ اشیاء ان چیزوں میں سے جن کو چھوڑا ہے آل موسیٰ اور آل ہارون نے اٹھا لائیں گے اس کو فرشتے بیشک اس میں بڑی بھاری نشانی ہے تمہارے لیے اگر تم واقعی ایماندار ہو

۲۴۹. پھر جب طالوت لشکر لے کر روانہ ہونے لگے تو ان سے کہا کہ دیکھو اللہ کہ طرف سے تمہاری آزمائش ہونے والی ہے ایک نہر کے پانی سے سو یاد رکھو کہ جس نے اس سے پانی پی لیا وہ میرا ساتھی نہیں اور جس نے اس سے چکھا بھی نہ اصل میں وہی میرا ساتھی ہے ہاں جس نے ایک آدھ چلو بھر لیا تو وہ اسے معاف ہے مگر اس سب کے باوجود ان لوگوں نے اس دریا سے سیر ہو کر پانی پیا بجز ان میں کے تھوڑے سے لوگوں کے پھر اس کا نتیجہ یہ ہوا کہ جب طالوت اور ان کے ساتھ والے اہل ایمان نے اس دریا کو پار کیا تو انہوں نے ہمت ہار کر صاف کہہ دیا کہ ہمارے اندر جالوت اور اس کے لشکروں سے مقابلہ کرنے کی طاقت نہیں

اس پر ان لوگوں نے جو اس بات پر یقین رکھتے تھے کہ انہوں نے بہرحال اللہ سے ملنا ہے ان سے کہا کی دیکھو کتنی ہی بار ایسا ہوا ہے کہ ایک چھوٹی جماعت بڑی جماعت پر غالب آ گئی اللہ کے اذن و حکم سے پس تم گھبراؤ نہیں اور اللہ ساتھ ہے صبر کرنے والوں کے

۲۵۰. اور جب وہ قوت ایمان و یقین سے معمور و سرشار مجاہد میدان کارزار میں نکلے تو انہوں نے ظاہری اسباب و وسائل کے فرق و تفاوت سے صرف نظر کرتے ہوئے اپنے رب کے حضور عرض کیا اے ہمارے رب اپنے خاص کرم اور عنایت سے ہم پر فیضان فرما دے صبر اور استقامت کا ہمیں نواز دے ثابت قدمی کے جوہر سے اور ہماری مدد فرما ان کافر لوگوں کے مقابلے میں

۲۵۱. سو اس کے نتیجے میں انہوں نے شکست دے دی ان کافروں کو اللہ کے اذن سے اور قتل کر دیا داؤد نے جالوت کو اور اللہ نے نواز دیا ان کو بادشاہی اور حکمت کی دولت سے اور ان کو سکھا دیا وہ کچھ جو وہ چاہتا تھا اور اگر اللہ اسی طرح لوگوں کو ایک دوسرے کے ذریعے ہٹاتا اور مٹاتا نہ رہتا تو یقیناً زمین بھر جاتی فتنہ و فساد سے مگر اللہ بڑا ہی فضل والا اور مہربان ہے تمام لوگوں پر

۲۵۲. یہ اللہ کی آیتیں ہیں جو ہم پڑھ کر سناتے ہیں آپ کو اے پیغمبر حق کے ساتھ اور بیشک آپ رسولوں میں سے ہیں۔

۲۵۳. یہ سب رسول (جن کا ذکر ابھی ہوا) ایسے ہیں کہ ہم نے ان میں سے بعض کو بعض پر فضیلت بخشی، ان میں سے بعض ایسے ہیں جن سے اللہ نے کلام فرمایا، اور بعض ایسے ہیں

جن کو اس نے (دوسری حیثیتوں) سے بلند درجے عطا فرمائے، اور ہم نے عیسیٰ بیٹے مریم کو کھلی نشانیاں عطا کی تھیں، اور روح القدس کے ذریعے ان کی تائید (و تقویت) کا سامان کیا تھا اور اگر اللہ چاہتا تو وہ لوگ آپس میں کبھی نہ لڑتے، جو ان (انبیائے کرام ﷺ کے بعد آئے، اس کے بعد کہ آچکیں ان کے پاس کھلی (اور روشن) دلیلیں، مگر یہ لوگ (اس کے باوجود) اختلاف ہی میں پڑے رہے، سو کوئی ان میں سے ایمان لایا اور کوئی اپنے کفر ہی پر اڑا رہا، اور اگر اللہ چاہتا تو یہ لوگ آپس میں کبھی نہ لڑتے، مگر اللہ اپنی (حکمت بے پایاں اور مشیت مطلقہ سے) جو چاہتا ہے کرتا ہے

۲۵۴. اے وہ لوگو، جو ایمان لائے ہو تم خرچ کرو (ہماری راہ میں اور ہماری رضا جوئی کے لئے) اس (مال و متاع) میں سے جو ہم نے تم کو بخشا ہے، اس سے پہلے کہ آپہنچے ایک ایسا ہولناک دن جس میں نہ کوئی خرید و فروخت ممکن ہو گی، اور نہ ہی دوستی کام آسکے گی، نہ سفارش، اور کافر لوگ ہی (اصل) ظالم ہیں،

۲۵۵. اللہ وہ ذات ہے جسکے سوا کوئی معبود (برحق) نہیں، جو ہمیشہ زندہ، اور (ساری کائنات) تھامنے والا ہے، نہ اس کو اونگھ آتی ہے نہ نیند، اسی کا ہے وہ سب کچھ جو کہ آسمانوں میں ہے، اور وہ سب کچھ جو کہ زمین میں ہے، کون ہے جو اس کی جناب (اقدس و اعلیٰ) میں کوئی سفارش کر سکے، مگر اسی کے اذن سے وہ (پوری طرح) جانتا ہے وہ سب کچھ جو ان (لوگوں) کے سامنے ہے، اور وہ سب کچھ بھی جو کہ ان کے پیچھے ہے، جب کہ یہ لوگ اس کی معلومات میں سے کسی (معمولی) چیز کے علم کا احاطہ نہیں کر سکتے، مگر جتنا کہ وہ چاہے چھائی

ہوئی ہے اس کی کرسی آسمانوں اور زمین (کی اس وسیع و عریض کائنات) پر، اور اس کے لئے کچھ گرانی نہیں ان دونوں کی حفاظت میں، اور وہی ہے سب سے برتر، نہایت ہی عظمت والا۔

۲۵۶۔ کوئی (زور و) زبردستی نہیں دین (کے معاملے) میں، یقیناً رشد (و ہدایت کی روشنی) پوری طرح واضح (ہو کر الگ) ہو چکی ہے گمراہی سے، سو جو کوئی انکار کرے گا طاغوت کا، اور ایمان لائے گا اللہ پر، تو اس نے تھام لیا ایک ایسا مضبوط سہارا جس نے کبھی ٹوٹنا نہیں، اور اللہ (جس کا سہارا ایسے شخص نے تھام لیا ہے) بڑا ہی سننے والا ہے، سب کچھ جاننے والا ہے،

۲۵۷۔ اللہ کارساز (اور مددگار) ہے ان لوگوں کا جو (سچے دل سے) ایمان لائے، وہ ان کو اندھیروں سے نکال کر لاتا ہے روشنی کی طرف، اور اس کے بر عکس جو لوگ اڑے ہوئے ہیں اپنے کفر و باطل پر، ان کے حامی و دوست طاغوت ہیں، جو ان کو (ہدایت و ایمان کے) نور سے نکال کر لے جاتے ہیں (کفر و شرک، اور شکوک شبہات کے گھٹا ٹوپ) اندھیروں کی طرف، ایسے لوگ ساتھی، (اور دوست) ہیں (دوزخ کی اس ہولناک) آگ کے، اور ان (بد بختوں) کو اس میں ہمیشہ رہنا ہوگا،

۲۵۸۔ کیا تم نے غور نہیں کیا اس شخص کے حال پر جس نے جھگڑا کیا ابراہیم سے اس کے رب کے بارہ میں، اس بناء پر کہ اللہ نے اس کو عطا فرما رکھی تھی بادشاہی، جب کہ ابراہیم نے کہا کہ میرا رب وہ ہے جو زندگی بخشتا ہے اور موت دیتا ہے، تو اس نے (پوری ڈھٹائی

سے) کہا کہ میں، بھی زندہ کرتا اور مارتا ہوں، تب ابراہیم نے کہا کہ بیشک اللہ لاتا ہے سورج کو مشرق سے، پس تو اس کو لا دکھا مغرب سے، تو اس پر مبہوت (و ششدر) ہو کر رہ گیا وہ کافر، اور اللہ ہدایت (کے نور) سے نہیں نوازتا ایسے (ضدی اور ہٹ دھرم) کافر لوگوں کو،

۲۵۹. یا (تم نے غور نہیں کیا) اس شخص کے بارے میں جس کا گزر ایک ایسی بستی پر ہوا جو گری پڑی تھی اپنی چھتوں پر، تو اس نے کہا کہ اللہ کیونکر زندہ کرے گا اس بستی کو اس کے مر چکنے کے بعد؟ تو اللہ نے اس پر موت طاری کر کے اس کو سو سال تک موت کی ایسی ہی نیند سلا دیا، پھر اس نے اس کو (زندہ کر کے) اٹھایا اور اس سے پوچھا، تم کتنا عرصہ (اس حال) میں پڑے رہے؟ تو اس نے کہا کہ ایک دن، یا دن کا بھی کچھ حصہ، تو فرمایا (نہیں) بلکہ تم تو پڑے رہے ہو اس حالت میں پورے ایک سو سال (کی طویل مدت) سو اب دیکھو اپنے کھانے پینے (کے سامان) کی طرف، کہ اس میں کوئی تغیر نہیں آیا، اور دوسری طرف اپنے گدھے کو بھی دیکھ لو (کہ اس کی ہڈیاں بھی بوسیدہ ہو چکی ہیں) اور (ہم نے یہ سب کچھ اس لئے کیا کہ) تاکہ ہم تم کو بنا دیں ایک عظیم الشان نشانی لوگوں کے لئے، اور (اپنے گدھے کی) ان (بوسیدہ) ہڈیوں کو بھی دیکھو، کہ ہم (اپنی قدرت سے) کس طرح ان کو اٹھا کر جوڑتے ہیں، پھر ان پر ہم گوشت چڑھاتے ہیں، سو (اس طرح) جب حقیقت حال اس شخص کے سامنے پوری طرح واضح ہو گئی، تو اس نے کہا کہ میں (یقین) جانتا ہوں کہ بیشک اللہ ہر چیز پر پوری قدرت رکھتا ہے،

۲۶۰۔ اور (واقعہ بھی یاد کرنے کے لائق ہے کہ) جب ابراہیم نے اپنے رب کے حضور عرض کیا کہ اے میرے رب (اپنے کرم سے) مجھے دکھا دے کہ تو کس طرح زندہ فرمائے گا مردوں کو؟ تو اس پر رب نے ان سے فرمایا کہ تم ایمان نہیں رکھتے؟ عرض کیا "کیوں نہیں، مگر (یہ درخواست اس لئے پیش کی کہ) تاکہ میرا دل (اور زیادہ) مطمئن ہو جائے، ارشاد ہوا۔ اچھا تو تم چار پرندے لے لو، پھر ان کو اپنے سے اچھی (طرح مانوس) کر لو، پھر ان کا ایک ایک جزو ایک ایک پہاڑ پر رکھ دو، پھر ان کو پکارو، وہ چلے آئیں گے تمہارے پاس دوڑتے ہوئے، اور یقین جانو کہ اللہ بڑا ہی زبردست، نہایت ہی حکمت والا ہے،

۲۶۱۔ مثال ان لوگوں کی جو خرچ کرتے ہیں اپنا مال اللہ کی راہ میں، ایسی ہے جیسے ایک دانہ (زمین میں بویا جائے) جو اگائے سات بالیں، ہر بال میں ہوں سو دانے، اور اللہ (اس سے بھی کہیں زیادہ) بڑھا چڑھا کر دیتا ہے جس کے لئے چاہتا ہے، (اس کے صدق و اخلاق کے مطابق) اور اللہ بڑا ہی وسعت والا، نہایت ہی علم والا ہے،

۲۶۲۔ جو لوگ خرچ کرتے ہیں اپنے مال اللہ کی راہ میں، پھر وہ اپنے خرچ کے پیچھے نہ کوئی احسان جتلاتے ہیں، اور نہ دکھ دیتے ہیں، تو ان کے لئے ان کا اجر ہے ان کے رب کے یہاں، نہ ان پر کوئی خوف ہوگا اور نہ ہی وہ غمگین ہوں گے،

۲۶۳۔ بھلی بات (کہہ دینا) اور (کسی ناگواری کی صورت میں) درگزر کر لینا، کہیں بہتر (اور بڑھ کر) ہے ایسے صدقہ (وخیرات) سے، جس کے بعد ستایا جائے، اور اللہ بڑا ہی بے نیاز، نہایت ہی بردبار ہے،

۲۶۴. اے وہ لوگو جو ایمان لائے ہو، اکارت (اور ضائع) مت کرو تم لوگ اپنے صدقات (و خیرات) کو، احسان جتلا کر، اور ایذا پہنچا کر، اس شخص کی طرح جو خرچ کرتا ہے اپنا مال لوگوں کو دکھلاوے کے لئے، اور وہ ایمان نہیں رکھتا اللہ پر، اور قیامت کے دن پر، سو اس کی مثال ایسے ہے، جیسے کسی چٹان پر کچھ مٹی پڑی ہو، پھر زور کی بارش پڑ کر اس کو بالکل صاف کر دے، ایسے لوگوں کو اپنی کمائی میں سے کچھ بھی ہاتھ نہ لگ سکے گا، اور اللہ ہدایت (کی دولت) سے نہیں نوازتا ایسے ظالم لوگوں کو، (ان کی اپنی بدنیتی اور سوء اختیار کی بناء پر)

۲۶۵. اور (اس کے برعکس) مثال ان لوگوں کی جو خرچ کرتے ہیں اپنے مال اللہ کی رضا (و خوشنودی) کی طلب میں، اور اپنے دلوں کو مضبوطی (و پختگی) کی بناء پر، (سو ان کی مثال ان کے اجر و ثواب کے اعتبار سے ایسے ہے) جیسے کہ ایک باغ ہو جو بلندی پر واقع ہو، کہ اگر اس پر زور کی بارش پڑے تو وہ کئی گنا پھل لائے، اور اگر زور کی بارش نہ ہو تو ہلکی پھوار ہی (اس کے لئے کافی ہو جائے) اور اللہ پوری طرح دیکھنے والا ہے تمہارے ان کاموں کو جو تم لوگ کرتے ہو،

۲۶۶. کیا تم میں سے کوئی شخص (اپنے لئے) یہ بات پسند کرے گا کہ اس کے لئے ایک ایسا (عمدہ اور ہرا بھرا) باغ کھجوروں اور انگوروں کا، کہ اس کے نیچے سے بہہ رہی ہوں نہریں، اور اس کے لئے اس میں ہر قسم کے پھل ہوں، اور آ پہنچے اس کو بڑھاپا (اپنی بیماریوں اور کمزوریوں کے ساتھ) اور اس کی ضعیف (و ناتواں) اولاد بھی ہو، ایسے میں آ پہنچے اس باغ کو

ایک ایسا بگولہ جس میں آگ ہو، جس سے وہ باغ جل کر (راکھ ہو) جائے، اللہ اسی طرح کھول کر بیان فرماتا ہے تمہارے لئے اپنی آیتوں کو، تاکہ تم لوگ غور و فکر سے کام لو،

۲۶۷. اے وہ لوگو جو ایمان لائے ہو، خرچ کرو تم (اللہ کی راہ میں) ان پاکیزہ چیزوں میں سے بھی جو تم نے کمائی ہیں اور ان میں سے بھی جو ہم نے (اپنی رحمت و عنایت سے) تمہارے لئے نکالی ہیں زمین سے اور ان میں سے ایسی ردی (اور بیکار) چیزوں کو (اللہ کی راہ) خرچ کرنے کو مت چھانٹو (جن کو تمہیں خود لینا گوارہ نہ ہو) مگر یہ کہ تم اس میں چشم پوشی سے کام لو اور یقین جانو کہ اللہ بڑا ہی بے نیاز، نہایت ہی خوبیوں والا ہے

۲۶۸. شیطان تم کو ڈراتا دھمکاتا ہے فقر (و محتاجی کے خوف) سے اور وہ سکھاتا ہے تم لوگوں کو (بے ہودگی و) بے حیائی جب کہ اللہ تم سی وعدہ فرماتا ہے اپنی طرف سی عظیم الشان بخشش اور مہربانی کا، اور اللہ بڑا ہی وسعت والا نہایت ہی علم والا ہے

۲۶۹. وہ حکمت عطا فرماتا ہے جس کو چاہتا ہے اور جس کو حکمت (کی دولت) مل گئی، اس کو یقیناً بہت بڑی بھلائی مل گئی اور نصیحت قبول نہیں کرتے مگر وہی لوگ جو عقل خالص رکھتے ہیں

۲۷۰. اور (یاد رکھو کہ) جو بھی کوئی خرچہ تم لوگ کرتے ہو اور جو بھی کوئی نذر تم مانتے ہو، تو (یقیناً اس کا پھل تمہیں ملے گا کہ) بیشک اللہ اس کو پوری طرح جانتا ہے، اور (یاد رکھو کہ) ظالموں کے لئے کوئی مددگار نہیں،

۲۷۱۔ اگر تم اپنے صدقات ظاہر کر کے دو تو یہ بھی ایک اچھی بات ہے، اور اگر تم ان کو پوشیدہ رکھو اور محتاجوں کو دے دو، تو یہ تمہارے لئے اور بھی زیادہ اچھا ہے، اور (اس طرح ان صدقات وخیرات کی بنا پر) اللہ مٹا دے گا تم سے تمہارے کچھ گناہ، اور اللہ پوری طرح باخبر ہے تمہارے ان کاموں سے جو تم لوگ کرتے ہو،

۲۷۲۔ آپ کے ذمے (اے پیغمبر ﷺ!) یہ بات نہیں ہے کہ آپ ان کو راہ راست پر لے آئیں، بلکہ اللہ (ہی) کی یہ شان ہے کہ وہ) جس کو چاہے راہ راست پر لے آئے، اور (یاد رکھو اے مسلمانو! کہ) تم جو بھی کچھ خرچ کرو گے وہ تمہارے اپنے ہی بھلے کے لئے ہے، اور تم جو بھی کچھ خرچ کرتے ہو (وہ خرچ نہیں کرتے) مگر اللہ کی رضا (اور اس کی خوشنودی) کے لیے، اور جو بھی کوئی مال تم لوگ (اس راہ میں) خرچ کرو گے، اس کا پورا بدلہ (اور اجر و صلہ) تم کو دیا جائے گا، اور تمہاری کوئی بھی (اور کسی بھی طرح کی) حق تلفی نہ ہوگی،

۲۷۳۔ (یہ صدقات و خیرات دراصل) حق ہیں ان محتاج (اور ضرورت مند) لوگوں کا، جن کو پابند کر دیا گیا ہو اللہ کی راہ میں، (جس کے باعث) وہ لوگ (کسب معاش کے لئے) زمین میں چل پھر نہیں سکتے۔ نادان شخص ان کو غنی (اور مالدار) سمجھتا ہے ان کی خود داری کی بنا پر، تم ان کو (اور ان کی اندرونی کیفیت کو) پہچان سکتے ہو ان کے چہروں مہروں کے ذریعے، وہ لوگوں سے لگ لپٹ کر نہیں مانگتے، اور (یاد رکھو تم اے مسلمانو! کہ) جو بھی کچھ تم خرچ کرو گے تو (وہ یقیناً ضائع نہیں ہو جائے گا کہ) بیشک اللہ اس کو پوری طرح جانتا ہے،

۲۷۴. جو لوگ خرچ کرتے ہیں اپنے مال رات (کے اندھیرے) میں بھی، اور دن (کے اجالے) میں بھی، پوشیدہ بھی، اور ظاہری طور پر بھی تو ان کے لئے ان کا اجر ہے ان کے رب کے یہاں، نہ ان پر کوئی خوف ہوگا اور نہ وہ غمگین ہوں گے،

۲۷۵. (اس کے بر عکس) جو لوگ سود کھاتے ہیں (ان کا حال کل قیامت کے روز یہ ہوگا کہ) وہ کھڑے نہیں ہو سکیں گے مگر اس شخص کی طرح جس کو حواس باختہ کر دیا ہو شیطان نے چھو کر، یہ اس وجہ سے ہوگا کہ ان لوگوں نے (حب دنیا کے خبط میں پڑ کر بے باکانہ) کہا کہ سوداگری بھی تو سود ہی کی طرح ہے، حالانکہ سوداگری کو اللہ نے حلال کیا ہے اور سود کو حرام، پس جس شخص کے پاس آ گئی نصیحت اس کے رب کی جانب سے، اور وہ رک گیا (حرام خوری سے) تو اس کے لئے ہے جو کچھ کہ وہ اس سے پہلے لے چکا، اور اس (کے باطن) کا معاملہ اللہ ہی کے حوالے ہے، مگر جو اس کے لئے ہے جو کچھ کہ وہ اس سے پہلے لے چکا، اور اس (کے باطن) کا معاملہ اللہ ہی کے حوالے ہے، مگر جو اس کے بعد بھی لوٹا (سود خوری کی طرف) تو ایسے لوگ یار ہیں دوزخ کے، جس میں ان کو ہمیشہ رہنا ہوگا،

۲۷۶. اللہ مٹاتا ہے سود کو، اور بڑھاتا ہے صدقات کو، اور اللہ پسند نہیں کرتا کسی بھی ناشکرے بدکار کو،

۲۷۷. بیشک جو لوگ ایمان لائے (صدق دل سے) اور انہوں نے کام بھی نیک کئے، اور نماز قائم کی اور زکوٰۃ ادا کی تو ان کے لئے ان کا اجر ہے ان کے رب کے یہاں، نہ ان پر کوئی خوف (واندیشہ) ہوگا، اور نہ ہی وہ غمگین ہوں گے،

۲۷۸۔ اے وہ لوگو، جو ایمان لائے ہو، ڈرو تم اللہ سے، اور چھوڑ دو تم لوگ اس کو جو کچھ کہ باقی رہ گیا ہے سود میں سے، اگر (واقعی) تم لوگ ایماندار ہو،

۲۷۹۔ پس اگر تم نے ایسے نہ کیا تو تمہارے لئے ہیں تمہارے اصل مال، نہ تم (کسی پر) ظلم (وزیادتی) کرو، نہ تم پر کوئی ظلم (وزیادتی) کی جائے،

۲۸۰۔ اور اگر وہ شخص (یعنی تمہارا قرض دار) تنگ دست ہو تو تم اس کو مہلت دو (اس کی کشائش و) فراخ دستی تک، اور اگر تم (اس کو بالکل ہی) معاف کر دو، تو یہ تمہارے لئے اور بھی زیادہ بہتر ہے اگر تم جانتے ہو

۲۸۱۔ اور ڈرو تم اس عظیم الشان (اور ہولناک) دن سے جس میں تم سب کو بہر حال لوٹ کر جانا ہے اللہ کے پاس، پھر وہاں پورا بدلہ ملے گا ہر شخص کو اس کی زندگی بھر کی کمائی کا، اور ان پر کوئی ظلم نہیں ہوگا،

۲۸۲۔ اے وہ لوگو، جو ایمان لائے ہو، جب تم آپس میں (قرض وادھار کا) کوئی لین دین کرو کسی مقررہ مدت تک، تو اس کو تم لکھ لیا کرو، اور تمہارے درمیان (ایسی دستاویز) لکھنے والا شخص عدل (وانصاف) کے ساتھ لکھے، اور لکھنے والا لکھنے سے انکار نہ کرے، جیسا کہ اللہ نے اس کو سکھایا ہے سو وہ لکھے، اور (اس دستاویز و وثیقہ کا) املاء وہ شخص کرائے جس کے ذمے حق ہے، اور اس کو چاہیے کہ وہ ڈرتا رہے اللہ سے، جو کہ اس کا رب ہے، اور اس میں وہ کوئی کمی (بیشی) نہ کرے۔ پھر اگر وہ شخص کہ جس کے ذمے حق ہے، بے سمجھ، یا کمزور ہو، یا وہ (کسی عذر کی بناء پر) املاء نہ کرا سکتا ہو، تو اس کا مختار (و کارگزار) املاء کرائے، عدل (و

انصاف) کے ساتھ، اور (اس پر) تم دو گواہ رکھ لیا کرو اپنے مردوں میں سے، پھر اگر دو مرد نہ مل سکیں تو ایک مرد اور دو عورتیں ہی کافی ہیں، ان لوگوں میں سے جن کو تم پسند کرو گواہی کے لیئے، (اور ایک مرد کی جگہ دو عورتوں کو اس لیئے تجویز کیا گیا کہ) تاکہ اگر ان میں سے ایک بھول جائے تو دوسری اس کو یاد دلا دے، اور گواہ انکار کریں، (نہ گواہ بننے سے، اور نہ گواہی کی ادائیگی سے) جب کہ ان کو بلایا جائے (اس غرض کے لیئے) اور تم لوگ اکتایا نہ کرو لکھنے سے، خواہ وہ معاملہ چھوٹا یا بڑا، اس کی میعاد تک، یہ طریقہ اللہ کے نزدیک زیادہ قائم رکھنے والا ہے انصاف کو، اور زیادہ سیدھا (اور درست) رکھنے والا ہے گواہی کو، اور زیادہ نزدیک ہے اس بات کے کہ تم لوگ (باہمی معاملات میں) شک میں نہ پڑو، مگر یہ کہ نقدا نقدی کا کوئی ایسا سودا ہو، جو تم (دست بدست) آپس میں کرتے ہو، تو نہ اس کے نہ لکھنے میں کوئی حرج نہیں، اور تم گواہ مقرر کر لیا کرو جب تم باہم خرید و فروخت کا کوئی معاملہ کرو، اور کسی طرح کا نقصان نہ پہنچایا جائے، نہ لکھنے میں کوئی حرج نہیں، اور تم گواہ مقرر کر لیا کرو جب تم باہم خرید و فروخت کا کوئی معاملہ کرو، اور کسی طرح کا نقصان نہ پہنچایا جائے، نہ لکھنے والے کو اور نہ گواہی دینے والے کو، اور اگر تم لوگ ایسا کرو گے تو یقیناً (تم گناہ کا ارتکاب کرو گے، کہ) یہ تمہارے لیئے اللہ کی اطاعت سے نکلنا ہو گا، اور (ہمیشہ اور ہر حال میں) ڈرتے رہا کرو تم اللہ سے، اور اللہ تم کو سکھاتا ہے (وہ کچھ جس میں تمہاری دنیا و آخرت کی بھلائی ہے) اور اللہ ہر شے کو جاننے والا ہے

۲۸۳۔ اور اگر تم (کہیں) سفر پر ہوا کرو اور تمہیں (تحریر معاملہ کے لئے) کوئی کاتب نہ مل سکے، تو کوئی ایسی چیز رہن میں رکھ دیا کرو جو کہ اس کے قبضے میں دے دی جائے، اور اگر تمہیں آپس میں ایک دوسرے پر اعتبار ہے (جس کے باعث رہن رکھنے کی ضرورت ہی پیش نہ آئے) تو اس آدمی کو کہ جس پر اعتبار کیا گیا ہے چاہیے کہ وہ (ٹھیک ٹھیک اور پورا پورا) ادا کر دے اپنی امانت کو، اور وہ ڈرتا رہے اللہ سے جو کہ اس کا رب ہے، اور تم مت چھپاؤ گواہی کو، اور (یاد رکھو کہ) جس نے چھپایا اس کو، تو بیشک گناہ گار ہے اس کا دل، اور اللہ پوری طرح جانتا ہے ان سب کاموں کو جو تم لوگ کرتے ہو،

۲۸۴۔ اللہ ہی کا ہے وہ سب کچھ جو آسمانوں میں ہے، اور وہ سب کچھ بھی جو زمین میں ہے، اور اگر تم لوگ ظاہر کرو اس کو جو کہ تمہارے دلوں کے اندر ہے، یا اسے پوشیدہ رکھو، اللہ بہرحال تم سے اس کا حساب لے گا، مگر جس کو چاہے گا بخش دے گا اور جس کو چاہے گا عذاب دے گا، اور اللہ ہر چیز پر پوری قدرت رکھتا ہے،

۲۸۵۔ ایمان لائے رسول ﷺ اس (ہدایت) پر جو کہ اتاری گئی ان کی طرف، ان کے رب کی جانب سے، اور سارے مسلمان بھی، (یعنی وہ) سب بھی ایمان لائے اللہ پر، اس کے فرشتوں پر، اس کی کتابوں پر، اور اس کے رسولوں پر، (اس بنیاد پر کہ) ہم اس کے رسولوں میں کسی بھی طرح کی کوئی تفریق نہیں کرتے، اور وہ کہتے ہیں کہ ہم نے سن لیا (اپنے رب کے اوامر و ارشادات کو) اور مان لیا (صدق دل سے اس کے فرامین کو) ہم تیری بخشش چاہتے ہیں اے ہمارے رب، اور تیری ہی طرف لوٹ کر جانا ہے (سب کو)

۲۸۶. اللہ کسی کو تکلیف نہیں دیتا مگر اس کی (طاقت و) گنجائش کے مطابق، ہر شخص کو پھل ملے گا اس کی اس نیکی کا جو اس نے کمائی، اور اسی پر پڑے گا وبال اس کی اس برائی کا جو اس نے سمیٹی، (ایمان والو! اپنی تقصیرات کو پیش نظر رکھ کر اس طرح دعا مانگا کرو کہ) اے ہمارے رب، ہماری گرفت نہیں فرمانا اس بھول یا چوک پر، جو ہم سے سرزد ہو جائے، اے ہمارے رب، ہم پر ایسا بھاری بوجھ نہیں ڈالنا، جیسا کہ تو نے ان لوگوں پر ڈالا ہے جو گزر چکے ہیں ہم سے پہلے (ان کے تمرد اور سرکشی کی بناء پر) اے ہمارے رب ہم سے بوجھ نہیں اٹھوانا جن (کے اٹھانے) کی ہمیں طاقت نہیں، ہمیں معاف فرما دے، ہماری بخشش فرما دے، اور ہم پر رحم فرما، کہ تو ہی ہے ہمارا مالک (اور کارساز) پس مدد فرما ہماری کافر لوگوں کے مقابلے میں۔

***

۳۔ آل عمران

بِسۡمِ اللّٰہِ الرَّحۡمٰنِ الرَّحِیۡمِ

اللہ کے نام سے جو رحمان ورحیم ہے

۱. الٓمٓ

۲. اللہ وہ (ہستی) ہے جس کے سوا کوئی معبود نہیں، جو خود زندہ (سب کو) تھامنے والا ہے، اسی نے (جو اس عظمت و شان کا مالک ہے)

۳. اتاری آپ پر یہ کتاب حق کے ساتھ، جو تصدیق کرنے والی ہے ان سب کتابوں کی جو اس سے پہلے آ چکی ہیں، اور اسی نے اتارا تورات کو بھی اور انجیل کو بھی،

۴. اس سے پہلے، لوگوں کی ہدایت (و راہنمائی) کے لئے، اور اسی نے اتارا (حق و باطل کے درمیان) فرق کر دینے والی چیز کو، بیشک جن لوگوں نے انکار کیا اللہ کی آیتوں (عظیم الشان نعمت) کا، ان کے لئے بڑا سخت عذاب ہے، اور اللہ بڑا ہی زبردست، (اور) انتقام لینے والا ہے،

۵. بیشک اللہ پر کوئی چیز چھپی نہیں، نہ زمین (کی پستیوں) میں، اور نہ آسمان (کی بلندیوں) میں،

۶. وہ (وحدہٗ لاشریک) وہی ہے جو تمہاری صورت گری فرماتا ہے تمہاری ماؤں کے رحموں اندر جیسے چاہتا ہے، کوئی معبود نہیں سوائے اس (وحدہٗ لاشریک) کے، جو بڑا ہی زبردست، نہایت ہی حکمت والا ہے،

۷. وہ ہی ہے جس نے آپ پر یہ (عظیم الشان) کتاب اتاری، جس کی کچھ آیتیں محکم ہیں، جو کہ اس کتاب کی اصل بنیاد ہیں، جب کہ اس کی کچھ دوسری آیتیں متشابہ ہیں، سو جن لوگوں

کے دلوں میں کجی (اور ٹیڑھ) ہے، وہ اس کی انہی آیتوں کے پیچھے پڑتے ہیں، جو کہ متشابہ ہیں، فتنہ (و فساد) کی تلاش میں، اور ان (سے اپنی مرضی) کا مطلب نکالنے کے لئے حالانکہ ان کا (حقیقی) مطلب کوئی نہیں جانتا سوائے اللہ (وحدہٗ لاشریک) کے، اور جو لوگ علم میں پختہ کار ہیں، وہ کہتے ہیں کہ ہمارا ان پر (اللہ کی مراد کے مطابق) ایمان ہے، یہ سب ہمارے رب کی طرف سے ہیں، اور (حقیقت یہ ہے کہ) سبق وہی لوگ لیتے ہیں جو عقل سلیم رکھتے ہیں،

۸. (اور وہ دعا کرتے ہیں کہ) اے ہمارے رب، پھیر نہ دینا ہمارے دلوں کو (راہ حق و صواب سے) اس کے بعد کہ تو (اپنے کرم سے) ہمیں نواز چکا ہے (حق و) ہدایت (کی دولت) سے اور عطا فرما دے ہمیں اپنی طرف سے رحمت بیشک تو (اے ہمارے مالک!) بڑا ہی بخشنے والا (سب کچھ عطا کرنے والا) ہے،

۹. اے ہمارے رب بیشک تو جمع کرنے والا ہے سب لوگوں کو ایک ایسے (ہولناک اور) عظیم الشان دن میں، جس میں کوئی شک نہیں، بیشک اللہ خلاف نہیں فرماتا اپنے وعدہ کے،

۱۰. بیشک جو لوگ اڑے ہوئے ہیں اپنے کفر و (باطل) پر، ان کو اللہ کے مقابلے میں نہ تو ان کے مال کچھ کام آسکیں گے، اور نہ ہی ان کی اولادیں، اور یہی لوگ ہیں جو ایندھن ہوں گے (دوزخ کی) اس ہولناک آگ کا،

۱۱. (یہ لوگ اپنے حال و مال کے اعتبار سے ویسے ہی ہیں) جیسا کہ فرعون والے اور وہ لوگ تھے جو کہ ان سے بھی پہلے گزر چکے ہیں، کہ انہوں نے بھی ہمیں جھٹلایا ہماری آیتوں کو، جس

کے نتیجے میں اللہ نے (آخر کار) ان کو پکڑا، ان کے گناہوں کے سبب اور اللہ کا عذاب بڑا ہی سخت ہے،

۱۲. کہہ دو ان لوگوں سے جو اڑے ہوئے ہیں اپنے کفر (و باطل) پر کہ عنقریب ہی تم کو (اس دنیا میں بھی) مغلوب ہونا ہے، اور (پھر قیامت کے روز) تم کو ہانک کر لے جایا جائے گا، جہنم کے (ہولناک گڑھے) کی طرف، اور بڑا ہی برا ٹھکانا ہے۔

۱۳. وہ بیشک تمہارے لئے (حق و باطل کی پہچان کے لئے) بڑی نشانی تھی ان دو گروہوں (کی مڈ بھیڑ) میں، جن کا (بدر کے مقام پر) باہم مقابلہ ہوا جن میں سے ایک گروہ تو اللہ کی راہ میں (اور اس کی رضا کے لئے) لڑ رہا تھا، اور دوسرا گروہ جو کہ کافروں کا تھا، وہ (عین معرکہ کے وقت) مسلمانوں کو اپنے سے دوگنا دیکھ رہا تھا آنکھوں کے اعتبار سے اور اللہ تائید فرماتا اپنی مدد سے (اپنی قدرت کاملہ اور حکمت بالغہ کی بناء پر) جس کو چاہتا ہے، بیشک اس میں بڑا سامان عبرت ہے چشم بینا رکھنے والوں کے لئے۔

۱۴. خوشنما بنا دیا گیا لوگوں کے لئے مرغوبات نفس کی محبت کو، جیسے عورتیں، بیٹے، سونے چاندی کے جمع کردہ ڈھیر، نشان کئے ہوئے (عمدہ) گھوڑے، مویشی اور کھیتی (مگر یہ سب کچھ تو دنیا کی (چند روزہ) زندگی کا سامان ہے، (اور بس) جب کہ (اصل اور) عمدہ ٹھکانا اللہ ہی کے پاس ہے،

۱۵. کہو کیا میں تم لوگوں کو ایسی چیز (نہ) بتا دوں جو ان سے کہیں بڑھ کر بہتر ہے؟ (وہ یہ کہ) جن لوگوں نے تقویٰ (و پرہیزگاری) کی زندگی گزاری ہوگی، ان کے لئے ان کے رب کے

یہاں ایسی عظیم الشان جنتیں ہوں گی، جن کے نیچے سے بہہ رہی ہوں گی طرح طرح کی عظیم الشان (اور بے مثل) نہریں، جہاں ان کو ہمیشہ رہنا نصیب ہوگا، اور وہاں ان کے لئے ایسی بیویاں بھی ہوں گی جن کو پاک کر دیا گیا ہوگا (ہر طرح کے عیوب و نقائص سے)، اور (ان سب سے بڑھ کر یہ کہ ان کے لئے) اللہ کی طرف سے خوشنودی (کی عظیم الشان نعمت) بھی ہوگی، اور اللہ خوب دیکھنے والا ہے اپنے بندوں کو،

۱۶. (یہ خوش نصیب لوگ وہ ہیں) جو کہتے ہیں کہ اے ہمارے رب! ہم (صدق دل سے) ایمان لائے، پس تو بخش دے ہمارے گناہوں کو، اور بچا دے ہمیں دوزخ کے عذاب سے،

۱۷. جو صبر کرنے والے، راستباز، فرمانبرداری کرنے والے، (راہ حق میں) خرچ کرنے والے، اور اپنی بخشش کی دعائیں مانگنے والے ہیں، راتوں کے پچھلے حصوں میں،

۱۸. گواہی دی اللہ نے خود اس بات کی کہ کوئی عبادت کے لائق نہیں، سوائے اس (وحدہٗ لا شریک) کے، اور اس کے فرشتوں نے بھی (یہی گواہی دی) اور اہل علم نے بھی، وہی قائم رکھنے والا ہے (عدل و) انصاف کو، کوئی بھی بندگی کے لائق نہیں سوائے اس (وحدہٗ لا شریک) کے، جو بڑا ہی زبردست، نہایت ہی حکمت والا ہے،

۱۹. بیشک دین (حق) اللہ کے نزدیک صرف اسلام ہی ہے، اور جن لوگوں کو کتاب دی گئی انہوں نے اختلاف نہیں کیا مگر اس کے بعد کہ ان کے پاس (حق اور حقیقت کے بارے میں

صحیح) علم پہنچ گیا، محض آپس کی ضد (اور حسد) کی بنا پر، اور جو کوئی کفر کرے گا اللہ کی آیتوں کے ساتھ تو (وہ یقیناً اپنا ہی نقصان کرے گا کہ) بیشک اللہ بڑا ہی جلد حساب لینے والا ہے،

۲۰۔ پس اگر یہ لوگ (پھر بھی) آپ سے جھگڑا (اور حجت بازی) ہی کریں، تو (ان سے صاف) کہہ دو کہ (تم لوگ مانو یا نہ مانو) میں نے تو بہر حال حوالے کر دیا اپنی ذات کو اللہ کے، اور ان سب نے بھی جو میری پیروی کرتے ہیں، نیز پوچھو ان لوگوں سے جن کو کتاب دی گئی ہے اور اگر وہ منہ موڑے ہی رہے، تو (آپ پر اس کی کوئی ذمہ داری نہیں کیونکہ) آپ کے ذمے تو صرف پہنچا دینا ہے (پیغام حق کو) اور بس اور اللہ خوب دیکھنے والا ہے اپنے بندوں کو

۲۱۔ بیشک جو لوگ انکار کرتے ہیں اللہ کی آیتوں کا اور وہ قتل کرتے ہیں اس کے پیغمبروں کو بغیر کسی حق کے، اور وہ قتل کرتے ہیں ان لوگوں کو جو (دنیا کو) تعلیم دیتے ہیں (حق و) انصاف کی، تو ان کو خوشخبری سنا دو ایک بڑے دردناک عذاب کی۔

۲۲۔ وہ لوگ ہیں جن کے اکارت چلے گئے سب عمل، دنیا میں بھی، اور آخرت میں بھی، اور ان کے لئے کوئی مددگار نہیں ہوگا۔

۲۳۔ کیا تم نے ان لوگوں (کے تعجب انگیز حال) کی طرف نہیں دیکھا؟ جن کو دیا گیا ایک حصہ کتاب (خداوندی) کا، (ان کا حال یہ کہ جب) ان کو بلایا جاتا ہے اللہ کی کتاب کی طرف، تاکہ وہ فیصلہ فرمائے ان کے درمیان، تو پھر جاتا ہے ان میں سے ایک گروہ (کلام حق سے پوری ڈھٹائی کے ساتھ) بے رخی برتتے ہوئے،

۲۴. یہ اس وجہ سے کہ ان لوگوں کا کہنا ہے کہ ہمیں دوزخ کی آگ چھوئے گی بھی نہیں، مگر گنتی کے کچھ دن، اور دھوکے میں ڈال رکھا ہے ان کو ان کے دین کے بارے میں، ان کی ان (خود ساختہ) باتوں نے جن کو یہ لوگ خود (گھڑ) گھڑ کر بناتے ہیں،

۲۵. پھر کیا حال ہو گا ان لوگوں کا اس وقت، جب کہ ہم اکٹھا کر لائیں گے ان سب کو ایک ایسے ہولناک دن میں جس میں کوئی شک (و شبہ) نہیں، اور (اس روز) پورا پورا بدلہ دیا جائے گا ہر کسی کو اس کی (زندگی بھر کی) کمائی (اور کیئے کرائے) کا، اور ان پر کوئی ظلم نہیں ہو گا،

۲۶. کہو اے اللہ، مالک اس (ساری سلطنت و) بادشاہی کے، تو (اپنی حکمت بالغہ اور قدرت کاملہ سے) جس کو چاہتا ہے (حکومت و) بادشاہی سے نوازتا ہے، اور جس کو چاہتا ہے ذلت (و خواری) سے ہم کنار کر دیتا ہے، تیرے ہی ہاتھ میں ہے سب (خوبی و) بھلائی، بیشک تو (اے ہمارے مالک!) ہر چیز پر پوری قدرت رکھتا ہے،

۲۷. تو داخل فرماتا ہے (اپنی قدرت کاملہ اور حکمت بالغہ سے) رات کو دن میں اور دن کو رات میں، اور تو ہی نکالتا ہے زندہ کو مردہ سے، اور مردہ کو زندہ سے، اور جس کو چاہتا ہے روزی دیتا ہے بغیر کسی حساب کے،

۲۸. ایمان والے کافروں کو اپنا دوست نہ بنائیں اہل ایمان کو چھوڑ کر، اور جس نے ایسے کیا، اس کا اللہ سے کوئی تعلق نہیں، مگر یہ کہ تم ان (کے ظلم و ستم) سے بچنے کے لئے (اور اپنی حفاظت کی خاطر) بچاؤ کا کوئی طریقہ اختیار کر لو، اور اللہ تم لوگوں کو ڈراتا ہے اپنے آپ سے، اور اللہ ہی کی طرف لوٹ کر جانا ہے (سب کو)

۲۹۔ کہو(ان سے ، کہ اے لوگو!) اگر تم چھپا رکھو وہ کچھ جو کہ تمہارے سینوں کے اندر ہے یا اس کو ظاہر کرو اللہ بہر حال اس سب کو جانتا ہے اور اللہ جانتا ہے وہ سب کچھ جو کہ آسمانوں میں ہے، اور وہ سب کچھ بھی جو کہ زمین میں ہے، اور اللہ ہر چیز پر پوری قدرت رکھتا ہے،

۳۰۔ (اور ہمیشہ یاد رکھو اس بڑے دن کو کہ) جس دن ہر شخص اپنے (زندگی بھر کے) کئے کرائے کو اپنے سامنے حاضر(و موجود) پائے گا، نیکی کو بھی، اور بدی کو بھی، (اور اس وقت) یہ تمنا کرے گا کہ کاش اس کے درمیان اور اس کے ان برے اعمال کے درمیان بڑی دور کی مسافت حائل ہوتی، اللہ ڈراتا ہے تم لوگوں کو اپنے آپ سے، اور اللہ بڑا ہی مہربان (و شفیق) ہے اپنے بندوں پر،

۳۱۔ کہو(ان سے کہ اے لوگو!) اگر تم محبت رکھتے ہو اللہ سے (اس کی بے انتہاء رحمتوں اور عنایتوں کی بنا پر) تو تم میری پیروی کرو، اس پر اللہ تم سے محبت بھی فرمائے گا، اور تمہارے گناہوں کی بخشش بھی فرما دے گا، اور اللہ بڑا ہی بخشنے والا، نہایت مہربان ہے،

۳۲۔ کہو، تم لوگ سچے دل سے فرمانبرداری کرو اللہ کی، اور اس کے رسول کی، پھر اگر یہ لوگ منہ موڑیں (حق و ہدایت کی اس راہ سے) تو یقیناً یہ اپنا ہی نقصان کریں گے کہ) بیشک اللہ پسند نہیں فرماتا ایسے کافروں کو،

۳۳۔ بیشک اللہ نے چن لیا آدم اور نوح کو، اور آل ابراہیم اور آل عمران کو، سب جہانوں پر،

۳۴۔ درآنحالیکہ یہ سب ایک دوسرے کی اولاد تھے، اور اللہ(ہر کسی کی) سنتا، (اور سب کچھ) جانتا ہے،

۳۵. (اور وہ وقت بھی یاد کرنے کے لائق ہے کہ) جب عمران کی بیوی نے کہا کہ اے میرے رب! میں نے تیرے نذر کر دیا اپنے اس بچے کو جو کہ میرے پیٹ میں ہے، سب سے آزاد کر کے، پس تو (اے میرے مالک، اپنے کرم سے میری اس نذر کو) قبول فرما لے، بیشک تو ہی ہے (ہر کسی کی) سنتا (سب کچھ) جانتا،

۳۶. مگر جب اس کے یہاں (خلاف توقع بچے کی بجائے) بچی پیدا ہو گئی تو اس نے (حسرت بھرے انداز میں) کہا کہ اے میرے رب! میرے یہاں تو بچی نے جنم لیا ہے، اور اللہ کو خوب معلوم تھا کہ اس خاتون نے کس چیز کو جنم دیا، حالانکہ وہ بیٹا (جس کی خواہش انہوں نے کی تھی) اس بیٹی جیسا نہیں تھا (جو کہ قدرت کی طرف سے ان کو ملی تھی) اور (کہا کہ) میں نے اس کا نام مریم رکھا ہے، نیز میں نے تیری پناہ میں دے دیا (اے میرے مالک!) اس کو بھی، اور اس کی اولاد کو بھی شیطان مردود (کے شر و فتنہ) سے،

۳۷. اس (عرض حسن) پر اس کے رب نے (لڑکے کی بجائے) اس لڑکی کو ہی قبول فرما لیا، بڑی عمدہ قبولیت کے ساتھ، اور اس کو ایک بڑی ہی عمدہ اٹھان (اور بڑھوتری) سے نوازا، اور (حضرت) زکریا کو اس کا سرپرست (و نگران) بنا دیا، جب بھی زکریا اس کے پاس اس کے حجرے (محراب) میں آتے، تو اس کے پاس کھانے (پینے) کا کچھ نہ کچھ سامان موجود پاتے، اس سے پوچھتے کہ مریم تیرے پاس یہ (سب کچھ) کہاں سے آگیا؟ تو وہ جواب دیتیں کہ یہ سب کچھ اللہ کے یہاں سے آیا ہے، بیشک اللہ جس کو چاہتا ہے روزی دیتا ہے بغیر حساب کے،

۳۸. اس موقع پر زکریا نے اپنے رب کو پکارا (اور اس کے حضور) عرض کیا کہ اے میرے رب، عطا فرما دے مجھے اپنی طرف سے پاکیزہ اولاد، بیشک تو ہی دعا کو سننے والا (اور قبول فرمانے) والا،

۳۹. اس پر فرشتوں نے آواز دی جب کہ وہ اپنے حجرے میں نماز پڑھ رہے تھے کہ بیشک اللہ آپ کو خوشخبری دیتا ہے یحییٰ (جیسے عظیم الشان بیٹے) کی، جو کہ تصدیق کرنے والا ہو گا، اللہ کی طرف سے صادر ہونے والے ایک عظیم الشان فرمان کی، جو کہ سردار ہو گا بڑا ہی (پاک دامن اور) ضبط نفس رکھنے والا ہو گا، اور پیغمبر، (ہمارے قرب خاص کے) سزاواروں میں سے،

۴۰. (اس پر) زکریا نے (فرط مسرت اور کمال ادب سے) عرض کیا کہ اے میرے رب، میرے یہاں کوئی لڑکا کس طرح ہو گا جب کہ حال یہ ہے کہ مجھے ایسا (آخری درجے کا) بڑھاپا پہنچ چکا ہے، اور میری بیوی (پہلے سے ہی) بانجھ ہے، ارشاد ہوا ایسے ہی ہو گا، اللہ (اپنی قدرت کاملہ اور حکمت بالغہ سے) جو چاہتا ہے کرتا ہے،

۴۱. عرض کیا تو پھر میرے لئے میرے مالک کوئی نشانی مقرر فرما دیجئے، اور ارشاد ہوا کہ تمہاری نشانی یہ ہے کہ تم (تندرست و صحت مند ہونے کے باوجود) تین دن تک لوگوں سے اشارہ کے سوا بات نہیں کر سکو گے، (سوا اس دوران) تم اپنے رب کو کثرت سے یاد کرتے رہنا اور صبح و شام اس کی تسبیح میں لگے رہنا۔

۴۲. اور (وہ بھی یاد کرو کہ) جب فرشتوں نے (مریم سے) کہا کہ اے مریم، بیشک اللہ نے تم کو (اپنے کرم خاص سے) چن لیا، تم کو طہارت (و پاکیزگی) سے نوازدیا، اور تم کو چن لیا دنیا بھر کی عورتوں کے مقابلے میں

۴۳. (پس اب تم اس کے شکریے میں) اے مریم، اپنے رب کی فرمانبرداری میں لگ جاؤ، اس کے سامنے سجدہ ریز رہو، اور اس کے حضور جھکنے والوں کے ساتھ جھک جاؤ،

۴۴. یہ سب کچھ غیب کی ان خبروں میں سے ہے، (اے پیغمبر!) جو ہم وحی کے ذریعے آپ کی طرف بھیجتے ہیں، ورنہ آپ اس وقت وہاں ان کے پاس موجود نہیں تھے، جب کہ وہ لوگ (قرعہ اندازی کے لئے) اپنے اپنے قلم (پانی میں) ڈال رہے تھے، کہ ان میں سے کون مریم کی کفالت (و پرورش) کرے، اور نہ ہی آپ اس وقت ان کے پاس موجود تھے جب کہ وہ (اس بارے) باہم جھگڑ رہے تھے،

۴۵. (اور وہ بھی یاد کرنے کے لائق ہے کہ) جب فرشتوں نے کہا اے مریم، بیشک اللہ تم کو خوشخبری دیتا ہے اپنی طرف سے صادر ہونے والے ایک ایسے عظیم الشان کلمے کی، جس کا نام (و لقب) مسیح عیسیٰ بن مریم ہوگا، جو کہ بڑی عزت (و آبرو) والا ہوگا دنیا میں بھی، اور وہ (اللہ کے خاص) مقرب بندوں میں سے ہوگا،

۴۶. اور وہ (ایسی عظمت شان والا ہوگا کہ) لوگوں کو کلام کرے گا گھوارے میں بھی، اور بڑی عمر کو پہنچ کر بھی، (یکساں طور پر) اور وہ (قرب خاص کے) سزاواروں میں سے ہوگا،

۴۷. مریم نے (اس پر بطور تعجب) عرض کیا کہ اے میرے رب، میرے یہاں کوئی بچہ کس طرح ہو گا، جب کہ مجھے کسی بشر نے چھوا بھی نہیں، (اس پر ان کو) جواب ملا کہ ایسے ہی ہو گا، اللہ (اپنی قدرت کاملہ اور حکمت بالغہ سے) جو چاہتا ہے پیدا فرماتا ہے، وہ جب کسی کام (کے کرنے) کا فیصلہ فرما دیتا ہے تو اس کو صرف اتنا کہتا ہے کہ 'ہو جا' تو وہ ہو جاتا ہے،

۴۸. اور اس کو اللہ خود ہی (بغیر کسی معلم اور استاذ کے) سکھائے گا کتاب اور حکمت (کے معارف) بھی، اور تورات و انجیل بھی،

۴۹. اور (مزید یہ کہ وہ اللہ کا) رسول ہو گا (خاص) بنی اسرائیل کی طرف، (اس مضمون و پیغام کے ساتھ) کہ بیشک میں تمہارے پاس آیا ہوں، ایک عظیم الشان نشانی کے ساتھ، تمہارے رب کی جانب سے، کہ میں تمہارے سامنے مٹی کے پرندے کی شکل جیسا (ایک مجسمہ) بناتا ہوں، پھر اس میں پھونک مارتا ہوں، جس سے وہ ہو جائے گا (سچ مچ کا) ایک پرندہ، اللہ کے اذن (و حکم) سے اور میں اچھا کر دیتا ہوں مادر زاد اندھے، اور کوڑھ والے کو، اور میں زندہ کرتا ہوں مردوں کو؟ اللہ کے اذن (و حکم) سے اور (یہ کہ) میں تم کو یہ بھی بتائے دیتا ہیں کہ تم لوگ کیا کھا کر آتے ہو، اور کیا کچھ رکھ آتے ہو اپنے گھروں میں بیشک اس (سب) میں بڑی بھاری نشانی ہے تمہارے لئے اگر تم لوگ واقعی ایمان لانے والے ہو،

۵۰. اور مجھے تصدیق کرنے والا بنا کر بھیجا گیا اس (آسمانی کتاب) کی جو مجھ سے پہلے آچکی ہے، یعنی تورات، اور (اس لئے بھیجا گیا) تاکہ میں حلت بیان کروں تمہارے لئے بعض ان

چیزوں کی، جو تم پر حرام کر دی گئی تھیں، اور میں تمہارے پاس آیا ہوں ایک عظیم الشان نشانی کے ساتھ، تمہارے رب کی جانب سے، پس اگر تم لوگ ڈرو اللہ سے (اور بچو میری تکذیب و مخالفت سے) اور (سچے دل سے) اطاعت (و فرمانبرداری) کرو میری،

۵۱. بیشک اللہ ہی رب ہے میرا بھی اور تمہارا بھی، پس تم سب اسی (وحدہٗ لاشریک) کی بندگی کرو، یہی ہے سیدھا راستہ،

۵۲. پھر جب عیسیٰ نے ان کی طرف سے کفر ہی محسوس کیا، تو کہا کون ہے جو میرا مددگار ہو اللہ کی راہ میں؟ تو آپ کے حواریوں نے (جو کی آپ کے خاص ساتھی تھے، انہوں نے) کہا کہ ہم ہیں مددگار اللہ (کے دین) کے، ہم (سچے دل سے) ایمان لائے اللہ پر، اور آپ گواہ رہیے کہ ہم پکے فرمانبردار ہیں

۵۳. اے ہمارے رب، ہم (سچے دل سے) ایمان لائے اس سب پر جو کہ نازل فرمایا تو نے، اور ہم نے پیروی کی آپ کے رسول کی، پس تو (اے ہمارے مالک!) لکھ دے ہمیں گواہی دینے والوں کے ساتھ،

۵۴. اور ان لوگوں نے (جو کہ آپ کے منکر اور دشمن تھے آپ کے قتل و قید کے لئے) خفیہ تدبیریں کیں، اور اللہ نے بھی ان کے جواب میں خفیہ تدبیر فرمائی، اور اللہ خفیہ تدبیر کرنے والوں میں سب سے بہتر ہے،

۵۵. (چنانچہ اس کا ایک نمونہ وہ تھا کہ) جب فرمایا اللہ نے (عیسیٰ سے، کہ) اے عیسیٰ میں تم کو پورا پورا واپس لینے والا ہوں، اور تم کو اپنی طرف اٹھانے والا ہوں، اور تم کو پاک کرنے والا

ہوں ان لوگوں (کے گندے اور دل آزار ماحول) سے، جو کہ اڑے ہوئے ہیں اپنے کفر (و باطل) پر، اور تمہارے پیرو کاروں کو بالا و برتر کرنے والا ہوں ان لوگوں کے مقابلے میں، جو کہ اڑے ہوئے ہیں (آپ کے کفر و) انکار پر، قیامت کے دن تک، پھر آخر کار تم سب کو (اے لوگو!) لوٹ کر بہر حال میری ہی طرف (اور میرے ہی پاس) آنا ہے، تب میں فیصلہ کر دوں گا تمہارے درمیان (آخری اور عملی طور پر) ان تمام باتوں کا جن کے بارے میں تم لوگ آپس میں اختلاف کرتے رہے تھے،

۵۶. سو وہ لوگ جو اڑے ہوئے ہیں اپنے کفر (و باطل) پر، ان کو میں سخت عذاب دوں گا دنیا میں بھی، اور آخرت میں بھی، اور ان کے لئے کوئی مددگار نہیں ہوگا،

۵۷. اور جو لوگ سچے دل سے ایمان لائے ہوں گے، اور انہوں نے نیک کام بھی کیے ہوں گے، ان کو وہ ان کے اجر پورے کے پورے عطا فرمائے گا، اور اللہ پسند نہیں فرماتا ایسے ظالموں کو،

۵۸. یہ ہماری آیتیں ہیں جو ہم پڑھ کر سناتے ہیں آپ کو (اے پیغمبر!) اور حکمت سے لبریز ذکر (و نصیحت جس سے ہم نوازتے ہیں آپ کو)

۵۹. بیشک عیسیٰ کی مثال اللہ کے نزدیک آدم کی سی ہے، کہ ان کو بنایا اللہ نے مٹی سے، پھر فرمایا کہ ہو جا تو ہو گیا (زندہ و موجود)

۶۰. حق تمہارے رب ہی کی طرف سے ہے، پس تم کبھی نہیں ہو جانا شک کرنے والوں میں سے،

۶۱. پھر بھی جو آپ سے اس بارے جھگڑا (اور حجت بازی) کریں (حق اور حقیقت کو واضح کر دینے والے) اس علم کے بعد، جو کہ پہنچ چکا آپ کے پاس، (آپ کے رب کی جانب سے) تو ان سے کہو کہ آؤ (ہم اور تم اس بارے آپس میں مباہلہ کر لیتے ہیں، اسی طرح کہ) ہم اور تم خود بھی (میدان میں) آتے ہیں، اور اپنے اپنے بیوی بچوں کو بھی بلالاتے ہیں، پھر ہم سب مل کر (اللہ تعالیٰ کے حضور) عاجزی و زاری کے ساتھ دعا (والتجا) کرتے ہیں، کہ اللہ کی لعنت (اور پھٹکار) ہو ان پر، جو جھوٹے ہوں،

۶۲. بیشک یہی ہے قطعی طور پر حق (اور سچا) بیان، اور یہ کہ کوئی معبود (برحق) نہیں سوائے اللہ (وحدہٗ لاشریک) کے، اور بیشک اللہ ہی ہے جو سب پر غالب نہایت حکمت والا ہے،

۶۳. سو اگر یہ لوگ پھر پھرے ہی رہے، تو، (اپنے کئے کا بھگتان بھگت کر رہیں گے کہ) بیشک اللہ پوری طرح جانتا ہے فساد کرنے والوں کو،

۶۴. کہو اے اہل کتاب، آؤ تم ایک ایسی بات کی طرف جو کہ یکساں ہے، ہمارے اور تمہارے درمیان، کہ ہم کسی کی بھی بندگی نہیں کریں گے سوائے ایک اللہ کے، اور ہم کسی بھی چیز کو (کسی بھی طور پر) اس کا شریک نہیں ٹھہرائیں گے، اور نہ ہی ہم میں سے کوئی کسی کو اپنا رب بنائے گا سوائے اللہ کے، پس اگر (اس واضح اور معقول بات کے بعد) یہ لوگ روگردانی کریں، تو کہو کہ تم لوگ گواہ رہو کہ بیشک ہم تو (بہر طور اسی کے) فرمانبردار ہیں،

٦٥. اے کتاب والو، تم کیوں جھگڑا (اور حجت بازی) کرتے ہو ابراہیم کے بارے میں، حالانکہ نہیں اتاری گئی تورات اور انجیل، مگر ان کے (ایک زمانہ دراز کے) بعد، تو کیا تم لوگ اتنا بھی نہیں جانتے (اور سمجھتے)۔

٦٦. ہاں تم لوگ وہی ہو جو جھگڑا کر چکے ہو ایسی بات کے بارے میں جس کا تمہیں کچھ علم نہیں تھا مگر اب تم کیوں جھگڑا (اور حجت بازی) کرتے ہو اس چیز کے بارے میں جس کا تمہیں کچھ علم نہیں اور اللہ جانتا ہے (ہر چیز کو) اور تم نہیں جانتے،

٦٧. (سو اللہ بتلاتا ہے کہ) ابراہیم نہ یہودی تھے، نہ نصرانی، بلکہ سیدھے راستے والے (اور یکسو) مسلمان تھے، اور ان کو کوئی لگاؤ (اور تعلق) نہیں تھا مشرکوں سے،

٦٨. بیشک ابراہیم کے سب سے زیادہ قریب (مذہب وملت کے اعتبار سے ان کے زمانے میں) وہ لوگ تھے، جنہوں نے (صدق واخلاص سے) ان کی پیروی کی، اور (اب اس آخری زمانے میں) یہ نبی اور ان پر ایمان لانے والے ہیں اور اللہ حامی و مددگار ہے ایمان والوں کا،

٦٩. اہل کتاب کا ایک گروہ (حق سے اپنے شدید بغض و عناد کی بناء پر) چاہتا ہے کہ وہ کسی طرح تم کو بھی گمراہ کر دے، لیکن (حقیقت میں) وہ کسی کو گمراہ نہیں کرتے سوائے اپنے آپ کے، مگر یہ لوگ اس کا شعور نہیں رکھتے،

٧٠. اے کتاب والو، تم کیوں کفر (اور انکار) کرتے ہو اللہ کی آیتوں کا، حالانکہ تم خود گواہ ہو،

٧١. اے کتاب والو، تم کیوں ملاتے (اور خلط ملط کرتے) ہو حق کو باطل کے ساتھ اور تم لوگ چھپاتے ہو حق کو حالانکہ تم خود جانتے ہو (کہ یہ کتنا بڑا اور سنگین جرم ہے)

۷۲. اور اہل کتاب کے ایک گروہ نے (حق سے پھیرنے کی یہ سازش تیار کی کہ آپس میں) کہا کہ تم (ظاہری طور پر) ایمان لے آؤ اس (دین و کتاب) پر، جو اتارا گیا ایمان والوں پر، دن کے شروع میں، اور اس کا انکار کر دو اس کے آخری حصے میں، تاکہ اس طرح یہ لوگ پھر جائیں (اپنے دین و ایمان سے)

۷۳. اور (یہ لوگ آپس میں) کہا کہ تم (ظاہری طور پر) ایمان لے آؤ اس (دین و کتاب) پر، جو اتارا گیا ایمان والوں پر، دن کے شروع میں، اور اس کا انکار کر دو اس کے آخری حصے میں، تاکہ اس طرح یہ لوگ پھر جائیں (اپنے دین و ایمان سے) اور (یہ لوگ آپس میں کہتے کہ) تم کسی کی بات نہ ماننا بجز اس کے جو تمہارے دین کا پیرو ہو، (ان سے) کہو کہ (تمہاری ان چال بازیوں سے کچھ نہیں ہونے کا، کہ) بیشک ہدایت اللہ ہی کی ہدایت ہے، (اور تم یہ سب چال بازیاں محض اس حسد کی بنا پر کرتے ہو) کہ کسی اور کو بھی وہی کچھ (کیوں) دیا جائے جو (اس سے پہلے) تم کو دیا جا چکا ہے، یا یہ کہ دوسرے لوگ تمہارے رب کے یہاں حجت و دلیل میں تم پر غالب آ جائیں گے، کہو کہ (تمہاری ان سازشوں اور تدبیروں سے کچھ نہیں ہونے کا کہ) بیشک فضل (و مہربانی)

۷۴. وہ اپنی مہربانی کے ساتھ جس کو چاہتا ہے خاص فرما دیتا ہے، اور اللہ بڑے ہی فضل والا ہے،

۷۵. اور اہل کتاب میں سے کچھ لوگ ایسے بھی ہیں جن کے پاس ایک دینار بھی رکھ دو تو وہ تمہیں واپس نہیں دیں گے، الّا یہ کہ تم ان کے سروں پر سوار رہو، یہ (گراوٹ اور اخلاقی

پستی) اس بناء پر ہے کہ ان کا کہنا یہ ہے کہ ہم امیوں (غیر اہل کتاب اور ان کا مال مار کھانے) کے بارے میں کوئی مواخذہ (و الزام) نہیں، اور (اس طرح) یہ لوگ دیدہ و دانستہ (اور جانتے بوجھتے) اللہ پر جھوٹ بولتے ہیں

٧٦. (مواخذہ الزام) کیوں نہیں (جب کہ ضابطہ و قانون یہ ہے کہ) جس نے بھی اپنے عہد کو پورا کیا اور ڈرتا رہا (اپنے خالق و مالک سے) تو یقیناً (وہ کامیاب ہوگیا کہ) اللہ محبت رکھتا ہے ایسے پرہیزگاروں سے،

٧٧. (اور اس کے بر عکس) جو لوگ (سمیٹتے اور) اپناتے ہیں اللہ کے عہد، اور اپنی قسموں کے عوض، (دنیا دوں گا) تھوڑا (اور گھٹیا) مول، تو ایسوں کے لئے یقیناً نہ آخرت میں کوئی حصہ ہے، اور نہ اللہ ان سے کلام فرمائے گا، اور نہ ہی وہ ان کی طرف (نظر رحمت سے) دیکھے گا قیامت کے روز، اور نہ ہی وہ ان کو پاک فرمائے گا، اور ان کے لئے ایک بڑا ہی دردناک عذاب (مقرر) ہے،

٧٨. اور بیشک ان (اہل کتاب) میں سے ایک گروہ ایسے لوگوں کا بھی ہے جو کتاب پڑھتے ہیں اپنی زبانوں کو توڑ (مروڑ) کر، تاکہ تم اس (ملائے ہوئے) کو بھی کتاب میں سے سمجھو، حالانکہ وہ کتاب میں سے ہے نہیں، اور کہتے ہیں کہ یہ اللہ کی طرف سے ہے حالانکہ وہ اللہ کی طرف سے نہیں ہے، اور (اس طرح) یہ لوگ (دیدہ و دانستہ اور) جانتے بوجھتے اللہ پر جھوٹ بولتے ہیں،

۷۹. کسی بشر کے لئے یہ ممکن نہیں کہ اللہ اس کو (اپنی خاص رحمت و عنایت سے نواز کر) کتاب، حکم، اور نبوت سر فراز فرمائے، پھر وہ لوگوں سے کہے کہ تم اللہ کو چھوڑ کر میرے بندے بن جاؤ، بلکہ (وہ تو اس کے بر عکس یہی کہے گا کہ) تم لوگ (سچے دل سے اور صحیح معنوں میں) اللہ والے بن جاؤ، اس بناء پر کہ تم لوگ کتاب (الٰہی دوسروں کو) سکھاتے ہو، اور اس بناء پر کہ تم (توحید و عظمت خداوندی سے لبریز یہ کتاب) خود پڑھتے ہو،

۸۰. اور نہ (ہی اس سے یہ ممکن ہے کہ) وہ تم کو یہ حکم دے کہ تم لوگ (اللہ کو چھوڑ کر اس کے) فرشتوں اور نبیوں کو اپنا رب بنا لو، کیا (یہ ممکن ہو سکتا ہے کہ) وہ (نبی ہو کر) تم کو کفر کا حکم دے، اس کے بعد تم مسلمان ہو چکے ہو؟

۸۱. اور (وہ بھی یاد کرو کہ) جب اللہ نے عہد لیا اپنے پیغمبروں سے، کہ جو بھی کوئی کتاب و حکمت میں تم کو دوں، پھر تمہارے پاس کوئی دوسرا ایسا پیغمبر آ جائے جو تصدیق کرنے والا ہو اس (کتاب و شریعت) کی، جو تمہارے پاس موجود ہو، تو تمہیں ضرور اس پر ایمان لانا اور اس کی مدد کرنا ہوگی، (پھر اس عہد کی مزید تاکید و توثیق کے لئے حق تعالیٰ نے ان سے) فرمایا کی کیا تم لوگوں نے اس کا اقرار کیا، اور اس پر میری (طرف سے عائد ہونے والی) اس بھاری ذمہ داری کو قبول کر لیا؟ تو ان سب نے کہا ہاں، ہم نے اقرار کر لیا، تب اللہ نے فرمایا کہ اچھا تم اس پر گواہ رہو، اور میں بھی تمہارے ساتھ گواہوں میں سے ہوں،

۸۲. پس اس کے بعد جو کوئی پھر گیا (اپنے عہد و پیمان سے) تو ایسے ہی لوگ فاسق (و بدکار) ہیں،

۸۳. تو کیا یہ لوگ اللہ کے دین کے سوا (کوئی اور طریقہ) چاہتے ہیں، حالانکہ اسی (وحدہٗ لا شریک) کے حضور سر تسلیم خم کیے ہوئے ہے وہ سب جو کہ آسمانوں اور زمین میں ہے خواہ خوشی (اور رضا رغبت) سے ہو یا لاچاری (اور مجبوری) کی بنا پر،

۸۴. کہو کوئی مانے یا نہ مانے ہم تو بہر حال ایمان لائے اللہ پر اور اس (وحی و کتاب) پر جو اتاری گئی ہم پر، اور اس پر بھی جو اتاری گئی ابراہیم، اسماعیل، اسحاق، یعقوب، اور ان کی اولاد پر، اور اس سب پر بھی جو کچھ کہ دیا گیا موسیٰ، عیسیٰ اور دوسرے نبیوں کو، ان کے رب کی جانب سے، ہم ان میں سے کسی ایک کی بھی تفریق نہیں کرتے، ہم خالص اسی کے فرمانبردار ہیں،

۸۵. اور جس نے اسلام کے سوا کوئی اور طریقہ اختیار کرنا چاہا وہ اس سے ہرگز قبول نہیں کیا جائے گا، اور وہ آخرت میں یقیناً خسارہ اٹھانے والوں میں سے ہوگا،

۸۶. کیسے ہدایت (کے نور) سے نوازے اللہ ایسے لوگوں کو جنہوں نے کفر کیا اپنے ایمان کے بعد؟ حالانکہ وہ خود اس بات کی گواہی دے چکے ہیں، کہ یہ رسول قطعی طور پر حق ہے، اور ان لوگوں کے پاس (حق کو واضح کرنے والی کھلی اور) روشن نشانیاں بھی آ چکیں، اور اللہ ہدایت (کی دولت) سے نہیں نوازتا ظالم لوگوں کو،

۸۷. ایسے (ظالم اور ناشکرے و بے انصاف) لوگوں کا یہی بدلہ ہے کہ ان پر لعنت (برستی) رہے اللہ کی، اس کے فرشتوں کی، اور سب لوگوں کی،

۸۸. اس حال میں کہ ان کو ہمیشہ اسی میں رہنا ہوگا، نہ ان سے ان کا عذاب ہلکا کیا جائے گا، اور نہ ہی ان کو کوئی مہلت دی جائے گی،

۸۹. بجز ان لوگوں کے جو (سچے دل سے) ایمان لے آئے اس کے بعد، اور انہوں نے اصلاح بھی کر لی (اپنے فساد و بگاڑ کی) تو (ان کا کام بن گیا کہ) بیشک اللہ بڑا ہی بخشنے والا نہایت ہی مہربان ہے،

۹۰. بیشک جن لوگوں نے کفر کیا اپنے ایمان کے بعد، پھر وہ اپنے کفر ہی میں بڑھتے چلے گیے، توان کی توبہ ہرگز قبول نہیں کی جائے گی، اور ایسے ہی لوگ ہیں پکے (اور پورے) گمراہ

۹۱. بیشک جن لوگوں نے کفر کیا، اور کفر ہی کی حالت میں انہوں نے جان دے دی، توان میں سے کسی سے روئے زمین بھر کر سونا بھی ہرگز قبول نہیں کیا جائے گا، اگرچہ وہ یہ سب اپنے (عذاب کے) بدلے میں دے دے، ایسے لوگوں کے لئے ایک بڑا ہی دردناک عذاب ہے، اور ان کے لئے کوئی (حامی اور) مددگار نہیں ہوگا،

۹۲. (ایمان والو! یاد رکھو کہ) تم نیکی میں کمال ہرگز حاصل نہ کر سکو گے، یہاں تک کہ تم (اللہ کی راہ میں) اپنی ان چیزوں میں سے خرچ نہ کرو جن کو تم (اپنے لئے پسند کرتے اور) محبوب رکھتے ہو، اور یوں جو بھی خرچ کرو گے تو (حسب حال اس کا اجر پاؤ گے کہ) بیشک اللہ اس کو پوری طرح جانتا ہے،

۹۳. کھانے کی سب ہی چیزیں (جو شریعت محمدیہ میں حلال ہیں) بنی اسرائیل کے لئے بھی حلال تھیں، بجز ان کے جن کو اسرائیل (یعقوب) نے خود اپنے اوپر حرام کر لیا تھا، قبل اس

سے کہ تورات نازل کی جاتی ، (ان سے) کہو کہ اچھا تو لاؤ تم لوگ تورات کو ، اور پڑھ کر سناؤ اسے ، اگر تم واقعی سچے ہو(اپنے دعویٰ میں)

۹۴. پھر جو کوئی اس (واضح اور فیصلہ کن بات) کے بعد بھی اللہ پر جھوٹ باندھے ، تو ایسے لوگ بڑے ظالم (اور ڈھیٹ و بے انصاف) ہیں

۹۵. کہو اللہ نے (حق اور) سچ بیان فرما دیا، سواب تم (بھی اے یہود، مسلمانوں کی طرح) پیروی کرو ملت ابراہیمی کی، جوکہ (سب سے کٹ کر) ایک ہی کے ہو گئے تھے ، اور ان کا کوئی لگاؤ نہیں تھا مشرکوں سے

۹۶. بیشک سب سے پہلا گھر جو لوگوں کے لئے (روئے زمین پر اللہ کی عبادت و بندگی کے لئے) مقرر کیا گیا، وہ وہی ہے جو کہ مکہ میں ہے ، جوکہ خیر و برکت کا مرکز، اور ایک عظیم الشان نشان ہدایت (اور مینارہ نور) ہے ، سب جہان والوں کے لئے

۹۷. اس میں (حق و صداقت کی) کھلی نشانیاں بھی ہیں ، (اور خاص کر) مقام ابراہیم بھی ، اور (اس کی عظمت شان کا ایک پہلو یہ بھی ہے کہ) جو اس (کی حدود) میں داخل ہو گیا وہ امن والا ہوگیا ، اور لوگوں کے ذمے اللہ (کی رضا) کے لئے اس گھر کا حج کرنا فرض (و لازم) ہے ، یعنی (ان میں سے) ہر ایسے شخص کے ذمے جو اس تک پہنچنے کی استطاعت رکھتا ہو اور جس نے انکار کیا تو (اس نے یقیناً اپنا ہی نقصان کیا کہ) بیشک اللہ بے نیاز ہے تمام جہان والوں سے

۹۸. (ان سے) کہو کہ اے کتاب والو! تم کیوں انکار کرتے ہو اللہ کی آیتوں کا حالانکہ اللہ گواہ ہے تمہارے ان سب کاموں پر جو تم لوگ کرتے ہو

۹۹. کہو (ان سے ان کے ضمیر کو جھنجھوڑتے ہوئے کہ) اے کتاب والو، تم کیوں روکتے ہو، اللہ کی راہ سے ان لوگوں کو جو (برضا و رغبت) ایمان لاتے ہیں، (اور اس غرض کے لئے) تم لوگ اس (سیدھی اور واضح راہ) میں کجی ڈھونڈتے ہو حالانکہ تم خود گواہ ہو، اور اللہ غافل (و بے خبر) نہیں، ان کاموں سے جو تم لوگ کرتے ہو

۱۰۰. اے وہ لوگو، جو ایمان لائے ہو، اگر تم نے بات مان لی ان لوگوں میں سے ایک گروہ کی جن کو کتاب دی گئی ہے، تو وہ یقیناً تمہیں تمہارے ایمان کے بعد (راہ حق سے) پھیر کر کافر بنا دیں گے

۱۰۱. اور تم کیسے کفر کرتے ہو جب کہ تمہیں پڑھ پڑھ کر سنائی جاتی ہیں اللہ کی آیتیں، اور تمہارے اندر موجود ہے اس کا رسول، اور (یاد رکھو کہ) جس نے مضبوطی سے تھام لیا اللہ (کی رسی) کو، تو وہ یقیناً سرفراز ہو گیا سیدھی راہ کی ہدایت سے

۱۰۲. اے وہ لوگو، جو ایمان لائے ہو، ڈرو تم اللہ سے، جیسا کہ اس سے ڈرنے کا حق ہے، اور تمہیں موت نہ آنے پائے مگر اس حال میں کہ تم مسلمان ہو۔

۱۰۳. اور مضبوطی سے تھام لو تم لوگ اللہ کہ رسی کو، سب مل کر، اور آپس میں مت بٹو ٹکڑیوں میں اور یاد کرو اللہ کے اس (عظیم الشان انعام و) احسان کو جو اس نے تم پر فرمایا، جب کہ تم لوگ آپس میں ایک دوسرے کے دشمن بنے ہوئے تھے، تو اس نے باہم جوڑ دیا

تمہارے (پھٹے ہوئے) دلوں کو، پھر تم اس کے فضل و کرم سے آپس میں بھائی بھائی بن گئے اور تم لوگ کھڑے تھے دوزخ کے (ہولناک گڑھے کے) عین کنارے پر، تو اس نے بچا لیا تم کو اس سے (اپنی رحمت بیکراں اور عنایت بے نہایت سے) اسی طرح اللہ بیان فرماتا ہے تمہارے لئے اپنی آیتیں، تاکہ تم لوگ سیدھی راہ پر رہو

۱۰۴۔ اور تمہارے اندر ضرور ایسے لوگوں کی ایک جماعت رہنی چاہیے، جو (دنیا کو) نیکی کی طرف بلائے، بھلائی کا حکم کرے، اور برائی سے روکے، اور یہی لوگ ہیں فلاح (اور حقیقی کامیابی) سے سرفراز ہونے والے

۱۰۵۔ اور (خبردار) کہیں تم ان لوگوں کی طرح نہیں ہوجانا جو (مختلف فرقوں میں) بٹ گئے، اور وہ باہم اختلاف میں پڑ گئے، اس کے بعد کہ آچکیں تھیں ان کے پاس (ان کے رب کی جانب سے واضح اور) کھلی ہدایت، اور ایسے لوگوں کے لئے بہت بڑا عذاب ہے

۱۰۶۔ جس دن کچھ چہرے تو (اپنے ایمان و یقین کے نور کی بناء پر سفید) اور روشن ہوں گے، اور کچھ چہرے (اپنے کفر و معصیت کے نتیجے میں) سیاہ ہوں گے سو جن لوگوں کے چہرے سیاہ ہوں گے (توان سے ان کی توبیخ و تذلیل کے لئے کہا جائے گا کہ) کیا تم لوگوں نے کفر کا ارتکاب کیا تھا اپنے ایمان کے بعد؟ سواب چکھو (اور چکھتے رہو) تم لوگ مزہ اس عذاب کا اپنے اس کفر کی بنا پر جس کا ارتکاب تم لوگ (اپنی زندگیوں میں) کرتے رہے تھے

۱۰۷۔ اور جن (خوش نصیبوں) کے چہرے سفید (اور روشن) ہوں گے، وہ اللہ کی رحمت میں ہوں گے، جس میں ان کو ہمیشہ رہنا نصیب ہوگا

۱۰۸. یہ اللہ کی آیتیں ہیں جو ہم پڑھ کر سناتے ہیں آپ کو (اے پیغمبر!) حق کے ساتھ، اور اللہ (پاک سبحانہ وتعالیٰ قطعاً) ظلم نہیں کرنا چاہتا جہان والوں پر

۱۰۹. اور اللہ ہی کا ہے وہ سب کچھ جو کہ آسمانوں میں ہے، اور وہ سب کچھ جو زمین میں ہے اور اللہ ہی کی طرف لوٹائے جاتے ہیں (اور لوٹائے جائیں گے) سب کام

۱۱۰. تم لوگ (اے مسلمانو!) سب سے بہتر امت ہو، جسے میدان میں لایا گیا ہے، لوگوں کے بھلے کے لئے، تمہارا کام ہے نیکی کی تعلیم دینا، اور برائی سے روکنا، اور تم (بمقابلہ دوسروں کے ٹھیک طور پر صحیح معنوں میں) ایمان رکھتے ہو اللہ (وحدہٗ لاشریک) پر، اور اگر اہل کتاب بھی (اسی طرح ٹھیک طریقے سے ایمان لے آتے تو یہ خود انھی کے لئے بہتر ہوتا ان میں سے کچھ تو ایماندار ہیں مگر ان کی اکثریت بدکاروں (اور بے ایمانوں) ہی کی ہے

۱۱۱. وہ تم کو کچھ بھی نقصان نہیں پہنچا سکیں گے بجز (زبانی کلام) کچھ ایذاء رسانی کے، اور اگر انہوں نے تم سے لڑائی کی تو یہ بھاگ کھڑے ہوں گے تم کو پیٹھ دے کر، پھر (کہیں سے بھی) ان کی کوئی مدد نہیں ہوگی

۱۱۲. چپکا دی گئی ان پر ذلت (وخواری) جہاں بھی یہ پائے گئے (کہیں بھی امان نہ پا سکیں گے) مگر اللہ کے عہد و پیمان سے، اور لوگوں کے عہد و پیمان سے، مستحق ہو گئے یہ لوگ اللہ کے غضب کے، اور چپکا دی گئی ان پر پستی و محتاجی، یہ سب اس وجہ سے ہوا کہ یہ لوگ کفر (وانکار) کرتے تھے اللہ کی آیتوں کا، اور یہ قتل کرتے تھے (اللہ کے) نبیوں کو بغیر کسی

حق کے، (اور) یہ (کفر اور قتل انبیاء) اس بناء پر کہ یہ لوگ نافرمانی کرتے تھے (اللہ کی) اور تجاوز کرتے تھے (اللہ کی مقرر کردہ حدود سے)

۱۱۳. یہ سب برابر نہیں، (بلکہ) اہل کتاب میں ایک گروہ ایسے لوگوں کا بھی ہے جو کہ قائم ہیں (راہ حق و صداقت پر) جو تلاوت کرتے ہیں اللہ کی آیتوں کی رات کی گھڑیوں میں (اٹھ اٹھ کر) اور وہ (اسی کے حضور) سجدہ ریز ہوتے ہیں

۱۱۴. جو (ٹھیک ٹھیک) ایمان رکھتے ہیں اللہ پر، اور قیامت کے دن پر، اور وہ تعلیم دیتے ہیں (لوگوں کو) اچھائی کی، اور (ان کو) روکتے ہیں برائی سے، اور دوڑتے ہیں نیک کاموں میں سبقت کرتے ہوئے، اور ایسے ہی لوگ (نیک بخت) اور شائستہ لوگوں میں سے ہوتے ہیں

۱۱۵. یہ جو بھی نیکی کریں گے، اس کی ناقدری نہیں کی جائے گی، اور اللہ پوری طرح جانتا ہے پرہیزگاروں کو

۱۱۶. اس کے برعکس جن لوگوں نے (اپنے مال و اولاد کے گھمنڈ میں) کفر کیا، تو بیشک ان کو اللہ (کی گرفت و پکڑ) کے مقابلے میں نہ ان کے مال کچھ کام آسکیں گے، اور نہ ہی ان کی اولادیں، یہ لوگ یار ہیں دوزخ کے، جس میں ان کو ہمیشہ رہنا ہوگا

۱۱۷. مثال اس کی جو یہ (کافر) لوگ خرچ کرتے ہیں اس دنیا کی زندگی میں، ایسی ہے جیسے کہ ایک ہوا ہو جس میں پالا (سخت سردی) ہو، جو آپڑے ایسے لوگوں کی کسی کھیتی پر، جنہوں نے ظلم ڈھایا ہو اپنی جانوں پر، اور وہ ہلاک و برباد کر کے رکھ دے اس کھیتی کو، اور اللہ (سبحانہ و تعالیٰ) نے ان پر کوئی ظلم نہیں کیا، مگر یہ لوگ اپنی جانوں پر خود ہی ظلم کرتے رہتے تھے

۱۱۸. اے وہ لوگو، جو ایمان لائے ہو، تم اپنوں کو چھوڑ کر دوسروں کو اپنا راز دار نہ بناؤ، وہ تمہاری خرابی (اور بربادی) میں کوئی کسر نہ اٹھا رکھیں گے، وہ تو یہی چاہتے ہیں کہ تم لوگ تکلیف اور (نقصان) ہی میں بتلا رہو، ان کے دلوں کا بغض ان کے مونہوں سے نکلا پڑتا ہے، اور جو کچھ انہوں نے اپنے سینوں میں چھپا رکھا ہے، وہ اس سے کہیں بڑھ کر ہے، ہم نے تو کھول کر بیان کر دیں تمہارے لئے (حقیقت سے آگاہ کرنے والی) نشانیاں (سو تم احتیاط سے کام لو) اگر تم میں عقل رکھتے ہو

۱۱۹. ہاں (تم لوگ اتنے سادہ لوح اور غفلت شعار کیوں ہو کہ) تم تو ان سے محبت رکھتے ہو مگر وہ تم سے محبت نہیں رکھتے، حالانکہ تم لوگ ایمان رکھتے ہو تمام (آسمانی) کتابوں پر، اور ان کا حال یہ ہے کہ جب تم سے ملنے آتے ہیں تو کہتے ہیں کہ ہم ایمان لائے، لیکن جب وہ الگ ہوتے ہیں، تو تم پر غیظ (و غضب) کے مارے اپنی انگلیاں کاٹ کاٹ کھاتے ہیں، کہو کہ جل مرو تم اپنے اس غیظ (و غضب) میں، بیشک اللہ خوب جانتا ہے دلوں کی باتوں تک کو

۱۲۰. (نیز ان کا حال یہ ہے کہ) اگر تمہیں کوئی اچھائی پہنچے تو انہیں برا لگتا ہے اور اگر تمہیں کوئی تکلیف پہنچ جائے تو اس سے یہ لوگ خوش ہوتے ہیں، اور (یاد رکھو کہ) اگر تم صبر و (استقامت) سے کام لیتے رہے، اور تم نے تقویٰ (و پرہیزگاری) کو اپنائے رکھا، تو ان کے مکر (و فریب) سے تمہارا کچھ نہیں بگڑے گا، بیشک اللہ (اپنی قدرت کاملہ اور علم شامل سے) پوری طرح احاطہ کئے ہوئے ہے، ان کے ان تمام کاموں کا جو یہ لوگ کرتے ہیں

۱۲۱. اور (وہ وقت بھی یاد کرنے کے لائق ہے کہ) جب آپ (اے پیغمبر!) صبح کے وقت (جہاد و قتال کی غرض سے) اپنے گھر سے نکلے تھے (اور احد کے میدان میں) مسلمانوں کو بٹھا رہے تھے لڑائی کے مورچوں پر، اور اللہ بڑا ہی سننے والا، سب کچھ جاننے والا ہے

۱۲۲. (اور وہ بھی یاد کرو کہ) جب تم میں سے (اے مسلمانو!) دو گروہوں نے ارادہ کرلیا کہ وہ بزدلی دکھائیں، اور اللہ مددگار تھا ان دونوں کا، اور اللہ ہی پر بھروسہ کرنا چاہیے ایمان والوں کو

۱۲۳. اور یقیناً اللہ مدد فرما چکا ہے تمہاری (اس سے پہلے) بدر کے مقام پر، جب کہ تم (بالکل) کمزور تھے سو ڈرتے (اور بچتے) رہو تم لوگ اللہ (کی ناراضگی و نافرمانی) سے، تاکہ تم (اس کے) شکر گزار بن سکو

۱۲۴. (اور وہ بھی یاد کرو کہ) جب آپ (اے پیغمبر!) اہل ایمان سے کہہ رہے تھے کہ کیا تمہیں کافی نہیں یہ بات کہ تمہارا رب تمہاری مدد فرمائے تین ہزار ایسے فرشتوں سے جو کہ (اسی غرض کے لیئے) اتارے گئے ہیں

۱۲۵. ہاں کیوں نہیں، اگر تم ثابت قدم رہے، اور تم تقویٰ (و پرہیزگاری) پر قائم رہے، اور وہ لوگ تم پر یکبارگی حملہ آور ہو گئے، تو تمہارا رب تمہاری مدد فرمائے گا، پانچ ہزار ایسے فرشتوں سے جو کہ خاص نشانوں والے ہوں گے

۱۲۶. اور اس (امداد) کو بھی اس نے محض اس لیئے مقرر (اور بیان) فرما دیا تاکہ خوشخبری ہو تمہارے لیئے، اور (اس لیئے کہ) تاکہ مطمئن ہو جائیں اس سے تمہارے دل، ورنہ (حقیقت

یہ ہے کہ فتح و) نصرت اللہ ہی کی طرف سے ہوتی ہے، جو کہ بڑا ہی زبردست (و غالب، اور) نہایت ہی حکمت والا ہے

۱۲۷. (اور ایسا اس غالب و حکیم مطلق نے اس لئے کیا کہ) تاکہ وہ جڑ (بنیاد) کاٹ دے کافروں کے ایک گروہ کی، (اور ان کے کبر و غرور کی) یا ان کو ایسا ذلیل و خوار کردے کہ وہ لوٹیں ناکام (و نامراد) ہو کر

۱۲۸. آپ کو اس معاملہ میں کوئی اختیار نہیں (اے پیغمبر! آپ اس کو اللہ ہی کے حوالے کر دیں) وہ چاہے ان کو معاف کرے، یا سزا دے، بیشک یہ لوگ پکے ظالم (اور مجرم) ہیں

۱۲۹. اور اللہ ہی کا ہے وہ سب کچھ جو کہ آسمانوں میں ہے، اور وہ سب کچھ بھی جو کہ زمین میں ہے، وہ بخشش فرماتا ہے جس کی چاہتا ہے، اور سزا دیتا ہے جس کو چاہتا ہے، اور اللہ بڑا ہی بخشنے والا، نہایت ہی مہربان ہے

۱۳۰. اے وہ لوگو، جو ایمان لائے ہو، مت کھاؤ تم سود بڑھتا چڑھتا اور ڈرو تم لوگ اللہ (کی پکڑ) سے، تاکہ تم فلاح (کی حقیقی اور ابدی سعادت) پا سکو

۱۳۱. اور ڈرو تم لوگ اس (ہولناک) آگ سے جس کو تیار کیا گیا ہے کافروں کے لئے

۱۳۲. اور تم لوگ، (دل کی خوشی سے) حکم مانو اللہ کا، اور اس کے رسول کا، تاکہ تم پر رحم کیا جائے

۱۳۳. اور دوڑو تم لوگ (ایک دوسرے سے آگے بڑھ کر) اپنے رب (مہربان و غفور) کی بخشش اور ایسی جنت کی طرف، جس کا عرض (اور پھیلاؤ) آسمانوں اور زمین کے (عرض و پھیلاؤ) کے برابر ہے، جسے تیار کیا گیا ہے ان متقی (اور پرہیزگار) لوگوں کے لئے

۱۳۴. جو خرچ کرتے ہیں (اپنے مال اللہ کی رضا کے لئے) خوشی میں بھی، اور تنگی میں بھی، اور جو پی جاتے اپنے غصے کو، اور جو عفو (درگزر سے) کام لیتے ہیں لوگوں سے (ان کی خطاؤں اور تقصیرات پر) اور اللہ (پسند فرماتا اور) محبت رکھتا ہے ایسے نیکوکاروں سے

۱۳۵. اور جن کا حال یہ ہے کہ جب ان سے کوئی (ناشدنی حرکت اور) بے حیائی سرزد ہو جاتی ہے، یا وہ (کسی گناہ کے ارتکاب سے) ظلم کر بیٹھتے ہیں اپنی جانوں پر، تو فوراً اللہ (تعالیٰ اور اس کی عظمت و جلال) کو یاد کر کے اپنے گناہوں کی بخشش (و معافی) مانگنے لگ جاتے ہیں، اور کون ہے جو گناہوں کو معاف کر سکے سوائے اللہ (وحدہٗ لاشریک) کے؟ اور وہ اڑتے نہیں اپنے کیے پر، جانتے بوجھتے

۱۳۶. ایسے لوگوں کا بدلہ (اور ان کی جزاء) ان کے رب (کی طرف) سے ملنے والی بخشش اور ایسی عظیم الشان جنتیں ہیں جن کے نیچے سے بہہ رہی ہوں گی طرح طرح کی (عظیم الشان) نہریں جن میں ان کو ہمیشہ رہنا نصیب ہوگا اور بڑا ہی عمدہ بدلہ ہے عمل کرنے والوں کا

۱۳۷. بیشک گزر چکے ہیں بہت سے (عبرت انگیز) واقعات (اور مثالیں) سو تم لوگ چل پھر کر دیکھو زمین میں، کہ کیسے ہوا انجام (حق کو) جھٹلانے والوں کا یہ ایک عظیم الشان بیان ہے لوگوں (کی آنکھیں کھولنے) کے لئے

۱۳۸۔ اور سراسر ہدایت، اور ایک (بے مثل و) عظیم الشان نصیحت، پرہیزگاروں کے لئے

۱۳۹۔ اور نہ تم ہمت ہارو (آئندہ کے لئے اے مسلمانو!) اور نہ غم کھاؤ (گزشتہ پر) اور (حقیقت بہرحال یہی ہے کہ) غالب تم ہی ہو اگر تم (واقعی اور سچے) مومن ہو اگر تم کو کوئی زخم پہنچا ہے تو (یہ کوئی ہمت ہارنے کی بات نہیں کہ)

۱۴۰۔ یقیناً (فریق مخالف کے) ان لوگوں کو بھی ایسا ہی زخم پہنچ چکا ہے، (اس سے پہلے بدر کے موقع پر) اور (فتح و شکست کے) ان دنوں کو ہم ادلتے بدلتے رہتے ہیں لوگوں کے درمیان (تاکہ ابتلاء و آزمائش کے تقاضے پورے ہوں) اور تاکہ اللہ دیکھ لے ان لوگوں کو جو (صدق دل سے) ایمان لائے ہیں، اور (تاکہ) تم میں سے کچھ کو وہ شہید بنا لے، اور (یہ بہرحال قطعی امر ہے کہ) اللہ پسند نہیں فرماتا ظالموں کو

۱۴۱۔ اور تاکہ (اس طرح) اللہ چھانٹ کر الگ کر دے ایمان والوں کو، اور مٹا دے وہ کافروں (اور ان کے غلبہ و تسلط) کو،

۱۴۲۔ کیا تم لوگوں نے یہ سمجھ رکھا ہے (اے مسلمانو!) کہ تم یونہی جنت میں داخل ہو جاؤ گے، حالانکہ ابھی تک اللہ نے تم میں سے ان لوگوں کو دیکھا (پرکھا اور ظاہر کیا) ہی نہیں، جنہوں نے اس کی راہ میں جہاد کیا، اور جو (راہ حق میں ثابت قدم رہنے والے اور) صابر ہیں

۱۴۳۔ اور تم لوگ تو (بڑے زور و شور سے) موت کی تمنا (و آرزو) کرتے تھے، اس سے پہلے کہ تمہارا اس سے آمنا سامنا ہوتا، سو اب وہ تمہارے سامنے آ گئی، اور تم اسے کھلی آنکھوں سے دیکھ رہے ہو

۱۴۴. اور محمد صلی اللہ علیہ وآلہ وسلم نہیں ہیں مگر ایک رسول ان سے پہلے بھی گزر چکے ہیں بہت سے رسول، تو کیا اگر وہ مر جائیں، یا قتل کر دئیے جائیں، تو تم لوگ (راہ حق و صواب سے) الٹے پاؤں پھر جاؤ گے؟ اور (یاد رکھو کہ) جو کوئی پھر گیا (راہ حق و صواب سے) تو وہ (یقیناً اپنا ہی نقصان کرے گا) اللہ کا کچھ بھی نہیں بگاڑے گا، اور اللہ (ضرور اور) جلد ہی نوازے گا شکر گزاروں کو ان کے (صلہ و) بدلہ سے

۱۴۵. اور کسی شخص کے لئے یہ ممکن نہیں کہ وہ از خود یونہی مر جائے، مگر اللہ کے اذن (و حکم) سے (اور مرنا بھی ہر ایک نے) ایک لکھے ہوئے (اور طے شدہ) وقت کے مطابق (ہی ہے) اور جو کوئی بدلہ چاہے گا دنیا کا، تو اس کو ہم اسی (دنیا) میں سے دے دیں گے، اور جو کوئی بدلہ چاہے گا آخرت کا تو اس کو ہم اس میں سے دیں گے اور ہم عنقریب ہی (اور ضرور اور بھرپور) بدلہ دیں گے شکر گزاروں کو،

۱۴۶. اور کتنے ہی نبی ایسے گزرے ہیں جن کے ساتھ شامل ہو کر (جہاد و قتال) کیا بہت سے اللہ والوں نے، (حق کی سر بلندی کی خاطر) سو اللہ کی راہ میں پیش آنے والی مصیبتوں (اور تکلیفوں) کی بناء پر نہ تو انہوں نے ہمت ہاری اور نہ ہی کمزوری دکھائی، اور نہ ہی (باطل کے آگے) دبے، اور اللہ محبت رکھتا (اور پسند فرماتا) ہے ایسے ہی صابر (اور ثابت قدم) لوگوں سے،

۱۴۷. اور (میدان کارزار میں بھی) ان کا قول (و کلام) بس یہی ہوتا تھا کہ اے ہمارے رب بخش دے ہمارے گناہوں کو، اور ہماری زیادتیوں کو ہمارے معاملے میں، اور ثابت (و پختہ) رکھ ہمارے قدموں کو، اور مدد فرما ہماری کافر قوم کے مقابلے میں

۱۴۸. سو اس (اخلاص و استقامت) پر اللہ نے ان کو دنیا کے (اجر و) ثواب سے بھی نوازا، اور آخرت کا عمدہ (اور حقیقی اجرو) ثواب بھی ان کو عطا فرمایا، اور اللہ محبت کرتا (اور پسند فرماتا) ہے ایسے نیکو کاروں کو

۱۴۹. اے وہ لوگو، جو ایمان لائے ہو، اگر تم نے اطاعت (و فرمانبرداری) کی ان لوگوں کی جو اڑے ہوئے ہیں اپنے کفر (و باطل) پر تو وہ تم کو الٹے پاؤں پھیر دیں گے (اپنے کفر و باطل کی طرف) جس سے تم لوگ مبتلا ہو جاؤ گے (دارین کے) خسارے میں (وہ نہیں)

۱۵۰. بلکہ اللہ ہی تمہارا حامی و مددگار ہے، اور وہی ہے سب سے بہتر مدد کرنے والا

۱۵۱. عنقریب ہی ہم رعب ڈال دیں گے کافروں کے دلوں میں، اس بناء پر کہ انہوں نے اللہ کا شریک ٹھہرایا ایسی (بے بنیاد اور وہمی) چیزوں کو جن کے بارے میں اللہ نے کوئی سند نہیں اتاری، اور (آخرت میں) ان کا ٹھکانا دوزخ ہے، اور بڑا ہی برا ٹھکانا ہے ایسے ظالموں کا

۱۵۲. اور یقیناً اللہ نے سچ کر دکھایا تم لوگوں سے اپنا وعدہ، جبکہ تم لوگ ان (دشمنان اسلام) کو تہ تیغ کرتے چلے جا رہے تھے اللہ کے (حکم و) اذن سے، یہاں تک جب تم لوگوں نے بزدلی دکھائی، اور جھگڑا ڈال دیا اپنے معاملے میں، اور تم نے نافرمانی کا ارتکاب کیا، اس کے

بعد اللہ نے تم کو دکھا دیا تھا وہ کچھ جس سے تم لوگ محبت رکھتے تھے ، (یعنی فتح و نصرت) تم میں سے کچھ دنیا چاہتے تھے اور کچھ آخرت ، پھر اللہ نے تم کو پھیر دیا ان لوگوں سے ، (جس سے تم پسپائی سے دوچار ہو گئے) تاکہ اس طرح وہ تمہاری آزمائش کرے ، اور البتہ تحقیق اس نے معاف فرما دیا تم سب کو ، اور اللہ بڑا ہی فضل والا ہے ایمانداروں پر

۱۵۳۔ (اور یاد کرو کہ) جب تم لوگ بھاگے جا رہے تھے ، اور کسی کی طرف مڑ کر بھی نہیں دیکھتے تھے ، اور تمہارے رسول تمہیں پیچھے سے پکار رہے تھے ، پھر اس (وحدہٗ لاشریک) نے تم کو غم پر غم دیا تاکہ تم آئندہ نہ غم کرو کسی ایسی چیز پر جو تمہارے ہاتھ سے نکل جائے ، اور نہ (ہی تم دل برداشتہ ہوا کرو) کسی ایسی مصیبت پر جو تمہیں پیش آ جائے ، اور اللہ پوری طرح باخبر ہے ان سب کاموں سے جو تم لوگ کرتے ہو

۱۵۴۔ پھر اس (خدائے مہربان) نے (اپنی خاص رحمت و عنایت سے) تم پر (جب کہ دشمن میدان سے نکل چکا تھا) امن کی ایک خاص کیفیت طاری کر دی یعنی ایک ایسی اونگھ سی جو چھا رہی تھی ، تم میں سے ایک گروہ پر ، جب کہ ایک اور گروہ کو اپنی جانوں ہی کی فکر کھائے جا رہی تھی ، یہ لوگ گمان کر رہے تھے اللہ کے بارے میں ناحق طور پر جاہلیت کا گمان ، یہ لوگ (اپنے خاص انداز میں) کہتے تھے کہ کیا اس کام میں ہمارا بھی کوئی (حصہ اور) اختیار ہے ؟ کہو اختیار تو سب اللہ ہی کے لئے (اور اسی کے ساتھ خاص) ہے ، یہ لوگ اپنے دلوں میں وہ کچھ چھپاتے ہیں جو آپ کے سامنے ظاہر نہیں کرتے ، کہتے ہیں کہ اگر ہمارے لئے بھی اس معاملہ میں کوئی شئی (رائے اور اختیار کی) ہوتی ، تو ہم لوگ یہاں (اس میدان احد میں اس

طرح) قتل نہ ہوتے، کہو کہ اگر تم لوگ اپنے گھروں میں بھی ہوتے تو بھی وہ لوگ خود بخود (اور ضرور بالضرور) نکل آتے اپنی قتل گاہوں کی طرف، جن پر قتل ہونا لکھ دیا گیا تھا، اور (یہ سب کچھ اس لئے بھی ہوا کہ) تاکہ اللہ آزمائش کرے اس کی جو کچھ کہ ان کے سینوں کے اندر (چھپا ہوا) ہے، اور تاکہ اللہ چھانٹ (کر الگ کر) دے وہ کچھ، جو کہ تمہارے دلوں میں ہے (شوائب وساوس میں سے) اور اللہ خوب جانتا ہے دلوں کے (اندر چھپے بھیدوں اور رازوں کو

۱۵۵. بیشک تم میں سے جن لوگوں نے پیٹھ پھیری (اس دن) جس دن کہ آمنا سامنا ہوا (حق و باطل کے) دو گروہوں کا تو اس کی وجہ سوائے اس کے اور کچھ نہ تھی کہ ان کو پھسلا دیا تھا شیطان نے ان کی بعض کمزوریوں کی بناء پر اور یقیناً اللہ نے معاف فرما دیا ان سب کو بیشک اللہ بڑا ہی بخشنے والا نہایت ہی بردبار ہے (سبحانہ وتعالیٰ)

۱۵۶. اے وہ لوگو! جو ایمان (لانے) کے شرف سے مشرف ہو چکے ہو، کہیں تم ان لوگوں کی طرح نہ ہو جانا جو (ایمان کے بلند بانگ دعوے تو کرتے ہیں، مگر حقیقت میں وہ) کفر ہی کی راہ پر گامزن ہیں، جو اپنے بھائیوں کے بارے میں جب کہ وہ زمین پر کہیں سفر پر نکلتے ہیں، (اور وہاں اتفاق سے ان کی موت واقع ہو جاتی ہے) یا وہ کسی جنگ میں شریک ہوتے ہیں (اور وہاں قتل ہو جاتے ہیں، وہ ان کے بارے میں) کہتے ہیں کہ اگر یہ لوگ ہمارے پاس ہوتے تو نہ (اس طرح) مرتے اور نہ قتل ہوتے، تاکہ (اس طرح) اللہ (ان کی) اس بات کو

حسرت (وافسوس کا انگارہ) بنا کر ان کے دلوں میں ڈال دے حالانکہ اللہ ہی زندگی بخشتا ہے، اور وہی موت بھی دیتا ہے، اور اللہ پوری طرح دیکھنے والا ہے ان کاموں کو جو تم کرتے ہو

۱۵۷۔ اور اگر تم اللہ کی راہ میں قتل ہو گئے، یا مر گئے، تو (کسی ناکامی کا سوال ہی نہیں کہ) بیشک اللہ کی طرف سے ملنے والی عظیم الشان بخشش اور (بے پایاں) رحمت اس (حطام دنیا) سے کہیں بہتر ہے جس کو جمع کرنے (اور جوڑ جوڑ کر رکھنے) میں یہ لوگ لگے ہوئے ہیں

۱۵۸۔ اور اگر تم (کسی بھی طرح) مر گئے، یا قتل ہو گئے، تو (کیا ہوا؟) تم سب کو بہر حال اللہ ہی کی طرف سمٹ کر جانا ہے

۱۵۹۔ سو اللہ کی رحمت کی بنا پر، آپ نرم خو ہو گئے ان کے لئے (اے پیغمبر!) ورنہ اگر کہیں آپ تند خو اور سنگ دل ہوتے، تو یہ کبھی کے آپ کے آس پاس سے چھٹ گئے ہوتے سو آپ در گزر کرو ان (کی کوتاہیوں) سے، اور بخشش مانگو ان کے لئے (اپنے رب سے) اور شریک مشورہ رکھو ان کو ایسے (اہم اور اجتماعی) کاموں میں، پھر جب آپ (کسی معاملے میں) پختہ ارادہ کر لو تو اللہ پر بھروسہ کر (کے اس میں لگ) جاؤ، بیشک اللہ محبت رکھتا (اور پسند فرماتا) ہے ایسے بھروسہ کرنے والوں کو

۱۶۰۔ اگر اللہ تمہاری مدد پر ہو تو پھر کوئی بھی (خواہ وہ کیسا ہی کیوں نہ ہو) تم پر غالب نہیں آ سکتا، اور اگر وہ تمہیں چھوڑ دے۔ والعیاذ بہ سبحانہ و تعالیٰ۔ تو پھر کون ہے جو تمہاری مدد کر سکے اس کے بعد؟ اور اللہ ہی پر بھروسہ کرنا چاہیے، ایمان والوں کو

۱۶۱۔ اور کسی نبی کا یہ کام نہیں ہو سکتا کہ وہ (کسی طرح کی) کوئی خیانت کرے ، اور جس کسی نے کوئی خیانت کی تو اسے قیامت کے روز اپنی خیانت (کردہ شئے) کو خود (اپنے سر پر اٹھا کر) لانا ہو گا، پھر ہر کسی کو پورا بدلہ دیا جائے گا اس (کی زندگی بھر) کے کئے کرائے کا، اور ان پر (کسی طرح کا) کوئی ظلم نہیں ہو گا

۱۶۲۔ تو کیا وہ شخص جو پیروی کرتا ہو اللہ (تعالیٰ) کی رضا کی، وہ اس کی طرح ہو سکتا ہے جو (اپنے کرتوتوں کے باعث) مستحق ہو گیا ہو اللہ کے غضب کا، اور اس کا ٹھکانا (قرار پا چکا) ہو جہنم؟ اور بڑا ہی برا ٹھکانا ہے وہ (والعیاذ باللہ)

۱۶۳۔ یہ لوگ اللہ کے یہاں بڑے مختلف درجوں کے ہیں، اور اللہ پوری طرح دیکھنے والا ہے ان تمام کاموں کو جو یہ لوگ کر رہے ہیں

۱۶۴۔ بیشک اللہ نے بڑا ہی احسان فرمایا ایمان والوں پر، کہ ان میں ایک ایسا عظیم الشان پیغمبر مبعوث فرمایا، جو خود ان ہی میں سے ہے جو کہ ان کو پڑھ پڑھ کر سناتا ہے اس کی آیتیں، اور وہ پاک (و صاف) کرتا ہے ان کے باطن کو، اور سکھاتا (پڑھاتا) ہے ان کو کتاب و حکمت (کے علوم و معارف) حالانکہ اس سے قبل یہ لوگ قطعی طور پر (پڑے) تھے کھلی گمراہی میں

۱۶۵۔ اور (تمہارا یہ کیا حال ہے) جب تم لوگوں کو (احد میں) کچھ تکلیف پہنچی تو تم چیخ اٹھے، کہ یہ کہاں سے (اور کیسے) آ گئی، حالانکہ اس سے (پہلے بدر میں) تم لوگ اس سے دوگنی تکلیف

(اپنے ان دشمنوں کو) پہنچا چکے تھے ، (ان سے) کہو (اے پیغمبر!) کہ یہ (تکلیف و مصیبت) بھی خود تمہاری اپنی ہی طرف سے ہے ، بیشک اللہ ہر چیز پر پوری قدرت رکھتا ہے

۱۶۶۔ اور جو بھی کچھ مصیبت تمہیں (غزوہ احد میں) اس روز پہنچی جب کہ (کفر و اسلام کی) ان دونوں فوجوں کا مقابلہ ہوا تو وہ سب اللہ کے اذن سے تھا، اور (یہ اس لئے ہوا کہ) تاکہ اللہ دیکھ لے ایمان والوں کو،

۱۶۷۔ اور تاکہ وہ دیکھ لے ان لوگوں کو جنہوں نے منافقت کا وطیرہ اپنا رکھا تھا، اور (جن کا حال یہ تھا کہ جب) ان سے کہا گیا کہ آؤ تم (ہمارے ساتھ شامل ہو کر) لڑو اللہ کی راہ میں یا (کم از کم اس طرح تکثیر سواد کے ذریعے) تم لوگ دفاع کرو (اپنے شہر کا) تو انہوں نے (صاف) کہہ دیا کہ اگر ہم کوئی لڑائی جانتے تو ضرور تمہارے ساتھ چلتے، اس روز یہ لوگ ایمان کی بہ نسبت کفر کے زیادہ قریب تھے، یہ اپنے مونہوں سے وہ کچھ کہتے ہیں جو کہ ان کے دلوں میں نہیں، اور اللہ خوب جانتا ہے وہ سب کچھ جو کہ یہ چھپاتے ہیں

۱۶۸۔ یہ ایسے (بد نصیب اور محروم) لوگ ہیں کہ خود تو بیٹھے رہے، (اپنے گھروں میں) اور اپنے (ان ہم نسب) بھائیوں کے لئے (جو کہ راہ حق میں کام آئے یوں) کہا کہ اگر یہ لوگ ہماری بات مان لیتے تو (اس طرح) قتل نہ ہوتے کہو (ان سے، اے پیغمبر!) کہ اچھا تو پھر تم لوگ خود اپنی جانوں سے (اپنے وقت پر آنے والی) موت کو ٹال کے دکھاؤ، اگر تم سچے ہو (اپنی ان باتوں میں)

۱٦۹ ا . اور تم ان لوگوں کو جو کہ اللہ کی راہ میں مارے جائیں کبھی مردہ نہیں سمجھنا کہ وہ (حقیقت میں) زندہ ہیں، اپنے رب کے یہاں رزق (بے گمان) پا رہے ہیں

۱۷۰ ا . وہ خوش و خرم ہیں ان نعمتوں سے جن سے اللہ نے ان کو نوازا ہے اپنے فضل (و کرم) سے، اور یہ خوش ہوتے ہیں ان لوگوں کی بناء پر بھی جو ان کے پیچھے (اور ان کے نقش قدم پر) ہیں، اور جو ابھی تک ان سے ملے نہیں کہ (وہ بھی اگر شہادت کی موت پالیں تو) ان پر بھی نہ کوئی خوف ہوگا اور نہ وہ غمگین ہوں گے

۱۷۱ ا . وہ خوش ہوتے ہیں اللہ کے عظیم الشان انعام اور مہربانی پر، (جس سے وہ سرفراز ہو چکے ہیں) اور اس بناء پر کہ بیشک اللہ (پاک سبحانہ و تعالیٰ) ضائع نہیں فرماتا اجر ایمانداروں کا

۱۷۲ ا . جن لوگوں نے حکم مانا اللہ کا اور اس کے رسول کا اس کے بعد کہ ان کو (ابھی تازہ) زخم لگ چکا تھا ان میں سے جو نیکوکار اور تقویٰ (و پرہیزگاروں) والے ہیں ان کے لئے بہت بڑا اجر ہے

۱۷۳ ا . جن سے لوگوں نے (ان کو خوف زدہ کرنے کے لئے) کہا کہ بیشک (تمہارے دشمن) لوگوں نے تمہارے خلاف بڑی فوجیں جمع کر رکھی ہیں، پس تم ان سے ڈرو (اور ان کے مقابلے سے بچو) تو اس سے (ڈرنے اور خوفزدہ ہونے کی بجائے) ان کے ایمان میں اور اضافہ ہوگیا، اور انہوں نے (فوراً اور قوت ایمانی سے لبریز انداز میں) کہا کہ کافی ہے ہمیں اللہ اور وہی ہے سب سے (بڑا اور سب سے) اچھا کارساز

۱۷۴. سو اس (ایمان و یقین اور صدق و اخلاص) کے نتیجے میں وہ اللہ (کی طرف) سے ملنے والی بڑی نعمت اور فضل کے ساتھ واپس لوٹے، اس حال میں کہ کسی (تکلیف اور) برائی نے ان کو چھوا تک نہیں، اور انہیں اللہ کی رضا کی پیروی کا شرف بھی حاصل ہو گیا، اور اللہ بڑا ہی فضل فرمانے والا (اور نوازنے والا) ہے

۱۷۵. سوائے اس کے نہیں کہ (ڈرانے والا) یہ شخص دراصل شیطان تھا، جو تمہیں ڈرا رہا تھا اپنے دوستوں سے، پس تم ایسوں سے کبھی نہ ڈرنا اور خاص مجھ سے ہی ڈرتے رہنا اگر تم ایماندار ہو

۱۷۶. اور آپ کو (اے پیغمبر!) غم میں نہ ڈالنے پائیں وہ لوگ جو دوڑ دوڑ کر جا (گرتے) ہیں کفر میں، یہ لوگ قطعاً کچھ بھی نہیں بگاڑ سکتے، اللہ چاہتا ہے کہ ایسے (بدبختوں) کے لئے کوئی حصہ نہ رکھے آخرت میں، اور ان کے لئے بہت بڑا عذاب ہے

۱۷۷. بیشک جن لوگوں نے ایمان کے (نور کی) بجائے کفر (کی ظلمت) کو اپنایا وہ یقیناً اللہ کا کچھ بھی نہیں بگاڑ سکتے، اور ان کے لئے (انجام کار) ایک بڑا ہی دردناک عذاب ہے

۱۷۸. اور کافر لوگ کبھی بھی یہ مت سمجھیں کہ ہم انہیں جو ڈھیل دے رہے ہیں یہ ان کے لئے بہتر ہے، ہم تو یہ ڈھیل محض اس لئے دے رہے ہیں کہ یہ لوگ گناہ میں بڑھتے (اور اپنا پیمانہ لبریز کرتے) جائیں، اور ان کے لئے ایک بڑا ہی رسواکن عذاب ہے (والعیاذ باللہ)

۱۷۹. اللہ ایسا نہیں کہ ایمان والوں کو اسی حالت پر چھوڑ دے جس پر کہ تم لوگ اب ہو۔ (بلکہ وہ طرح طرح سے ان کی آزمائش کرتا رہے گا) یہاں تک کہ وہ (اس مقصد کے لئے) چھنتا

ہے اپنے رسولوں میں سے جس کو چاہتا ہے، پس تم لوگ (بے چوں چراں اور پورے صدق و اخلاص سے) ایمان لے آؤ اللہ پر، اور اس کے رسولوں پر، اور اگر تم (صدق و اخلاص سے) ایمان لے آئے، اور تم نے تقویٰ (و پرہیزگاری) کو اپنایا، تو تمہارے لئے بہت بڑا اجر ہے

۱۸۰. اور وہ لوگ جو بخل سے کام لیتے ہیں ان چیزوں میں سے جن سے ان کو اللہ نے نوازا ہے اپنے فضل (وکرم) سے، وہ ہرگز یہ نہ سمجھیں کہ یہ (بخل) ان کے لئے بہتر ہے، بلکہ یہ ان کے لئے بہت برا ہے (اور وہ یاد رکھیں کہ) جو کچھ انہوں نے بخل کر کے جوڑا تھا کل قیامت کے روز اس کو ان کے گلے کا طوق بنا دیا جائے گا، اور اللہ ہی کے لئے ہے میراث آسمانوں اور زمین (اور ان دونوں کے درمیان کی ساری کائنات) کی، اور اللہ پوری طرح باخبر (و آگاہ) ہے، ان تمام کاموں سے جو تم لوگ کرتے ہو

۱۸۱. بیشک اللہ نے سن لی بات ان (بدبخت اور منحوس) لوگوں کی جو کہتے ہیں کہ اللہ محتاج ہے (والعیاذ باللہ) اور ہم دولت مند، ہم لکھ رکھیں گے ان کی باتوں کو بھی، اور ان کے انبیاء (کرام) کے قتل ناحق کرنے (کے سنگین ترین جرم) کو بھی، اور (پھر وقت آنے پر ہم ان سے) کہیں گے کہ لو اب چکھو تم لوگ مزہ دوزخ کی اس (دہکتی) بھڑکتی آگ کا

۱۸۲. یہ بدلہ ہے تمہاری اس کمائی کا جو تم لوگوں نے خود اپنے ہاتھوں آگے بھیجی تھی، اور یقیناً اللہ (کسی بھی طرح کا) کوئی ظلم نہیں کرتا اپنے بندوں پر

۱۸۳. جن لوگوں کا کہنا یہ ہے کہ اللہ نے ہم سے عہد لے رکھا ہے کہ ہم کسی رسول پر ایمان نہ لائیں یہاں تک کہ وہ ہمارے سامنے ایسی قربانی پیش کرے جسے (آسمانی) آگ آ کر کھا جائے، (ان سے) کہو کہ کتنے ہی رسول آ چکے مجھ سے پہلے کھلی کھلی نشانیاں لے کر، اور اس نشانی کے ساتھ بھی جس کا مطالبہ تم لوگ (آج مجھ سے) کر رہے ہو، تو پھر تم نے ان کو کیوں قتل کیا اگر تم سچے ہو (اپنے اس دعویٰ و مطالبے میں؟)

۱۸۴. پھر بھی اگر یہ لوگ آپ کو (اے پیغمبر!) جھٹلاتے ہی جائیں گے تو (یہ کوئی نئی بات نہیں کہ) آپ سے پہلے بھی کتنے ہی رسولوں کو جھٹلایا جا چکا ہے، جو (اپنی صداقت و حقانیت کی) کھلی کھلی نشانیاں (پاکیزہ آسمانی) صحیفے (اور حق و صداقت کی) روشنی بخشنے والی (الہامی) کتابیں لے کر آئے تھے،

۱۸۵. (کوئی مانے یا نہ مانے یہ بہر حال ایک اٹل حقیقت ہے کہ) ہر شخص نے موت کا مزہ بہر حال چکھنا ہے، اور یہ بھی ایک اٹل حقیقت ہے کہ تم لوگوں کو تمہارے پورے پورے اجر قیامت کے دن ہی دیئے جائیں گے، پس جس کو دوزخ کی اس (ہولناک) آگ سے بچا لیا گیا، اور اس کو جنت میں داخل کر دیا گیا، تو وہ یقیناً حقیقی کامیابی سے سرفراز ہو گیا، اور دنیا کی یہ (عارضی و فانی) زندگی دھوکے کے سامان کے سوا کچھ نہیں

۱۸۶. تمہاری ضرور آزمائش ہو گی (اے ایمان والو!) تمہارے مالوں میں بھی، اور تمہاری جانوں میں بھی، اور تمہیں ضرور سننا پڑیں گی بہت سی تکلیف دہ باتیں ان لوگوں سے بھی جن کو تم سے پہلے کتاب دی گئی، اور ان سے بھی جو کھلے شرک پر ہیں، اور اگر تم نے صبر (و

استقامت) سے کام لیا، اور تم لوگ تقویٰ (وپرہیزگاری) پر کاربند رہے، تو (یقیناً تم مراد کو پہنچ گئے کہ) بیشک یہ ہمت کے کاموں میں سے ہے

۱۸۷۔ اور (وہ بھی یاد کرنے کے لائق ہے کہ) جب اللہ نے پختہ عہد لیا ان لوگوں سے جن کو کتاب دی گئی کہ تم نے ضرور بالضرور اس کو کھول کر بیان کرنا ہے لوگوں (کی بھلائی اور نفع رسانی) کے لئے، اور اس (کے کسی بھی حصے) کو بھی تم نے چھپانا نہیں، مگر (اس کے باوجود) انہوں نے اس (عہد و پیمان) کو پس پشت ڈال دیا، اور اس کے بدلے میں انہوں نے (دنیاء دوں کے) گھٹیا مول کو اپنا لیا، سو بڑا ہی برا ہے وہ کچھ جسے یہ لوگ (حق کے مقابلے میں) اپنا رہے ہیں

۱۸۸۔ (اور) کبھی گمان بھی نہ کرنا ان لوگوں کے بارے میں جو خوش ہوتے (اور بغلیں بجاتے) ہیں اپنے کرتوتوں پر، اور وہ چاہتے ہیں کہ ان کی تعریف کی جائے ایسے کاموں پر جو انہوں نے کئے نہیں، سو ان کے بارے میں کبھی یہ گمان نہیں کرنا کہ وہ عذاب سے کسی طرح کے بچاؤ (اور حفاظت) میں ہیں، (ہرگز نہیں) اور ان کے لئے ایک بڑا ہی دردناک عذاب ہے

۱۸۹۔ اور اللہ ہی کے لئے ہے بادشاہی آسمانوں اور زمین کی، اور اللہ ہر چیز پر پوری قدرت رکھتا ہے

۱۹۰۔ بیشک آسمانوں اور زمین کی پیدائش، اور رات دن کے ادلنے بدلنے میں، (غور و فکر کے لئے) بڑی بھاری نشانیاں ہیں، ان عقل خالص (و سلیم) رکھنے والوں کے لئے

۱۹۱. جو یاد کرتے ہیں اللہ کو کھڑے، بیٹھے، اور اپنے پہلوؤں پر لیٹے، (ہر حال میں) اور وہ غور و فکر سے کام لیتے ہیں، آسمانوں اور زمین میں، (اور پھر وہ بے ساختہ پکار اٹھتے ہیں کہ) اے ہمارے رب، تو نے یہ (سب کچھ) بے کار (اور بے مقصد) پیدا نہیں فرمایا، تو پاک ہے (ہر نقص و عیب سے اور اس سے کہ تو یہ سب کچھ بے مقصد پیدا فرمائے) پس تو ہمیں (ہمارے اس ایمان و عقیدہ کے صلہ و نتیجہ میں اور اپنے فضل و کرم کی بناء پر) بچا لے دوزخ کے عذاب سے

۱۹۲. اے ہمارے رب، بیشک جس کو تو نے (اے ہمارے مالک!) ڈال دیا دوزخ کے عذاب میں، تو یقیناً اس کو تو نے دوچار کر دیا سخت (ذلت و) رسوائی سے، (اس کے اپنے کئے کہ پاداش میں) اور ایسے ظالموں کے لئے کوئی (یار و) مددگار نہیں ہو گا

۱۹۳. اے ہمارے رب، بیشک ہم نے سنا ایک پکارنے والے کو جو پکار رہا تھا ایمان کے لئے کہ (صدق دل سے) ایمان لاؤ تم سب (اے لوگو!) اپنے رب پر، سو ہم (صدق دل سے) ایمان لے آئے، پس تو اے ہمارے رب (اس ایمان کے طفیل) بخش دے ہمارے گناہوں کو، اور مٹا دے ہم سے ہماری برائیوں (کی میل کچیل) کو، (اپنے عفو و درگزر کے آب ذلال سے) اور ہمارا خاتمہ فرما نیک لوگوں کے ساتھ

۱۹۴. اور عطا فرما دے ہمیں اے ہمارے رب، وہ کچھ کہ جس کا تو نے ہم سے وعدہ فرما رکھا ہے اپنے رسولوں کے ذریعے، اور ہمیں رسوا نہیں کرنا قیامت کے روز، بیشک تو (اے اصدق القائلین!) خلاف نہیں کرتا اپنے وعدے کے

۱۹۵. سو قبول فرما لیا ان کے رب نے ان کی ان دعاؤں کو، (اپنے کرم بے پایاں سے، اور فرمایا کہ میری شان یہی ہے کہ) بیشک میں کبھی ضائع نہیں کرتا، تم میں سے کسی بھی شخص کے عمل کو، خواہ وہ کوئی مرد ہو یا عورت، تم سب آپس میں ایک دوسرے (کی جنس) سے ہو سو جن لوگوں نے اپنے گھر بار کو چھوڑا (میری خاطر) اور ان کو نکال باہر کیا گیا ان کے گھروں سے (ظلم و زیادتی کے ساتھ) اور جن کو (طرح طرح سے) ستایا گیا میری راہ میں، اور جو لڑے اور مارے گئے، تو میں ضرور داخل کردوں گا ان کو ایسی عظیم الشان جنتوں میں جن کے نیچے سے بہہ رہی ہوں گی طرح طرح کی (عظیم الشان اور بے مثال) نہریں اللہ کے یہاں سے (ملنے والے) ایک عظیم الشان بدلہ (اور جزاء) کے طور پر، اللہ ہی کے پاس ہے سب سے عمدہ (اور کامل) بدلہ

۱۹۶. (اور خبردار اے مخاطب!) تم کو کبھی بھی دھوکے میں نہ ڈالنے پائے چلنا پھرنا کافروں کا مختلف شہروں (اور ملکوں) میں

۱۹۷. (کہ یہ سب کچھ تو محض) چند روزہ سامان عیش و عشرت ہے (اور بس) پھر ان کا دائمی ٹھکانا تو جہنم ہی ہے، (ان کے اپنے کفر اور غفلت شعاری کی بناء پر) اور بڑا ہی برا ٹھکانا ہے وہ

۱۹۸. (اس کے برعکس جو لوگ (زندگی بھر) ڈرتے رہے اپنے رب سے، ان کے لئے ایسی عظیم الشان جنتیں ہیں (دائمی اور ابدی انعام و بدلہ کے طور پر) جن کے نیچے سے بہہ رہی ہوں گی طرح طرح کی (عظیم الشان اور بے مثل) نہریں، جن میں ان (سعادت مندوں) کو

ہمیشہ رہنا نصیب ہوگا، ایک عظیم الشان (اور بے مثل) مہمانی کے طور پر، اللہ تعالیٰ کے یہاں سے، اور جو کچھ اللہ کے پاس ہے (اس کے) نیک بندوں کے لئے وہ (کفار کے اس چند روزہ سامان عیش و عشرت سے) کہیں بڑھ کر بہتر ہے

۱۹۹۔ اور اہل کتاب میں سے بھی یقیناً کچھ لوگ ایسے (راست رو) ہیں جو ایمان رکھتے ہیں اللہ پر، اور اس کتاب پر جو اتاری گئی تمہاری طرف، اور اس پر بھی جو اتاری گئی ان کی طرف، اس حال میں کہ وہ (دل و جان سے) جھکے رہتے ہیں اللہ کے حضور وہ نہیں اپناتے اللہ کی آیتوں کے بدلے میں (دنیاء دوں کا) تھوڑا (اور گھٹیا) مول ایسوں کے لئے ان کا اجر (و ثواب) ہے، ان کے رب کے یہاں بیشک اللہ بڑا ہی جلد حساب چکا دینے والا ہے

۲۰۰۔ اے وہ لوگو جو ایمان لائے ہو تم صبر (و استقامت) سے کام لیا کرو (تکالیف و مصائب پر) اور (ثابت قدمی و) پامردی دکھایا کرو دشمن کے مقابلے میں، اور (مستعد و) کمر بستہ رہا کرو (حق کی خدمت کے لئے) اور ڈرتے رہا کرو تم اللہ سے تاکہ تم لوگ فلاح پا سکو۔

✱✱✱

۴۔ النساء

بِسۡمِ اللّٰهِ الرَّحۡمٰنِ الرَّحِيۡمِ

اللہ کے نام سے جو رحمان و رحیم ہے

۱. اے لوگو، ڈرو تم اپنے اس رب سے جس نے پیدا فرمایا تم سب کو ایک ہی جان سے، اور پھر اس نے اسی (جان) سے پیدا فرمایا اس کا جوڑا (اپنی قدرت کاملہ اور حکمت بالغہ سے) اور اس نے پھیلا دیا ان دونوں (میاں بیوی) سے بیشمار مردوں اور عورتوں کو، اور ڈرو تم اللہ سے جس کے نام پر تم آپس میں ایک دوسرے سے سوال کرتے ہو، (اپنے حقوق و مطالبات میں) اور ڈرو تم رشتوں (کے بگاڑ) سے بیشک اللہ نگاہ رکھے ہوئے ہے تم سب پر،

۲. اور دے دیا کرو تم یتیموں کو ان کا مال، اور تم مت بدلو ناپاک کو پاک سے، اور تم مت کھاؤ ان (یتیموں کے مال، اپنے مالوں سے ملا کر، بلاشبہ یہ بہت بڑا گناہ ہے

۳. اور اگر تمہیں اندیشہ ہو اس بات کا کہ تم انصاف نہیں کر سکو گے یتیموں کے بارے میں، تو تم نکاح کر لیا کرو ان دوسری عورتوں سے جو تم کو پسند ہوں، دو دو، تین

تین، اور چار چار، لیکن اگر تمہیں یہ اندیشہ ہو کہ تم انصاف نہیں کر سکو گے (ایک سے زیادہ بیویوں کے درمیان) تو پھر تم ایک پر ہی اکتفا کر لیا کرو، یا ان باندیوں پر جن کے مالک ہوں تمہارے داہنے ہاتھ، یہ زیادہ قریب ہے اس کے کہ تم انصاف سے نہ ہٹو،

۴. اور دے دیا کرو تم اپنی عورتوں کو ان کے مہر خوشدلی سے، ہاں اگر وہ اپنی خوشی سے اس میں سے کچھ تمہیں چھوڑ دیں، تو تم اسے کھاؤ خوشگوار اور مزے دار، (مال کے طور پر)

۵. اور تم مت دیا کرو کم عقلوں (اور نادانوں) کو اپنے وہ مال جن کو اللہ نے تمہارے لئے گزران کا ذریعہ بنایا ہے، البتہ انہیں تم ان میں سے کھانے اور پہننے کو (حسب ضرورت) دے دیا کرو، اور (اس صورت میں ان کی دلجوئی کے لئے) تم ان سے بھلی بات کہہ دیا کرو

۶. اور آزماتے رہا کرو تم یتیموں کو، یہاں تک کہ جب وہ پہنچ جائیں نکاح (کی عمر) کو، پھر اگر تم ان میں کچھ سمجھداری دیکھو، تو ان کے حوالے کر دیا کرو ان کے مال، اور مت کھاؤ تم ان کے مال حد ضرورت سے زیادہ، اور حاجت سے پہلے، اس خیال سے کہ یہ بڑے ہو جائیں گے، اور جسے ضرورت نہ ہو وہ بچتا ہی رہے، اور جو ضرورت مند ہو تو کھائے دستور کے مطابق، پھر جب تم ان کے حوالے کرنے لگو ان کے مال تو (بہتر ہے کہ) تم ان پر گواہ رکھ لو، اور کافی ہے اللہ حساب لینے والا،

۷. مردوں کے لئے حصہ ہے اس مال میں سے جس کو چھوڑ مریں ان کے ماں باپ اور قریبی رشتہ دار، اور عورتوں کے لئے بھی حصہ ہے اس مال میں سے جس کو چھوڑ مریں، ان کے ماں باپ اور قریبی رشتہ دار، خواہ وہ تھوڑا ہو یا زیادہ، مقرر کردہ حصے کے طور پر

۸. اور جب تقسیم کے وقت آجایا کریں رشتہ دار، اور یتیم، اور مسکین (و محتاج) تو تم انہیں بھی اس میں سے کچھ دے دیا کرو (ان کی دلجوئی کے لئے) ان سے بھلی بات بھی کہہ دیا کرو

۹. اور ڈریں وہ لوگ جو اگر اپنے پیچھے بے بس اولاد چھوڑ جائیں، تو کیا کچھ اندیشہ ان کے بارے میں رکھیں گے، پس انہیں چاہیے کہ وہ (دوسروں کے یتیموں کے بارے میں بھی) ڈریں اللہ سے، اور بات کریں راستی کی

۱۰. بلاشبہ جو لوگ یتیموں کا مال کھاتے ہیں ظلم (اور زیادتی) کے ساتھ، اس کے سوا کچھ نہیں کہ وہ اپنے پیٹوں میں آگ بھر رہے ہیں، اور عنقریب ہی انہیں داخل ہونا ہوگا ایک بڑی ہی ہولناک دہکتی آگ میں

۱۱. اللہ تمہیں تاکیدی حکم دیتا ہے تمہاری اولاد کے بارے میں، کہ ایک مرد کا حصہ برابر ہے دو عورتوں کے حصے کے، پھر اگر (اولاد میں) صرف لڑکیاں ہی ہوں (دو یا) دو سے زیادہ، تو ان کو میت کے کل ترکے کا دو تہائی ملے گا، اور اگر ایک ہی لڑکی ہو تو اس کو اس کا آدھا ملے گا، اور میت کے ماں باپ میں سے ہر ایک کو اس کے کل ترکے کا چھٹا حصہ ملے گا، اگر اس کی کوئی اولاد ہو، اور اگر اس کی کوئی بھی اولاد نہ ہو اور اس کے ماں باپ ہی اس

کے وارث ہوں، تو اس کی ماں کو ایک تہائی ملے گا، پھر اگر اس کے (بہن) بھائی بھی ہوں تو اس کی ماں کو چھٹا حصہ ملے گا (یہ سب حصے تقسیم ہوں گے) اس وصیت کے بعد جو میت نے کی ہو، یا قرض کے بعد، (جو اس نے دینا ہو، اور وراثت کی یہ تقسیم تمہاری مرضی پر نہیں رکھی کہ) تم نہیں جانتے کہ تمہارے ماں باپ اور تمہاری اولاد میں سے کون فائدے کے لحاظ سے تمہارے زیادہ قریب ہے، (پس) اللہ کی طرف سے حصہ مقرر کر دیا گیا، بلاشبہ اللہ سب کچھ جانتا، بڑا ہی حکمتوں والا ہے

۱۲. اور تمہیں اس مال کا آدھا ملے گا جو تمہاری بیویاں چھوڑ مریں، اگر ان کی کوئی اولاد نہ ہو، اور اگر ان کی کوئی اولاد ہو تو پھر تمہیں اس مال کا ایک چوتھائی حصہ ملے گا، جو انہوں نے چھوڑا ہو، اس وصیت کے بعد جو انہوں نے کی ہو، یا قرض کے بعد (جو انہوں نے دینا ہو) اور ان کو ایک چوتھائی حصہ ملے گا اس ترکے میں سے جو تم چھوڑ جاؤ جب کہ تمہاری کوئی اولاد نہ ہو، لیکن اگر تمہاری کوئی اولاد ہو تو پھر ان کو تمہارے کل ترکے کا آٹھواں حصہ ملے گا، اس وصیت کے بعد جو تم کر جاؤ، یا قرض کے بعد (جو تم نے دینا ہو) اور اگر میراث کسی ایسے مرد یا عورت کی ہو جس کا نہ باپ موجود ہو، نہ کوئی اولاد، مگر اس کا کوئی (انحیافی) بھائی یا بہن موجود ہو، تو ان میں سے ہر ایک کو چھٹا حصہ ملے گا، پھر اگر وہ بھائی بہن اس سے زیادہ ہوں تو وہ سب (میراث کے) تیسرے حصے میں شریک ہوں گے، اس وصیت کے بعد جو کی گئی ہو، یا ایسے قرضے کے بعد جو اداء کرنا ہو، بغیر کسی کو نقصان پہنچانے کے، اور اللہ بڑا ہی علم والا، نہایت ہی حلیم ہے

۱۳۔ اللہ کی (مقرر کردہ) حدیں ہیں اور جو کوئی (صدق دل سے) فرمانبرداری کرے گا اللہ کی، اور اس کے رسول کی، تو اللہ اس کو داخل فرمائے گا (اپنے کرم سے) ایسی عظیم الشان جنتوں میں، جن کے نیچے سے بہہ رہی ہوں گی طرح طرح کی عظیم الشان نہریں، اور یہی ہے (حقیقی اور) بڑی کامیابی

۱۴۔ اور (اس کے برعکس) جو کوئی نافرمانی کرے گا اللہ کی، اور اس کے رسول کی، اور وہ تجاوز کرے گا اس کی (مقرر فرمودہ) حدوں سے، تو اللہ اس کو داخل فرمائے گا ایک بڑی ہی ہولناک آگ میں، جس میں اس کو ہمیشہ رہنا ہوگا، اور اس کے لئے ایک بڑا ہی رسوا کن عذاب ہے

۱۵۔ اور تمہاری عورتوں میں سے جو ارتکاب کر بیٹھیں بے حیائی کا، تو تم ان پر مقرر کر لو چار گواہ، اپنوں ہی میں سے، پھر اگر وہ چاروں گواہی دے دیں تو تم روک رکھو ان عورتوں کو اپنے گھروں میں، یہاں تک کہ انہیں آجائے موت، یا مقرر فرما دے ان کے لئے اللہ کوئی راستہ،

۱۶۔ اور تم میں سے جو بھی کوئی دو شخص ارتکاب کریں اس (بے حیائی) کا تو تم ان کو ایذاء دو، پھر اگر وہ توبہ کر لیں اور اصلاح کر لیں (اپنے بگاڑ کی) تو تم ان سے صرف نظر کرلو، بلاشبہ اللہ بڑا ہی توبہ قبول کرنے والا، نہایت مہربان ہے

۱۷۔ سوائے اس کے نہیں کہ اللہ (کے وعدہ کرم) کے ذمے انہی لوگوں کہ توبہ کی (قبولیت) ہے، جو برائی کا ارتکاب کر بیٹھیں نادانی کی بناء پر، پھر وہ جلد ہی توبہ کرلیں (اپنے

گناہ سے) تو ایسوں پر اللہ توجہ فرماتا ہے (اپنی رحمت و عنایت سے) اور اللہ سب کچھ جانتا بڑا ہی حکمت والا ہے،

۱۸۔ اور ان لوگوں کے لئے توبہ (کی قبولیت) نہیں، جو برائیاں کرتے چلے جائیں، یہاں تک جب ان میں سے کسی کو آپہنچے موت، تو اس وقت وہ کہنے لگے کہ میں نے اب توبہ کرلی، اور نہ ہی ان لوگوں کے لئے (کوئی توبہ ہے) جو مر جائیں کفر ہی کی حالت میں، ایسوں کے لئے تو ہم نے تیار کر رکھا ہے ایک بڑا ہی دردناک عذاب

۱۹۔ اے وہ لوگو جو ایمان لائے ہو، تمہارے لئے یہ جائز نہیں کہ تم وارث بن جاؤ عورتوں کے زبردستی، اور نہ یہ کہ تم ان کو تنگ کرو کہ تاکہ اس طرح تم ہتھیا لو کچھ حصہ اس (مال) کا جو تم نے ان کو دیا ہو، مگر اس صورت میں کہ وہ ارتکاب کریں کسی کھلی بے حیائی کا، اور تم ان سے اچھائی ہی کا برتاؤ کرو، سو اگر وہ تمہیں یونہی بری لگیں تو (اس کا کوئی اعتبار نہیں کہ) ہو سکتا کہ ایک چیز تمہیں تو بری لگتی ہو مگر اللہ نے اس میں بہت کچھ بھلائی رکھی ہو

۲۰۔ اور اگر تم ایک بیوی کی جگہ دوسری بیوی کرنا چاہو، اور تم اسے ڈھیروں مال بھی دے چکے ہو، تو تم اس میں سے کچھ بھی واپس مت لو، کیا تم اسے واپس لو گے بہتان اور (بڑے اور) کھلے گناہ کا ارتکاب کر کے؟

۲۱۔ اور آخر تم اسے کیونکر واپس لو گے جبکہ تم ایک دوسرے کے آگے بے حجاب ہو چکے ہو، اور جبکہ وہ تم سے ایک پختہ عہد بھی لے چکی ہیں،

۲۲. اور مت نکاح کرو تم ان عورتوں سے جن سے نکاح کر چکے ہوں تمہارے باپ (دادا) مگر جو ہو چکا (سو وہ ہو چکا) بیشک یہ بڑی بے حیائی اور نفرت کی بات ہے، اور بڑا ہی برا راستہ

۲۳. حرام کر دی گئیں تم پر تمہاری مائیں، بیٹیاں، بہنیں، پھوپھیاں، خالائیں، بھتیجیاں، بھانجیاں، اور تمہاری وہ مائیں جنہوں نے تمہیں دودھ پلایا ہو، اور تمہاری دودھ شریک بہنیں، اور تمہاری بیویوں کی مائیں، اور تمہاری بیویوں کی وہ لڑکیاں جو تمہاری پرورش میں ہوں، تمہاری ان بیویوں سے جن سے تم صحبت کر چکے ہو، پس اگر تم نے ان سے صحبت نہ کی ہو تو (ان کے بارے میں) تم پر کوئی گناہ نہیں، اور تمہارے ان بیٹوں کی بیویاں جو تمہاری پشت سے ہوں، اور یہ کہ تم جمع کرو (نکاح میں) دو بہنوں کو، مگر جو ہو چکا (کہ وہ بہر حال ہو چکا) بلاشبہ اللہ بڑا ہی بخشنے والا نہایت ہی مہربان ہے۔

۲۴. اور (حرام کر دی گئیں تم پر) نکاح والی عورتیں، مگر تمہاری وہ باندیاں جن کے مالک ہوں تمہارے داہنے ہاتھ لکھ دیا یہ اللہ نے یہ تمہارے ذمے، اور حلال کر دی گئیں تمہارے لئے ان کے سوا سب (بشرطیکہ) تم انہیں طلب کرو اپنے مالوں کے بدلے میں، قید نکاح میں لانے کو، نہ کہ صرف مستی نکالنے کے لئے (ف) پھر جن عورتوں سے تم فائدہ حاصل کرو، تو ان کو دے دیا کرو ان کے وہ مہر جو مقرر کئے گئے ہوں اور تم پر کوئی گناہ نہیں اس (مقدار مہر) کے بارے میں جو تم لوگ باہمی رضامندی سے طے کر لو، مقرر کئے گئے کے بعد، بیشک اللہ بڑا ہی علم والا، اور نہایت ہی حکمت والا ہے،

۲۵. اور تم میں سے جس شخص کو اس کی طاقت (و گنجائش) نہ ہو کہ وہ نکاح کریں آزاد مسلمان عورتوں سے، تو اس کو چاہیے کہ وہ تمہاری آپس کی ان مسلمان باندیوں سے نکاح کرلے جو کہ تمہاری ملکیت میں ہوں، (ف) اور اللہ خوب جانتا ہے تمہارے ایمان (کیفیت اور درجے) کو تم سب آپس میں ایک ہی ہو سو تم ان باندیوں سے نکاح کرلو، ان کے مالکوں کی اجازت سے اور ان کو ان کے مہر دے دو دستور کے مطابق، اس حال میں کہ وہ قید نکاح میں آنے والی ہو، نہ کہ مستی نکالتی اور خفیہ آشنا بناتی پھرتی ہوں پھر جب وہ قید نکاح میں آ جائیں، تو اگر (اس کے بعد) وہ ارتکاب کریں کسی بے حیائی کا، تو ان پر سزا کی بنسبت آدھی سزا ہوگی، جو کہ آزاد عورتوں پر ہوتی ہے، یہ (اجازت) تم میں سے ان لوگوں کے لئے ہیں جس کو اندیشہ ہو گناہ میں پڑنے کا، اور اگر تم صبر (و ضبط سے) کام لو، تو یہ بہتر ہے خود تمہارے لئے، اور اللہ بڑا ہی بخشنے والا، اور نہایت ہی مہربان ہے،

۲۶. للہ چاہتا ہے کہ کھول کر بیان فرمائے تمہارے لئے (اپنے احکام) اور ڈال دے تم لوگوں کو ان (حضرات) کے طریقے پر جو تم سے پہلے گزر چکے ہیں، اور وہ چاہتا ہے کہ توجہ فرمائے تم پر (اپنی رحمت و عنایت سے) اور اللہ بڑا ہی علم والا، نہایت ہی حکمت والا ہے

۲۷. اور (ہاں) اللہ تو یہی چاہتا ہے کہ توجہ فرمائے تم لوگوں پر (اپنی رحمت و عنایت سے) مگر جو لوگ پیچھے لگے ہوئے ہیں اپنی (بطن و فرج کی) خواہشات کے، وہ چاہتے ہیں کہ تم لوگ سیدھی راہ سے ہٹ کر بہت دور جا پڑو،

۲۸. اللہ چاہتا ہے کہ ہلکا کر دے تم لوگوں سے (سختیوں اور پابندیوں کے بوجھ) اور انسان بڑا کمزور پیدا کیا گیا ہے

۲۹. اے وہ لوگو جو ایمان لائے ہو، مت کھاؤ تم آپس میں ایک دوسرے کے مال ناحق (اور ناجائز) طریقوں سے، مگر یہ کہ کوئی لین دین ہو کوئی باہمی رضامندی سے، اور مت قتل کرو تم لوگ اپنے آپ کو، بیشک اللہ تم پر بڑا مہربان ہے،

۳۰. اور جو کوئی ایسا کرے گا زیادتی اور ظلم کے ساتھ، تو ہم اس کو جھونک دیں گے ایک بڑی ہی ہولناک آگ میں، اور ایسا کرنا اللہ کے لیۓ کچھ مشکل نہیں،

۳۱. (اور اس کے برعکس اگر تم لوگ بچتے رہے ان بڑے گناہوں سے جن سے تم کو منع کیا جاتا ہے، تو ہم مٹا دیں گے تم سے تمہاری چھوٹی موٹی برائیوں کو اور تم کو داخل کر دیں گے ایک بڑی ہی عزت کی جگہ میں،

۳۲. اور تم ہوس مت رکھا کرو ان (وہبی) چیزوں کی، جن کے ذریعے اللہ نے فضیلت (و بزرگی) بخشی ہو تم میں سے بعض کو بعض پر، (کہ مدار نجات ان چیزوں پر نہیں، اپنے کسب و عمل پر ہے، سو) مردوں کے لیے حصہ ہے ان کی اپنی کمائی کا، اور عورتوں کے لیۓ حصہ ہے ان کی کمائی کا اور تم لوگ مانگا کرو اللہ سے، اس کے فضل سے، بیشک اللہ ہر چیز کو پوری طرح جانتا ہے

۳۳.　　اور ہم نے ہر شخص کے وارث مقرر کر دئے ہیں، اس مال میں سے جس کو چھوڑ مریں اس کے ماں باپ اور قریبی رشتہ دار، اور جن لوگوں سے تم نے عہد و پیمان کر رکھے ہوں، تو تم ان کو ان کا حصہ دو (اور باقی سب وارثوں کا ہے) بلاشبہ اللہ ہر چیز پر نگہبان ہے،

۳۴.　　مرد حاکم (و سرپرست) ہیں عورتوں پر، (ایک تو) اس وجہ سے کہ اللہ نے ان میں سے بعض کو بعض پر (فطری اور جبلی) فضیلت بخشی ہے اور (دوسرے) اس لئے کہ مرد خرچ کرتے ہیں اپنے مالوں میں سے سو نیک بخت عورتیں، فرمانبردار (اور) حفاظت (و نگرانی) کرنے والی ہوتی ہیں، (اپنی عزت و ناموس اور اپنے شوہروں کے مال و متاع کی ان کی) غیر حاضری میں، اللہ کی حفاظت کی بناء پر اور جن عورتوں کی سرکشی (اور نافرمانی) کا تمہیں اندیشہ ہو، تم انہیں (اول تو زبانی کلامی طور پر) سمجھاؤ (اگر وہ پھر بھی نہ مانیں) تو پھر تم ان کو تنہا چھوڑ دو ان کی خواب گاہوں میں، اور (اگر اس سے بھی بات نہ بنے تو) تم ان کی پٹائی کرو، پھر اگر وہ تمہارا کہنا مان لیں تو تم خواہ مخواہ ان کے خلاف کوئی بہانہ مت ڈھونڈو، بیشک اللہ سب سے اوپر بہت بڑا ہے

۳۵.　　اور اگر تمہیں اندیشہ ہو (اے ذمہ دارو) میاں بیوی کے درمیان ناچاقی (اور بگاڑ) کا تو تم مقرر کرو ایک منصف مرد کے خاندان سے، اور ایک عورت کے خاندان سے، اور اگر وہ دونوں اصلاح کرنا چاہیں گے تو اللہ پیدا فرما دے گا ان دونوں کے درمیان موافقت کی کوئی صورت بیشک اللہ سب کچھ جانتا بڑا ہی باخبر ہے،

۳۶.   اور بندگی کرو تم صرف اللہ (وحدۂ لاشریک) کی، اور مت شریک ٹھہراوٴ تم اس کے ساتھ کسی بھی چیز کو، اور اچھا سلوک کرو تم اپنے ماں باپ کے ساتھ، اور رشتہ داروں اور یتیموں، اور مسکینوں کے ساتھ، اور رشتہ دار پڑوسی اور اجنبی پڑوسی کے ساتھ اور پہلو کے ساتھ، اور مسافر سے بھی، اور ان سب سے جن کے مالک ہوں تمہارے اپنے داہنے ہاتھ، بیشک اللہ پسند نہیں فرماتا کسی بھی ایسے شخص کو جو اترانے والا شیخی باز ہو،

۳۷.   جو کہ خود بھی کنجوسی کرتے ہیں اور دوسروں کو بھی کنجوسی کو تعلیم دیتے ہیں اور وہ چھپاتے ہیں اس کو جس سے اللہ نے ان کو نوازا ہوتا ہے اپنے فضل سے، اور تیار کر رکھا ہے ہم نے کافروں کے لئے ایک بڑا ہی رسوا کن عذاب،

۳۸.   اور (وہ ان کو بھی پسند نہیں فرماتا) جو خرچ کرتے ہیں اپنے مال لوگوں کو دکھانے کو، اور وہ ایمان نہیں رکھتے اللہ پر، اور قیامت کے دن پر (ان کا ساتھی شیطان ہے) اور جس کا ساتھی شیطان ہو، تو (وہ مارا گیا کہ) وہ بڑا ہی برا ساتھی ہے

۳۹.   اور کیا ہو جاتا ان (لوگوں) کو؟ اگر یہ (سچے دل سے) ایمان لے آتے اللہ پر، اور قیامت کے دن پر، اور خرچ کرتے (اللہ کی راہ میں) اس میں سے جو کہ اللہ ہی نے بخشا ہے ان کو (اپنے کرم سے) اور اللہ خوب جاننے والا ہے ان سب کو،

۴۰.   بیشک اللہ ذرہ برابر (کسی پر) ظلم نہیں کرتا، اور (ظلم تو کجا اس کے شان کرم تو یہ ہے کہ) اگر (کسی کی) کوئی ایک نیکی بھی ہوگی، تو وہ اس کو کئی گناہ بڑھا دے گا، اور وہ (اس کے علاوہ بھی) اس کو اپنے یہاں سے ایک عظیم اجر عطا فرمائے گا،

۴۱.	پھر کیا حال ہوگا (ان کا اس وقت) جب کہ ہم لائیں گے ہر امت سے ایک گواہ، اور آپ کو (اے پیغمبر ﷺ!) ہم ان سب پر گواہ بنا کر لائیں گے

۴۲.	اس روز وہ لوگ جو اڑے رہے ہوں گے اپنے کفر (و باطل) پر، اور انہوں نے نافرمانی کی ہوگی اللہ کے رسول ﷺ کی یہ تمنا کریں گے کہ برابر کر دیا جائے ان کے ساتھ زمین کو، اور وہ چھپا نہ سکیں گے اللہ سے کوئی بات،

۴۳.	اے وہ لوگو جو ایمان لائے ہو تم نماز کے قریب مت جاؤ اس حالت میں جب کہ تم نشے میں ہو، یہاں تک کہ تم سمجھنے لگے جو کچھ تم کہتے ہو، اور نہ ہی ناپاکی کی حالت میں، مگر راستہ گزرتے ہوئے، یہاں تک کہ تم غسل کر لو، اور اگر تم بیمار ہو یا کسی سفر پر، یا تم میں سے کوئی شخص جائے ضرورت سے ہو کر آیا ہو، یا تم نے ہمبستری کی ہو اپنی بیویوں سے، پھر تمہیں (ان میں سے کسی بھی صورت میں) پانی نہ مل سکے، تو تم پاک مٹی سے کام چلا لو، سو تم (اس پر دونوں ہاتھ مار کر) مسح کر لو، اپنے چہروں اور اپنے ہاتھوں کا، بیشک اللہ بڑا ہی معاف کرنے والا، نہایت ہی بخشنے والا ہے،

۴۴.	کیا تم نے دیکھا نہیں ان لوگوں کو جن کو دیا گیا ایک حصہ کتاب کا، وہ اپناتے ہیں گمراہی کو بدلے میں ہدایت کے، اور وہ (اپنی گمراہی کا ساتھ بھی) چاہتے ہیں کہ تم لوگ بھی بھٹک جاؤ سیدھی راہ سے،

۴۵۔   اور اللہ خوب جانتا ہے تمہارے دشمنوں کو، اور (ان کی فکر سے زیادہ تم اللہ سے اپنا معاملہ درست رکھنے کی فکر کرو کہ) اللہ کافی ہے حمایت کرنے کو، اور اللہ کافی ہے مدد کرنے کو،

۴۶۔   ان لوگوں میں سے جو کہ یہودی بن گئے وہ بدلتے ہیں اللہ کے کلام کو اس کے مواقع سے، اور کہتے ہیں کہ ہم نے سن لیا اور نہیں مانا، اور (کہتے ہیں کہ) سنو نہ سنائے جاؤ، اور کہتے ہیں راعنا اپنی زبان کو مروڑ کر، اور دین میں طعنہ دینے کو، اور اگر وہ (اس کی بجائے یوں) کہتے کہ ہم نے سنا اور مانا، اور (صرف) اسمع کہتے اور (راعنا کی بجائے) انظرنا کہتے، تو یہ بہتر ہوتا خود ان ہی لوگوں کے لیے، اور زیادہ درست بھی، (حقیقت اور واقع کے اعتبار سے) لیکن ان پر لعنت (و پھٹکار) پڑ گئی، اللہ کی ان پہ (اپنے اختیار کردہ) کفر کی بنا پر، پس لوگ ایمان نہیں لاتے مگر تھوڑا،

۴۷۔   اے وہ لوگو! جنہیں کتاب دی گئی، ایمان لے آؤ تم اس کتاب پر جس کو ہم نے (اب) اتارا ہے، اس حالت میں کہ وہ تصدیق کرنے والی ہے اس کتاب کی جو کہ تمہارے پاس ہے قبل اس سے کہ ہم مٹا ڈالیں کچھ چہروں کو، پھر ان کو ہم الٹ دیں ان کی پیٹھوں پر، یا ان پر ایسی لعنت کر دیں جیسی لعنت ہم نے ہفتہ والوں پر کی تھی (جس سے وہ ذلیل بندر بن گئے تھے) اور اللہ کا حکم تو ہو کر ہی رہتا ہے،

۴۸۔ بیشک اللہ نہیں بخشتا اس (جرم) کو اس کے ساتھ شرک کیا جائے (کہ شرک بغاوت ہے) اور وہ بخش دے گا اس کے سوا دوسرے گناہوں کو جس کے لیے چاہے گا، اور جس نے شرک کیا اللہ کے ساتھ تو یقیناً اس نے ارتکاب کیا بہت بڑے گناہ کا،

۴۹۔ کیا تم نے ان لوگوں کو نہیں دیکھا جو دم بھرتے ہیں اپنی پاکیزگی کا (سو مداران کے دعووں پر نہیں) بلکہ اللہ ہی پاک کرتا ہے جس کو چاہتا ہے اور ان پر ذرہ برابر کوئی ظلم نہیں ہو گا،

۵۰۔ دیکھو تو سہی، کیسے جھوٹ گھڑتے ہیں یہ لوگ اللہ پر؟ اور کافی ہے (ان کی تباہی کے لیے) یہ کھلم کھلا گناہ ہے،

۵۱۔ کیا تم نے ان لوگوں کو نہیں دیکھا جن کو دیا گیا ایک حصہ (علم) کتاب کا، (مگر اس کے باوجود) وہ ایمان رکھتے ہیں بتوں اور شیطانوں پر، اور وہ کافروں کے بارے میں کہتے ہیں کہ یہ لوگ ایمان والوں کے مقابلے میں زیادہ صحیح راستے پر ہیں،

۵۲۔ یہ ہیں وہ لوگ جن پر لعنت (و پھٹکار) پڑ گئی اللہ کی، اور جس پر اللہ کی لعنت (و پھٹکار) پڑ جائے تو تم نہیں پاسکو گے اس کے لئے کوئی (یارو) مددگار

۵۳۔ کیا ان کے لئے کوئی حصہ ہے (اللہ کی) بادشاہی میں سے؟ کہ ایسی صورت میں یہ لوگوں کو (اس میں سے) تل بھر میں کچھ نہ دیں گے؟

۵۴۔ کیا یہ لوگ حسد کرتے ہیں دوسرے لوگوں پر، ان نعمتوں کی بناء پر جن سے اللہ نے ان کو نوازا ہے اپنے فضل (و کرم) سے، سو (اگر ایسے ہیں تو یہ جلتے رہیں کہ) بیشک ہم

سر فراز کر چکے ہیں ابراہیم کی آل (اولاد) کو بھی کتاب و حکمت (کی نعمت) سے، اور ہم ان کو نواز چکے ہیں بہت بڑی بادشاہی سے

۵۵. پھر ان میں کچھ تو اس پر ایمان لے آئے اور کچھ ہٹے ہی رہیں، اور کافی ہے (ایسوں کے لئے) دہکتی جہنم،

۵۶. بیشک جن لوگوں نے کفر کیا ہماری آیتوں سے، عنقریب ہی ہم ان کو جھونک دیں گے ایک بڑی ہی ہولناک آگ میں، (جہاں ان کا حال یہ ہوگا کہ) جب بھی جل جائیں گی ان کھالیں تو ہم ان کی بدل دیں گے اور کھالیں، تاکہ یہ مزہ چکھتے رہیں عذاب کا، بیشک اللہ بڑا ہی زبردست، نہایت ہی حکمت والا ہے،

۵۷. اور (اس کے برعکس) جو لوگ ایمان لائے، اور انہوں نے کام بھی نیک کئے، تو انہیں ہم ضرور داخل کریں گے (اپنے کرم سے) ایسی عظیم الشان جنتوں میں جن کے نیچے سے بہہ رہی ہوں گی طرح طرح کی نہریں، جہاں ان کو ہمیشہ ہمیشہ کے لیے رہنا نصیب ہوگا، ان کے لیے وہاں ایسی عظیم الشان بیویاں ہوں گی جن کو پاک کر دیا ہوگا (ہر نقص و عیب سے) اور ان کو ہم داخل کرینگے گھنے سائے میں،

۵۸. بیشک اللہ تمہیں حکم دیتا ہے (اے ایمان والوں) کہ تم حوالے کرو امانتوں کو ان کے حقداروں کے، اور (یہ کہ) جب تمہیں فیصلہ کرنا ہو ان لوگوں کے درمیان تو تم فیصلہ کرو عدل (و انصاف) کے ساتھ، بیشک بڑی ہی عمدہ ہے وہ بات جس کی نصیحت فرماتا ہے اللہ تم کو، بیشک اللہ بڑا ہی سننے والا دیکھنے والا ہے،

۵۹.	اے وہ لوگو جو ایمان لائے ہو، حکم مانو تم اللہ کا اور حکم مانو اس کے رسول ﷺ کا اور ان لوگوں کا جو صاحب امر ہوں تم میں سے، پھر اگر تمہارا اگر کسی بات پر آپس میں اختلاف ہو جائے تو تم اس کو لٹا دیا کرو اللہ اور اس کے رسول ﷺ کی طرف، اگر تم ایمان (و یقین) رکھتے ہو اللہ پر، اور قیامت کے دن پر، یہ بہتر ہے (تمہارے لئے فی الحال) اور (حقیقت اور) انجام کے اعتبار سے بھی،

۶۰.	کیا تم نے ان لوگوں کو نہیں دیکھا جو دعویٰ کرتے ہیں کہ وہ ایمان رکھتے ہیں اس کتاب پر بھی جو اتاری گئی ہے آپ کی طرف، اور اس پر بھی جو اتاری گئی آپ سے پہلے، (مگر اس کے باوجود) وہ چاہتے ہیں کہ اپنا مقدمہ لے جائیں طاغوت کے پاس، حالانکہ ان کو حکم یہ دیا گیا تھا کہ یہ اس کے ساتھ کفر کریں، اور شیطان چاہتا ہے کہ ان کو بھٹکا کر ڈال دے بہت دور کی گمراہی میں،

۶۱.	اور (ان کا حال یہ ہے کہ) جب ان سے کہا جاتا ہے کہ آؤ تم اس کتاب کی طرف جس کو اتارا ہے اللہ نے، اور آؤ تم اس کے رسول ﷺ کی طرف، تو تم دیکھو گے منافقوں کو کہ وہ آپ سے رکتے (اور روکتے) ہیں کنی کترا کر

۶۲.	پھر کیا حل ہوتا ہے ان کو (اس وقت) جب کہ آ پہنچی ان پر کوئی مصیبت ان کے اپنے ہاتھوں کی کمائی کی بناء پر پھر یہ آتے ہیں آپ کے پاس قسمیں کھاتے ہوئے اللہ کی، کہ ہم نے تو محض بھلائی اور آپس میں میل کرانے ہی کا ارادہ کیا تھا

۶۳. اللہ خوب جانتا ہے جو کچھ ان کے دلوں میں ہے، پس آپ ان سے درگزر ہی کریں اورانہیں نصیحت کرتے رہیں، اوران سے ان کے بارے میں کہہ دیا کریں رسا بات،

۶۴. اور ہم نے جو بھی کوئی رسول بھیجا اس لئے بھیجا کہ اس کی اطاعت (فرمانبرداری) کی جائے اللہ کی اذن سے، اوراگر یہ لوگ (جنہوں نے یہ حماقت کی تھی) جب ظلم کر بیٹھے تھے اپنی جانوں پر، تو سیدھے آجاتے آپ کے پاس، اور اللہ سے معافی مانگتے (اپنے جرم کی) اوررسول صلی اللہ علیہ وآلہ وسلم بھی ان کے لئے (اپنے رب کے حضور) معافی کی درخواست کرتا، تو یقیناً یہ لوگ اللہ کو پاتے بڑا ہی توبہ قبول کرنے والا، انتہائی مہربان

۶۵. پس نہیں، قسم ہے آپ کے رب کی (اے پیغمبر صلی اللہ علیہ وآلہ وسلم!) یہ لوگ مومن نہیں ہو سکتے، جب تک کہ یہ آپس کے جھگڑوں میں آپ کو (برضاورغبت) اپنا منصف نہ مان لیں، پھر آپ کا جو بھی فیصلہ ہواس سے یہ اپنے دلوں میں کوئی تنگی نہ محسوس کریں، اوراسے دل و جان سے تسلیم کرلیں،

۶۶. اوراگر (کہیں بنی اسرائیل کی طرح) ہم ان پر بھی لکھ دیتے کہ قتل کرو تم لوگ اپنی جانوں کو(تب معافی ملے گی) یا نکل جاؤ اپنے گھروں سے، تواس کو پورا نہ کرسکتے مگران میں کے تھوڑے سے لوگ، حالانکہ اگروہ عمل کرتے اس نصیحت پر جوان کو کی جاتی ہے، تو یہ بہتر ہوتا خودانہی کے حق میں، اور(یہ ان کے لئے) زیادہ ثابت قدمی کا باعث بنتا،

۶۷. اوراس صورت میں ہم ان کو ضروردیتے اپنی طرف سے بہت بڑا اجر بھی،

۶۸. اور ہم ان کو ضرورڈال دیتے سیدھی راہ پر بھی،

۶۹. اور جو کوئی اطاعت کرے گا اللہ کی، اور اس کے رسول ﷺ کی، تو ایسے لوگ ان (خاصان خدا) کے ساتھ ہوں گے جن پر اللہ نے انعام فرمایا ہے، یعنی انبیاء، صدیقین، شہداء، اور صالحین، اور کیا ہی خوب ہوگی رفاقت (و سنگت) ان حضرات کی،

۷۰. یہ مہربانی (اور عنایت) ہوگی اللہ کی طرف سے، اور کافی ہے اللہ جاننے والا،

۷۱. اے وہ لوگو! جو ایمان لائے ہو، تم لے لیا کرو اپنے ہتھیار، پھر (جیسا موقع ہو اس کے مطابق) تم چلو مختلف دستوں کی شکل میں، یا سب اکٹھے ہو کر

۷۲. اور تم میں سے کوئی ایسا بھی ہے جو جی چراتا ہے (جہاد و قتال سے) پھر اگر تمہیں کوئی مصیبت پہنچ جائے (شکست وغیرہ کی) تو وہ کہتا ہے کہ اللہ نے مجھ پر بڑا فضل کیا، کہ میں ان لوگوں کے ساتھ موجود نہ تھا

۷۳. اور اگر تمہیں نصیب ہو جائے اللہ کی طرف سے کوئی فضل (اور مہربانی) تو وہ زور دے دے کر یوں کہنے لگتا ہے، گویا کہ تمہارے اور اس کے درمیان کوئی تعلق ہی نہیں تھا، کہ اے کاش! کہ میں بھی ان کے ساتھ ہوتا تو پا لیتا بڑی کامیابی،

۷۴. پس چاہیے کہ لڑیں اللہ کی راہ میں وہ لوگ جنہوں نے بیچ دیا دنیا کی زندگی کو آخرت کے بدلے میں، اور (اس میں نفع ہی نفع ہے کہ) جو کوئی لڑے گا اللہ کی راہ میں، پھر وہ مارا جائے یا غالب آ جائے تو (بہر صورت) ہم اسے نوازیں گے بہت بڑے اجر سے،

۷۵. اور کیا ہو گا تمہیں (اے مسلمانو!) کہ تم لڑتے نہیں اللہ کی راہ میں؟ اور ان کمزور مردوں، عورتوں اور بچوں کی خاطر؟ جو (رہ رہ کر) کہتے ہیں کہ اے ہمارے پروردگار نکال

دے ہمیں اس بستی سے ظالم ہیں جس کے (باسی و) باشندے، اور پیدا فرما دیں ہمارے لئے اپنے یہاں سے کوئی حمایتی، اور مقرر فرما دیں ہمارے لئے اپنے یہاں سے کوئی مددگار،

۷۶۔ جو لوگ ایمان رکھتے ہیں، وہ تو (صدق دل سے) لڑتے ہیں اللہ کی راہ میں، اور جو کافر ہیں وہ لڑتے ہیں شیطان کی راہ میں، پس تم لوگ لڑو (اے مسلمانو!) شیطان کے دوستوں سے بیشک شیطان کی چال بہت کمزور ہے،

۷۷۔ کیا تم نے ان لوگوں کو نہیں دیکھا؟ جن سے (ان کے مطالبہ جہاد کے جواب میں) کہا گیا تھا کہ (ابھی) تم روکے رکھوا پنے ہاتھوں کو، قائم رکھو نماز، اور ادا کرتے رہو زکوٰۃ، مگر جب ان پر جہاد فرض کر دیا گیا تو (ان کا حال یہ ہے کہ) ان میں سے ایک گروہ لوگوں سے ایسا ڈرنے لگا جیسا کہ خدا سے ڈرنا چاہیے، بلکہ اس سے بھی کچھ زیادہ، اور یوں کہنے لگے کہ خدایا، تو نے کیوں فرض کر دیا ہم پر جہاد، اور ہمیں اور تھوڑی مدت تک مہلت کیوں نہ دی کہو کہ دنیا کا سامان تو ہے ہی تھوڑا اور آخرت ہی بہتر ہے، ہر اس شخص کے لئے جو ڈرتا ہو، (اپنے رب سے) اور تم پر ذرہ برابر بھی کوئی ظلم نہیں کیا جائے گا،

۷۸۔ (اور موت سے مت ڈرو کیوں کہ) تم جہاں بھی ہو گے بہر حال موت تم کو آ کر رہے گی، اگرچہ تم مضبوط قلعوں ہی میں (بند) کیوں نہ ہو اور (ان منافقوں کا حال بھی عجیب ہے کہ) اگر ان کو کوئی بھلائی پہنچی ہے تو یہ کہتے ہیں کہ یہ تو اللہ کی طرف سے (یعنی اتفاقی طور پر مل گئی) ہے، اور اگر انہیں کوئی تکلیف پہنچ جائے تو کہتے ہیں کہ یہ تمہاری وجہ سے ہے، کہو

(نہیں بلکہ اصل حقیقت یہ ہے کہ) یہ سب کچھ اللہ ہی کی طرف سے ہے، پس کیا ہو گیا ان لوگوں کو کہ یہ کسی بات کے (صحیح طور پر) سمجھنے کے قریب ہی نہیں لگتے

۷۹. جو بھی کوئی بھلائی پہنچتی ہے تجھے (اے انسان!) تو وہ اللہ ہی کی طرف سے (اور اسی کے فضل سے) ہوتی ہے اور جو بھی کوئی بدحالی پیش آتی ہے تجھے تو وہ تیری اپنی ہی وجہ سے ہوتی ہے اور ہم نے (بہر حال اے پیغمبر ﷺ!) آپ کو بھیجا ہے سب لوگوں کے لیے رسول بنا کر، اور کافی ہے اللہ گواہی دینے کو،

۸۰. جس نے رسول کی اطاعت کی تو اس نے اللہ کی اطاعت کی، اور پھر گیا (راہ حق سے) تو ہم نے آپ کو (اے پیغمبر ﷺ!) ان لوگوں پر کوئی پاسبان بنا کر نہیں بھیجا،

۸۱. اور کہتے ہیں (یہ منافق لوگ جب یہ آپ کے پاس ہوتے ہیں) کہ ہم نے حکم مانا مگر جب یہ آپ کے پاس سے نکلتے ہیں تو انہی میں سے ایک گروہ اپنے کہے کے خلاف منصوبے گانٹھنے لگ جاتا ہے، (حق اور اہل حق کے خلاف) اور اللہ لکھ رہا ہے ان کے وہ سب منصوبے جو یہ لوگ اس طرح گانٹھتے (بناتے) ہیں، پس آپ ان سے درگزر ہی کیا کریں، اور اللہ پر بھروسہ کریں اور کافی ہے اللہ کارسازی کے لئے،

۸۲. تو کیا یہ لوگ غور نہیں کرتے اس قرآن (عظیم) میں، اگر یہ اللہ کے سوا کسی اور کی طرف سے ہوتا تو یہ لوگ ضرور اس میں بہت کچھ اختلاف (اور تضاد بیانی) پاتے

۸۳. ، اور جب پہنچتی ہے ان کے پاس کوئی خبر، امن کی یا خوف کی، تو یہ اسے فورا پھیلا دیتے ہیں، حالانکہ اگر یہ لوگ اسے لوٹا دیتے رسول ﷺ کی طرف، اور اپنے میں سے بااختیار

لوگوں کی طرف، تو ضرور اس کی حقیقت کو پالیتے ان میں سے وہ لوگ جو بات کی تہہ تک پہنچنے کی صلاحیت رکھتے ہیں، اور اگر نہ ہوتی اللہ کی مہربانی تم پر، اور اس کی رحمت (وعنایت) تو تم لوگ ضرور پیچھے لگ جاتے شیطان کے، بجز تھوڑے سے لوگوں کے،

۸۴. پس آپ لڑیں اللہ کی راہ میں (اے پیغمبر صلی اللہ علیہ وآلہ وسلم!) آپ اپنی ذات کے سواء کسی کے ذمہ دار نہیں، اور ترغیب دیتے رہیں آپ ایمان والوں کو (جہاد فی سبیل اللہ کی) بعید نہیں کہ اللہ وہ بڑا ہی سخت ہے سزا دینے کے لحاظ سے بھی،

۸۵. جس نے کوئی سفارش کی اچھی سفارش تو اس کے لیے حصہ ہو گا، اس (کے اجر) میں سے اور جس نے کوئی سفارش کی تو اس کے لئے بوجھ ہو گا اس (کے گناہ) میں سے اور اللہ ہر چیز پر پوری قدرت رکھتا ہے،

۸۶. اور جب تمہیں کوئی سلام کرے کسی بھی لفظ سے تو تم اس کو اس سے بہتر لفظوں میں جواب دیا کرو، یا (کم از کم) وہی لفظ کہہ دیا کرو کہ بیشک اللہ ہر چیز پر پورا پورا حساب رکھنے والا ہے،

۸۷. اللہ وہ ہے جس کے سوا کوئی بندگی کے لائق نہیں، وہ ضرور جمع کرلائے گا تم سب لوگوں کو قیامت کے اس دن میں، جس میں کوئی شک نہیں، اور اللہ سے بڑھ کر سچی بات کس کی ہو سکتی ہے؟

۸۸. پھر تمہیں کیا ہو گیا (اے مسلمانوں!) کہ تم ان منافقوں کے بارے میں دو گروہ ہو رہے ہو؟ حالانکہ اللہ نے ان کو اوندھا کر دیا ان کے اپنے کرتوتوں کے باعث کیا تم لوگ یہ

چاہتے ہو کہ تم ان کو ہدایت دو جن کو اللہ نے گمراہی میں ڈال دیا ہے؟ اور (امر واقعہ یہ ہے کہ) جس کو اللہ گمراہ کر دے اس کے لیے تم کوئی راستہ نہ پا سکو گے،

۸۹. اور (ان کا راہ پر آنا درکنار وہ تو الٹا) یہ چاہتے ہیں کہ تم بھی انہی کی طرح کافر ہو جاؤ تاکہ پھر تم سب ایک برابر ہو جاؤ پس تم ان میں سے کسی کو بھی اپنا دوست نہیں بنانا، یہاں تک کہ وہ ہجرت کریں اللہ کی راہ میں، پھر اگر وہ (راہ حق سے) منہ موڑے ہی رہیں تو تم انہیں پکڑو اور قتل کرو جہاں بھی تم انہیں پاؤ، اور ان میں سے کسی کو بھی تم دوست نہ بناؤ نہ مددگار ٹھہراؤ

۹۰. بجز ان لوگوں کے کہ جن کا تعلق کسی ایسی قوم سے ہو جس کے ساتھ تمہارا کوئی معاہدہ ہے، یا (جب کہ) وہ تمہارے پاس اس حال میں آئیں کہ ان کے دل سکڑے جا رہے ہوں اس سے، کہ وہ (کسی سے بھی) لڑیں، تم سے یا اپنی قوم سے، (پس ان دونوں صورتوں میں ان کو پکڑنا یا قتل کرنا درست نہیں) اور اگر اللہ چاہتا تو ان کو تم پر مسلط کر دیتا تو وہ ضرور تم سے لڑتے، پس اگر وہ تم سے کنارہ کش رہتے ہیں، اور تم سے لڑتے نہیں، اور تمہاری طرف صلح کا پیغام ڈالتے ہیں، تو اللہ نے تمہارے لئے ان پر (دست درازی کے لیے) کوئی راہ نہیں رکھی

۹۱. تم کچھ اور ایسے لوگ بھی پاؤ گے جو چاہتے ہیں کہ (دھوکہ دہی کے ذریعے) وہ تم سے بھی امن میں رہیں اور اپنی قوم سے بھی امن میں رہیں لیکن جب کبھی وہ فتنہ انگیزی کی شہ پاتے ہیں، تو اس میں اوندھے جا گرتے ہیں، (اور فتنہ انگیزی میں کود پڑتے ہیں) پس ایسے

لوگ اگر تم سے باز نہ رہیں، اور تمہارے آگے صلح (کی گردن) نہ ڈالیں، اور (تم سے) اپنے ہاتھ نہ روکیں، تو تم انہیں پکڑو اور قتل کرو جہاں بھی انہیں پاؤ، کہ ایسے لوگوں کے خلاف (کاروائی کے لیے) ہم نے تمہیں کھلی سند دے دی ہے،

٩٢. اور کسی مومن کا یہ کام نہیں ہو سکتا کہ وہ قتل کرے کسی مومن کو، مگر یہ کہ غلطی سے ایسا ہو جائے، اور جس نے قتل کر دیا کسی مومن کو غلطی سے تو اس کے ذمے ہے آزاد کرنا ایک ایمان دار گردن کا، اور خون بہا بھی، جو کہ حوالے کرنا ہو گا اس (مقتول) کے وارثوں کو، الّایہ کہ وہ اس کو معاف کر دیں اپنی خوشی سے لیکن اگر وہ (مسلمان مقتول) کسی ایسی قوم سے ہو جو کہ تمہاری دشمن (اور تم سے برسر پیکار) ہو، اور وہ شخص خود مسلمان ہو تو صرف ایک مسلمان گردن (غلام یا لونڈی) کو آزاد کرنا ہو گا، اور اگر وہ کسی ایسی قوم سے ہو جس سے تمہارا معاہدہ ہے، تو پھر خون بہا بھی ہو گا جو کہ حوالے کرنا ہو گا اس کے وارثوں کو، اور ایک ایماندار گردن (غلام یا لونڈی کا) آزاد کرنا بھی، پھر جس کو یہ یسر نہ ہو تو اس کے ذمے روزے ہیں دو ماہ کے لگاتار، اللہ کے یہاں توبہ کے لیے، اور اللہ (تعالیٰ) بڑا علم والا نہایت ہی حکمت والا ہے

٩٣. اور جو کوئی قتل کرے گا کسی مومن کو جان بوجھ کر تو اس کی اصل سزا جہنم ہے جس میں اسے ہمیشہ رہنا ہو گا اس پر اللہ کا غضب ہوا اور اس کی لعنت (و پھٹکار) بھی، اور اللہ نے اس کے لئے تیار کر رکھا ہے ایک بڑا ہی ہولناک عذاب

۹۴.	اے وہ لوگو جو ایمان لائے ہو، جب تم اللہ کی راہ میں کسی سفر پر نکلو تو اچھی طرح تحقیق کر لیا کرو، اور مت کہو کسی ایسے شخص سے جو تم کو سلام کرے کہ وہ مسلمان نہیں، تم دنیاوی زندگی کا سامان چاہتے ہو، سو اللہ کے پاس بہت غنیمتیں ہیں، اور یاد رکھو کہ تم خود بھی پہلے اسی طرح تھے، پھر اللہ نے احسان فرمایا تم لوگوں پر، (اور نواز دیا تم کو عزت و کثرت سے) پس تم تحقیق کر لیا کرو، بیشک اللہ پوری طرح باخبر ہیں تمہارے ان تمام کاموں سے جو تم لوگ کرتے ہو،

۹۵.	برابر نہیں ہو سکتے وہ مسلمان جو بغیر کسی عذر کے جہاد سے بیٹھ رہیں، اور وہ جو جہاد کرتے ہیں اللہ کی راہ میں، اپنے مالوں اور اپنی جانوں کے ساتھ، اللہ نے فضیلت (اور بزرگی) بخشی ہے (اللہ کی راہ میں) جہاد کرنے والوں کو اپنے مالوں اور جانوں کے ساتھ، بیٹھ رہنے والوں پر ایک عظیم الشان درجے کے اعتبار سے، اور یوں ان میں سے ہر ایک سے اللہ نے وعدہ فرما رکھا ہے اچھائی کا اور اللہ نے فضیلت (و بزرگی) بخشی ہے مجاہدین کو بیٹھ رہنے والوں پر ایک اجر عظیم سے،

۹۶.	یعنی عظیم الشان درجوں کے ذریعے اپنے یہاں سے اور بڑی بخشش اور رحمت کے اعتبار سے اور اللہ بڑا ہی بخشنے والا، نہایت ہی مہربان ہے،

۹۷.	بیشک وہ لوگ جن کی فرشتے جان قبض کرتے ہیں اس حال میں کہ وہ اپنی جانوں پر ظلم کر رہے ہوتے ہیں، تو فرشتے ان سے پوچھتے ہیں کاہے میں تھے تم لوگ؟ تو وہ جواب میں کہتے ہیں کہ ہم تو بالکل بے بس تھے (اپنی بود و باش کی) اس سرزمین میں، تو فرشتے ان

سے کہتے ہیں کہ اچھا اللہ کی زمین اتنی کشادہ نہ تھی کہ تم لوگ اس میں ہجرت کر لیتے؟ سو ایسوں کا ٹھکانہ جہنم ہے، اور وہ بڑی ہی بری جگہ ہے لوٹنے کی

۹۸. بچوں کے، جو نہ تو کوئی تدبیر کر سکتے ہیں، اور نہ کوئی راہ پا سکتے ہیں (کہ وہ اس سے مستثنیٰ ہیں)

۹۹. سو ایسوں کے بارے میں تو امید ہے کہ اللہ انہیں معاف کر دے، اور اللہ بڑا ہی معاف کرنے والا، انتہائی درگزر فرمانے والا ہے،

۱۰۰. اور جو کوئی ہجرت کرے گا اللہ کی راہ میں تو وہ زمین میں اپنے دشمنوں کے علی الرغم بڑے ٹھکانے بھی پائے گا، اور وسعت رزق بھی اور جو کوئی نکلے گا اپنے گھر سے ہجرت کرنے کو اللہ اور اس کی رسول کی طرف۔ پھر (راستے میں) آپ کڑے اس کو موت، تو یقیناً اس کو اجر اللہ کے (وعدہ کرم کے) ذمے لازم ہو گیا، اور اللہ بڑا بخشنے والا، نہایت ہی مہربان ہے،

۱۰۱. اور جب تم کسی سفر پر نکلو (اے مسلمانو! تو تم پر اس میں کوئی گناہ نہیں کہ تم اپنی نمازوں میں (سے بعض رباعی نمازوں میں) کمی کر دو، اگر تمہیں ڈر (اور خطرہ) ہو اس بات کا کہ کافر لوگ تمہیں ستائیں گے بیشک کافر لوگ تمہارے (پکے اور) کھلے دشمن ہیں،

۱۰۲. اور جب آپ ان کے اندر موجود ہوں، (اے پیغمبر ﷺ!) اور انہیں نماز پڑھانے لگیں، تو چاہیے کہ ان میں سے ایک گروہ کھڑا ہو جائے آپ کی اقتداء میں نماز ادا کرنے کو)، اور وہ لئے رہیں اپنے ہتھیار پھر جب وہ سجدہ کر چکیں، تو تمہارے پیچھے چلے جائیں

اور (ان کی جگہ) دوسرا گروہ آکر آپ کے ساتھ نماز میں شامل ہو جائے جس نے ابھی تک نماز نہیں پڑھی، اور وہ بھی اپنے بچاؤ کا سامان اور اپنے ہتھیار ساتھ لیے رہیں کافر تو اس بات کی تاک میں رہتے کہ کسی طرح تم غافل ہو جاؤ اپنے ہتھیاروں سے، اور اپنے سامانوں سے تو وہ ٹوٹ پڑیں تم پر یکبارگی، اور تم پر کوئی گناہ نہیں اگر تمہیں کوئی تکلیف ہو، بارش وغیرہ کی وجہ سے یا تم بیمار ہو اس بات میں کہ تم لوگ (ضرورت سے زائد) اپنا اسلحہ اتار کر رکھ دو مگر (ضروری) بچاؤ کا سامان پھر بھی لئے رہا کرو بیشک اللہ نے تیار کر رکھا ہے کافروں کے لئے ایک بڑا رسوا کن عذاب،

۱۰۳. پھر جب تم ادا کر چکو اپنی نماز تو یاد کرو اللہ کو کھڑے، بیٹھے اور لیٹے (ہر حال میں) اور جب تمہیں اطمینان نصیب ہو جائے تو تم نماز قائم کرو (عام دستور کے مطابق) بیشک نماز فرض ہے ایمان والوں پر مقررہ وقتوں میں،

۱۰۴. اور تم ہمت مت ہارو (اے مسلمانو!) اس (دشمن) قوم کا پیچھا کرنے میں اگر تمہیں کوئی بھی تکلیف پہنچتی ہے تو (کیا ہوا؟ آخر) وہ بھی تو تکلیف اٹھاتے ہیں جیسے تم لوگ اٹھاتے ہو اور (مزید یہ کہ) تم امید رکھتے ہو اللہ سے ان چیزوں کی جن کی امید وہ نہیں رکھتے، اور اللہ سب کچھ جانتا، بڑا ہی حکمت والا ہے

۱۰۵. بیشک ہم نے اتاری آپ کی طرف یہ (عظیم الشان) کتاب (اے پیغمبر صلی اللہ علیہ وآلہ وسلم!) حق کے ساتھ، تاکہ آپ فیصلہ کریں لوگوں کے درمیان، اس کے مطابق جو اللہ آپ کو دکھائے، اور نہیں بننا خیانت کرنے والوں کی طرف سے جھگڑنے والا،

۱۰۶.　اور بخشش مانگو تم اللہ سے ، بیشک اللہ بڑا ہی بخشنے والا، نہایت ہی مہربان ہے

۱۰۷.　اور مت لڑو تم ان لوگوں کی طرف جو خیانت کرتے ہیں اپنی ہی جانوں سے، بیشک اللہ پسند نہیں فرماتا کسی بھی ایسے شخص کو جو دھوکہ باز گناہ گار ہو،

۱۰۸.　جو چھپتے ہیں (اور شرماتے) ہیں لوگوں سے، مگر وہ نہیں چھپتے (اور شرماتے) اللہ سے، حالانکہ وہ اس وقت بھی ان کے ساتھ ہوتا ہے جب کہ وہ چھپ (چھپ) کر مشورے کر رہے ہوتے ہیں، ان باتوں کے جو اللہ کو پسند نہیں، اور اللہ پوری طرح احاطہ کئے ہوئے ہے ان تمام کاموں کا جو یہ لوگ کر رہے ہوتے ہیں۔

۱۰۹.　ہاں تم لوگوں نے ان (مجرموں) کی طرف سے دنیاوی زندگی میں تو لڑ جھگڑ لیا، مگر کون ہے جو لڑ سکے ان سے قیامت کے روز؟ یا وہ (کسی اور طرح سے) وہ ان کا کام بنا سکے؟

۱۱۰.　اور جو کوئی ارتکاب کرلے کسی برائی کا، یا ظلم کر بیٹھے اپنی جان پر، پھر وہ معافی مانگے اللہ سے تو وہ (یقیناً) پائے گا اللہ کو بڑا ہی بخشنے والا، نہایت مہربان،

۱۱۱.　اور جس نے کمایا گناہ تو سوائے اس کے نہیں کہ اس کی اس کمائی کا وبال خود اس کی اپنی ہی جان پر ہوگا، اور اللہ بڑا ہی علم والا، نہایت ہی حکمت والا ہے

۱۱۲.　اور جس نے کمائی کی کسی خطا یا گناہ کی، پھر اس کو اس نے تھوپ دیا کسی بے گناہ کے سر، تو یقیناً اس نے لاد لیا اپنے اوپر ایک بڑا بہتان، اور کھلم کھلا گناہ،

۱۱۳.　اور اگر نہ ہوتی اللہ کی مہربانی، اور اس کی رحمت، آپ پر (اے پیغمبر ﷺ!) تو یقیناً ٹھان لی تھی ان لوگوں میں سے ایک گروہ نے کہ وہ بھٹکا دیں آپ کو (راہ حق و صواب

سے) حالانکہ وہ بھٹکاتے نہیں مگر خود اپنے ہی آپ کو، اور آپ کو کچھ بھی نقصان نہیں پہنچا سکتے، اور اتاری اللہ نے آپ پر کتاب اور (عطا فرمائی اس نے آپ کو) حکمت، اور سکھایا اس نے آپ کو وہ کچھ جو آپ نہیں جانتے تھے، اور اللہ کا فضل آپ پر بہت بڑا ہے،

۱۱۴۔ کوئی خیر نہیں لوگوں کی اکثر سرگوشیوں میں، بجز اس کے کہ کوئی تلقین کرے صدقہ کرنے کی، یا نیک کام کی، یا لوگوں کے درمیان صلح (صفائی) کرانے کی، اور جو کوئی ایسا کرے گا اللہ کی خوشنودی حاصل کرنے کے لئے، تو (وہ بڑا ہی خوش نصیب ہے، کہ) عنقریب ہی ہم اس کو نوازیں گے بہت بڑے اجر سے،

۱۱۵۔ اور (اس کے برعکس) جس نے مخالفت کی اللہ کے رسول ﷺ کی، اس کے بعد کہ کھل گئی اس کے لئے (حق وہدایت کی) سیدھی راہ، اور اس نے پیروی کی اہل ایمان کے راستے کے سوا کسی اور (راستے) کی، تو ہم اس کو ادھر ہی پھیر دیں گے جدھر وہ خود چلا، اور (آخرکار) ہم اس کو داخل کر دیں گے جہنم میں، اور وہ بڑی ہی بری جگہ ہے لوٹنے کی،

۱۱۶۔ بیشک اللہ نہیں بخشے گا اس بات کو کہ اس کے ساتھ کسی کو شریک ٹھہرایا جائے اور وہ بخش دے گا اس کے سوا جو بھی گناہ ہو گا، جس کے لئے چاہے گا، اور جس نے شرک کیا، تو وہ یقیناً (راہ حق سے) بھٹک کر جا پڑا دور کی گمراہی میں،

۱۱۷۔ یہ (مشرک) لوگ اللہ کے سوا نہیں پکارتے مگر کچھ عورتوں (کے ناموں) کو، اور یہ نہیں پکارتے مگر اس بڑے سرکش شیطان کو،

۱۱۸. جس پر لعنت فرما دی اللہ نے، اور جس نے (اللہ سے اعلانیہ) کہہ دیا تھا کہ میں ضرور بالضرور لے کر رہوں گا تیرے بندوں سے ایک مقرر حصہ،

۱۱۹. اور میں ضرو بالضرور گمراہ کر کے چھوڑوں گا ان کو (راہ حق سے) اور میں ضرور بالضرور بتلا کر کے رہوں گا ان کو طرح طرح کی امیدوں میں، اور میں ضرور بالضرور پٹی پڑھاؤں گا ان کو، تاکہ یہ (غیر اللہ کے نام پر) کان کاٹیں اپنے جانوروں کے، اور میں ضرو بالضرور ان کو سکھاؤں گا (اور پڑھاؤں گا) تاکہ یہ بدل دیں اللہ کی بنائی ہوئی صورت کو، اور جس نے اپنا دوست بنا لیا شیطان کو اللہ کے سوا، تو وہ یقیناً پڑ گیا ایک بڑے ہی کھلے خسارے میں

۱۲۰. وہ ان سے (جھوٹے) وعدے کرتا، اور ان کو طرح طرح کی امیدیں دلاتا ہے اور شیطان ان سے وعدے نہیں کرتا مگر محض دھوکے (اور فریب) کے،

۱۲۱. ایسے لوگوں کا ٹھکانہ جہنم ہے اور وہ پا سکیں گے اس سے چھٹکارے کی کوئی صورت

۱۲۲. اور (اس کے برعکس) جو لوگ ایمان لائے (صدق دل سے) اور انہوں نے عمل بھی نیک کیئے، تو ان کو ہم عنقریب ہی داخل کریں گے ایسی عظیم الشان جنتوں میں جن کے نیچے سے بہہ رہی ہوں گی طرح طرح کی عظیم الشان نہریں، جہاں ان کو ہمیشہ ہمیشہ کیلیے رہنا نصیب ہو گا، وعدہ ہے اللہ کا سچا، اور اللہ سے بڑھ کر سچی بات کس کی ہو سکتی ہے۔

۱۲۳۔ مدار نہ تمہاری (آرزوؤں اور) امیدوں پر ہے، (اے مسلمانو!) اور نہ ہی اہل کتاب کی امیدوں پر، (بلکہ ضابطہ یہ ہے کہ) جو بھی کوئی برائی کرے گا، وہ اس کا بدلہ پائے گا اور ایسے لوگ نہیں پاسکیں گے اپنے لئے اللہ کے سوا، کوئی یار، اور نہ مددگار،

۱۲۴۔ اور جو کوئی بھی نیک کام کرے گا خواہ وہ کوئی مرد ہو، یا عورت، بشرطیکہ وہ مومن ہو، تو ایسے لوگ داخل ہوں گے جنت میں (اللہ تعالیٰ کے فضل و کرم سے) اور ان پر ذرہ برابر کوئی ظلم نہیں ہوگا

۱۲۵۔ اور اس سے بڑھ کو اچھا دین اور کس کا ہو سکتا ہے جس نے حوالے کر دیا اپنے آپ کو اللہ کے، درآں حالیکہ وہ (مخلص اور) نیکوکار بھی ہے، اور اس نے پیروی کی ابراہیم کے دین کی، جو کہ ایک ہی طرف کا تھا، اور بنا لیا اللہ نے ابراہیم کو اپنا گہرا دوست،

۱۲۶۔ اور (بندگی اللہ ہی کی کرو کہ) اللہ ہی کا ہے وہ سب کچھ جو کہ آسمانوں میں ہے، اور وہ سب کچھ جو کہ زمین میں ہمیں ہے، اور اللہ تعالیٰ ہر چیز کر پوری طرح گھیرے میں لئے ہوئے ہے،

۱۲۷۔ اور حکم پوچھتے ہیں یہ لوگ آپ سے عورتوں کے بارے میں (اے پیغمبر! تو ان سے) کہو کہ اللہ تم کو حکم (اور اجازت) دیتا ہے ان کے بارے میں، اور وہ جو کہ تم پر پڑھا جاتا ہے اس کتاب میں، وہ ان یتیم عورتوں کے بارے میں ہیں، جو کہ تم ان کو مقرر کردہ حق نہیں دیتے، اور ان سے نکاح کرنے کی خواہش بھی رکھتے ہو، نیز (وہ حکم) ان بچوں کے بارے میں ہے جو بے سہارا ہیں، اور (وہ تم کو حکم دیتا ہے) کہ تم انصاف کا معاملہ کرو یتیموں

کے ساتھ، اور جو بھی کوئی نیکی تم لوگ کرو گے (وہ ضائع نہیں جائے گی کہ) بیشک اللہ اس کو پوری طرح جانتا ہے

۱۲۸. اور اگر کسی عورت کو (خدشہ و) اندیشہ ہو، اپنے خاوند سے کسی بدسلوکی، یا بے رخی کا تو ان دونوں پر اس میں کوئی گناہ نہیں، کہ وہ آپس میں کوئی صلح کر لیں، اور صلح بہر حال بہتر ہے اور حرص و آز کو تو عام طبیعتوں کی سرشت میں رکھ دیا گیا ہے، اور اگر تم لوگ اچھا برتاؤ کرو اور پرہیزگار رہو تو (اس کا بدلہ ضرور پاؤ گے کہ) یقیناً اللہ پوری طرح باخبر ہے ان سب کاموں سے جو تم لوگ کرتے ہو،

۱۲۹. اور تم اپنی بیویوں کے درمیان (دل کے تعلق اور محبت کے اعتبار سے) کبھی برابری نہیں کر سکو گے، اگرچہ تم اس کی حرص بھی رکھو، پس (اتنا کافی ہے کہ) تم ایک طرف اس قدر پورے نہ جھک جاؤ کہ دوسری کو ایسا کر دو کہ گویا وہ (بیچ میں) لٹکی ہوئی ہو، اور اگر تم (بقدر امکان) اصلاح کرتے، اور بچتے (اور ڈرتے) رہو، تو (کمی بیشی معاف فرما دی جائے گی کہ) بیشک اللہ بڑا ہی بخشنے والا نہایت ہی مہربان ہے

۱۳۰. اگر وہ دونوں میاں بیوی ایک دوسرے سے الگ ہو جائیں، تو اللہ ان میں سے ہر ایک کو بے نیاز کر دے گا (دوسرے سے) اپنی وسعت سے اور اللہ بڑا ہی وسعت والا، نہایت ہی حکمت والا ہے،

۱۳۱. اور اللہ ہی کا ہے وہ سب کچھ جو کہ آسمانوں میں ہے اور وہ سب کچھ جو کہ زمین میں ہے، اور بلاشبہ ہم نے تاکید کر دی تھی ان لوگوں کو جن کو کتاب دی گئی تھی تم سے پہلے اور

(یہی تاکید ہے) تم کو بھی کہ تم لوگ ڈرتے رہا کرو اللہ سے (ہر حال میں) اور اگر (اس کے باوجود) تم لوگوں نے کفر ہی کیا تو (یقیناً اس سے تم اللہ کا کچھ بھی نہیں بگاڑو گے کہ) بیشک اللہ ہی کا ہے وہ سب کچھ جو کہ آسمانوں میں ہے اور وہ سب کچھ جو کہ زمین میں ہے اور اللہ بڑا ہی بے نیاز اور تعریف کا حقدار ہے

۱۳۲. اور اللہ ہی کا ہے وہ سب کچھ جو کہ آسمانوں میں ہے اور وہ سب کچھ جو کہ زمین میں ہے اور کافی ہے اللہ کارسازی کے لئے

۱۳۳. وہ اگر چاہے تو لے جائے تم سب کو اے لوگو، اور (تمہاری جگہ) لے آئے دوسروں کو، اور اللہ ہی پوری قدرت رکھتا ہے

۱۳۴. جو کوئی دنیا ہی کا بدلہ چاہے گا تو (یہ اس کی اپنی ہی محرومی اور کم ظرفی ہوگی ورنہ) اللہ کے پاس تو دنیا بھی ہے اور آخرت کا بھی، اور اللہ سب کچھ سنتا دیکھتا ہے

۱۳۵. اے وہ لوگو! جو ایمان لائے ہو، ہو جاؤ تم قائم کرنے والے انصاف کو (حق کے) گواہ بن کر اللہ (کی رضا) کے لئے، اگرچہ وہ تمہاری اپنی ذات ہی کے خلاف کیوں نہ ہو، یا اس کی زد تمہارے اپنے ماں باپ یا رشتہ داروں ہی پر کیوں نہ پڑتی ہو، اگر وہ شخص مالدار ہے یا غریب تو (تم اس کی پرواہ نہ کرو کہ) اللہ بہر حال ان دونوں کا زیادہ خیر خواہ ہے پس تم انصاف کرنے میں خواہش کی پیروی میں نہ پڑ جانا، اور اگر تم نے کج بیانی سے کام لیا یا پہلو تہی کی، تو (اس کا بھگتان تمہیں بہر حال بھگتنا ہوگا کہ) بیشک اللہ پوری خبر رکھتا ہے ان سب کاموں کی جو تم لوگ کرتے ہو

۱۳۶۔ اے ایمان (کا دعویٰ کرنے) والو، تم لوگ (سچے دل سے) ایمان لاؤ اللہ پر اس کے رسول پر، اور اس کی کتاب پر جو اس نے اب اتاری ہے اپنے رسول پر، اور اس کی ان تمام کتابوں پر جو اس نے اتاری ہیں اس سے پہلے اور (یاد رکھو کہ) جس نے کفر کیا اللہ سے اس کے فرشتوں اور کتابوں سے اور اس کے رسولوں (کی رسالت) اور قیامت کے دن کا، تو یقیناً وہ (حق ہدایت کی سیدھی راہ سے) بھٹک کر جا پڑا دور کی گمراہی میں

۱۳۷۔ بیشک جو لوگ ایمان لائے پھر وہ کافر ہو گئے، پھر ایمان لائے، پھر کافر ہو گئے، پھر وہ بڑھتے چلے گئے اپنے کفر میں، تو ایسوں کی نہ تو اللہ بخشش فرمائے گا، اور نہ ہی وہ نصیب فرمائے گا (حق و ہدایت کی) کوئی راہ،

۱۳۸۔ خوشخبری سنا دو ان منافقین لوگوں کو اس بات کی کہ ان کے لئے ایک دردناک عذاب (تیار) ہے

۱۳۹۔ جنہوں نے (ایمان کے دعووں کے باوجود) کافروں کو اپنا دوست بنا رکھا ہے، ایمان والوں کو چھوڑ کر کیا یہ لوگ ان کے یہاں عزت ڈھونڈتے ہیں؟ تو (یہ یقین جان لیں کہ) بیشک عزت سب کی سب اللہ ہی کے لئے ہے،

۱۴۰۔ اور اس نے نازل فرمایا ہے اپنی کتاب میں (یہ حکم ارشاد) کہ جب تم سنو کہ اللہ کی آیتوں کے خلاف کفر بکا جا رہا ہے اور ان کا مذاق اڑایا جا رہا ہے، تو تم مت بیٹھو ایسے (بد بخت) لوگوں کے ساتھ، یہاں تک کہ وہ لگ جائیں کسی اور بات میں نہیں تو ایسی صورت

میں تم بھی انہی جیسے ہو جاؤ گے، بلا شبہ اللہ نے اکٹھا کر کے لانا ہے (چھپے کافروں یعنی) منافقوں، اور کھلے کافروں کو جہنم میں یک جا کر کے،

۱۴۱۔ جو (اپنے بغض و عناد کی بناء پر) تمہاری تاک میں لگے رہتے ہیں، پس اگر تم کو کوئی فتح (وکامیابی) نصیب ہو جائے اللہ کی طرف سے تو یہ تم سے کہتے ہیں کہ کیا ہم تمہارے ساتھ شامل نہیں تھے؟ اور اگر (اس کے بر عکس کبھی) کافروں کو کوئی حصہ مل جائے، تو یہ (ان سے) کہتے ہیں کیا ہم تم لوگوں پر غالب نہ آنے لگے تھے، اور کیا ہم نے تمہیں نہیں بچایا مسلمانوں سے؟ پس اللہ ہی (حقیقی اور عملی) فیصلہ فرمائے گا تمہارے درمیان قیامت کے دن اور اللہ (سبحانہ و تعالیٰ) ہرگز کرے گا کافروں کے لئے اہل ایمان کے مقابلے میں کوئی راہ

۱۴۲۔ بیشک منافق لوگ دھوکہ دیتے ہیں اللہ کو حالانکہ دھوکہ اس کی طرف سے خود ان کو لگ رہا ہے اور (ان کی اس منافقت کی بناء پر ان کا حال یہ ہے کہ) جب یہ لوگ نماز کے لیے کھڑے ہوتے ہیں تو کسمساتے ہوئے کھڑے ہوتے ہیں محض لوگوں کو دکھلانے کے لئے اور یہ لوگ اللہ کو یاد نہیں کرتے مگر بہت تھوڑا

۱۴۳۔ (محض دکھلاوے کے لئے) ڈانوا ڈول ہیں یہ لوگ (کفر و اسلام کے) اس بیچ نہ ادھر کے رہے نہ ادھر کے اور جسے اللہ گمراہی میں ڈال دے (اس کی اپنی بدنیتی کی بناء پر) تو تم اس کے لیے ہرگز کوئی راہ نہ پا سکو گے

۱۴۴۔ اے ایمان والوں (خبردار!) کہیں تم بھی (منافقوں کی طرح) کافروں کو اپنا دوست نہ بنا لینا ایمان والوں کو چھوڑ کر، کیا تم لوگ یہ چاہتے ہو کہ (اس طرح کر کے) تم لوگ اپنے اوپر اللہ کے لئے کھلی حجت قائم کر لو؟

۱۴۵۔ بیشک منافق لوگ جہنم کے سب سے نچلے طبقے میں ہوں گے اور تم ہرگز نہ پاسکو گے ان کے لیے کوئی یارو (مددگار)

۱۴۶۔ بجز ان کے جنہوں نے توبہ قبول کر لی (اپنے کفر و نفاق سے) اور انہوں نے اصلاح کر لی (اپنے عمل و کردار کی) اور مضبوطی سے پکڑ لیا اللہ (کے دین) کو اور انہوں نے خالص کر لیا اپنے دین (و حکم برداری) کو اللہ کے لیے تو ایسے لوگ ساتھ ہوں گے ایمانداروں کے (نعیم جنت میں) اور عنقریب ہی اللہ نوازے دے گا ایمان والوں کو اجر عظیم سے

۱۴۷۔ اللہ کیا کرے گا تم کو عذاب دے کر (اے لوگو!) اگر تم شکر گزاری سے کام لو، اور (صدق دل سے) ایمان لے آؤ اور اللہ بڑا ہی قدردان، سب کچھ جاننے والا ہے،

۱۴۸۔ اللہ پسند نہیں کرتا بری بات کو ظاہر کرنا، مگر جس پر ظلم کیا گیا ہو (کہ اس کا معاملہ اس سے مستثنیٰ ہے) اور اللہ (ہر کسی کی) سنتا سب کچھ جانتا ہے،

۱۴۹۔ اگر تم لوگ ظاہر کر کے کرو کوئی نیکی، یا چھپاؤ تم اس کو، یا درگزر سے کام لو تم کسی برائی سے، تو (یہ سب درست اور قابل قدر ہے کہ) بیشک اللہ بڑا ہی درگزر کرنے والا، پوری قدرت والا ہے،

۱۵۰.   بیشک جو لوگ کفر کرتے ہیں اللہ، اور اس کے رسولوں کے ساتھ، اور وہ چاہتے ہیں کہ (ایمان کے بارے میں) تفریق کریں، اللہ اور اس کے رسولوں کے درمیان، اور وہ کہتے ہیں ہم کسی کو مانیں گے، اور کسی کو نہیں مانیں گے، اور (اس طرح) وہ چاہتے ہیں کہ (کفر و اسلام کے) بیچ ایک راستہ اپنالیں،

۱۵۱.   ایسے لوگ (اپنے ایمان کے سب دعوؤں کے باوجود) پکے کافر ہیں، اور ہم نے تیار کر رکھا ہے ایسے کافروں کے لئے ایک بڑا ہی رسوا کن عذاب،

۱۵۲.   اور (اس کے برعکس) جو لوگ ایمان لائے اللہ پر، اور اس کے سب رسولوں پر اور انہوں نے (ایمان کے سلسلہ میں) ان میں سے کسی کی بھی کوئی تفریق نہیں کی تو ایسوں کو عنقریب ہی اللہ عطا فرمائے گا ان کے اجر، اور اللہ بڑی ہی بخشنے والا، نہایت ہی مہربان ہے،

۱۵۳.   مطالبہ کرتے ہیں آپ سے اہل کتاب (اے پیغمبر!) کہ آپ اتار دیں ان پر ایک کتاب آسمان سے (ان کے سامنے) سو (یہ کوئی نئی اور انوکھی بات نہیں کہ) یہ لوگ تو اس سے پہلے موسیٰ سے اس سے بھی بڑا مطالبہ کر چکے ہیں، کہ انہوں نے ان سے کہا کہ ہمیں خود اللہ کو دکھلا دو کھلم کھلا، تو اس پر آپ کڑا ان کو بجلی کی کڑک نے، ان کے ظلم (اور اس بے جا بات) کی بناء پر، پھر (اس سے بڑھ کر یہ کہ) انہوں نے اس (مصنوعی) بچھڑے کو بھی اپنا معبود بنالیا، اس کے بعد کہ آچکی تھیں ان کے پاس کھلی (اور روشن) نشانیاں، پھر اس پر بھی ہم نے ان سے درگزر ہی کیا، اور ہم نے عطا کیا موسیٰ کو (باطل کے مقابلے میں) کھلا غلبہ،

۱۵۴۔ اور ہم نے اٹھایا ان لوگوں پر کوہ طور کو، ان کے پختہ عہد کی بنا پر (احکام تورات پر عمل کرنے کے لیے) اور ہم نے ان سے کہا کہ تم داخل ہونا (شہر پناہ کے) دروازے میں (عاجزانہ اور) سر جھکائے ہوئے، اور ہم نے ان سے یہ بھی کہا کہ تم لوگ زیادتی نہ کرنا ہفتے کے (احکام کے) بارے میں، اور ہم نے ان سے بڑا مضبوط (اور پختہ) عہد لیا۔

۱۵۵۔ پھر بوجہ توڑ دینے کی ان لوگوں کے اپنے اس پختہ عہد کو، اور بوجہ کفر کرنے کے ان کے اللہ کی آیتوں کے ساتھ، اور بوجہ قتل کرنے کے ان کے اپنے نبیوں کو بغیر کسی حق کے، اور بوجہ ان کی اس (بے ہودہ) بات کے، کہ ہمارے دل پردوں میں ہیں، (نہیں یہ بات نہیں) بلکہ ان پر پھٹکار کر دی اللہ نے ان کے کفر کے باعث، پس یہ لوگ ایمان نہیں لائیں گے مگر بہت تھوڑا،

۱۵۶۔ نیز (ان پر یہ سزائے لعنت اور عذاب مسلط ہوا) بوجہ ان کے کفر کے، اور بوجہ اس کے کہ انہوں نے مریم (صدیقہ) پر بہت بڑا بہتان باندھا،

۱۵۷۔ اور بوجہ ان کے اس کہنے کے کہ ہم نے قتل کیا مسیح کو یعنی عیسیٰ بیٹے مریم کو، جو کہ اللہ کا رسول ہے، حالانکہ حقیقت میں یہ نہ تو اسے قتل کر سکے، اور نہ ہی سولی دے سکے، بلکہ خود ان کو اشتباہ میں ڈال دیا گیا، اور بلاشبہ جن لوگوں نے ان کے بارے میں اختلاف کیا وہ قطعی طور پر شک میں ہیں، ان کے پاس اس سے متعلق کوئی علم نہیں، سوائے ظن (و گمان) کی پیروی کے، اور انہوں نے یقیناً قتل نہیں کیا ان کو،

۱۵۸۔ بلکہ ان کو اٹھا لیا اللہ نے اپنی طرف (زندہ و سلامت) اور اللہ بڑا ہی زبردست، نہایت ہی حکمت والا ہے،

۱۵۹۔ اور اہل کتاب میں سے کوئی بھی ایسا نہ ہوگا جو ایمان نہ لائے اس پر اس کی موت سے پہلے، اور قیامت کے دن وہ (حضرت عیسیٰ) ان لوگوں کے خلاف گواہ ہوں گے (ان کی کفریات پر)

۱۶۰۔ پس بوجہ ان لوگوں کے سنگین ظلم کے جو یہودی بن گئے حرام کر دیں ہم نے ان پر (بہت سی) وہ پاکیزہ چیزیں جو (اس سے قبل) ان کے لئے حلال تھیں، اور بوجہ ان کے بہت روکنے کے اللہ کی راہ سے،

۱۶۱۔ اور بوجہ ان کے سود لینے کے، حالانکہ ان کو سختی کے ساتھ اس سے منع کیا گیا تھا، اور بوجہ ان کے لوگوں کے مال ہڑپ کرنے کے باطل (اور ناجائز طریقوں) سے، اور ہم نے تیار کر رکھا ہے ان میں سے کافروں کے لئے ایک بڑا ہی دردناک عذاب،

۱۶۲۔ مگر ان میں کے جو لوگ پختہ ہیں اپنے علم میں، اور جو ایمان والے ہیں، وہ (صدق دل سے) ایمان رکھتے ہیں اس وحی پر جو اتاری گئی آپ کی طرف (اے پیغمبر!) اور اس پر بھی جو کہ اتاری گئی آپ سے پہلے، اور خاص کر جو پابندی کرنے والے ہیں نماز کی، اور جو زکوٰۃ دینے والے ہیں، اور جو (سچا) ایمان رکھتے ہیں اللہ پر، اور قیامت کے دن پر، تو ایسے لوگوں کو ہم عنقریب ہی نوازیں گے ایک بہت بڑے اجر سے،

۱۶۳۔ بیشک ہم نے وحی بھیجی آپ کی طرف (اے پیغمبر!) جس طرح کہ ہم (اس سے پہلے) وحی بھیج چکے ہیں نوح، اور ان کے بعد (آنے والے دوسرے) نبیوں کی طرف، اور (اسی طرح) ہم نے وحی بھیجی ابراہیم، اسماعیل، اسحاق، یعقوب اور ان کی اولاد (نبیوں) کی طرف، اور عیسیٰ ایوب، یونس، ہارون، اور سلیمان کی طرف بھی (ہم نے وحی بھیجی) اور ہم ہی نے داؤد کو زبور عطا کی،

۱۶۴۔ اور ان رسولوں کو بھی (ہم نے وحی سے نوازا) جن کا ذکر ہم آپ سے اس سے پہلے کر چکے ہیں، اور ان رسولوں کو بھی جن کا ذکر ہم نے آپ سے نہیں کیا، اور موسیٰ کو نوازا اللہ نے اپنے بلاواسطہ کلام سے،

۱۶۵۔ ان سب رسولوں کو خوشخبری دینے والے اور ڈر سنانے والے بنا کر بھیجا، تاکہ نہ رہے لوگوں کے لئے کوئی (عذر) حجت اللہ کے حضور ان رسولوں کے (آنے کے) بعد، اور اللہ بڑا ہی زبردست، نہایت ہی حکمت والا ہے،

۱۶۶۔ لیکن (اگر یہ لوگ پھر بھی نہیں مانتے تو نہ مانیں) اللہ بہر حال گواہی دیتا ہے، اس کے ذریعے کہ اس نے جو کچھ اتارا آپ کی طرف اس کو اتارا ہے اپنے علم کے ساتھ، اور فرشتے بھی گواہی دیتے ہیں، اور کافی ہے اللہ گواہی دینے کو،

۱۶۷۔ بیشک جن لوگوں نے کفر کیا، اور (مزید یہ کہ) انہوں نے روکا اللہ کی راہ سے، وہ یقیناً (راہ حق و صواب سے) بھٹک کر جا پڑے دور کی گمراہی میں،

۱۶۸. بیشک جن لوگوں نے کفر کیا، اور انہوں نے ظلم کا ارتکاب کیا، اللہ نہ ان کی بخشش فرمائے گا، اور نہ ہی ان کو نوازے گا (حق وہدایت کی) سیدھی راہ سے،

۱۶۹. بجز اس دوزخ کی راہ کے جس میں ان کو رہنا ہو گا ہمیشہ ہمیشہ کے لئے، اور یہ اللہ کے لئے کوئی مشکل نہیں،

۱۷۰. اے لوگو! بیشک تشریف لا چکے تمہارے پاس ہمارے (عظیم الشان) رسول (دین) حق کے ساتھ، تمہارے رب کی جانب سے، پس تم لوگ ایمان لے آؤ خود اپنے بھلے (اور بہتری) کے لئے، اور اگر تم اڑے ہی رہے اپنے کفر (باطل) پر، تو بلاشبہ (اس میں اللہ کا کوئی نقصان نہیں کہ) اللہ ہی کا ہے وہ سب کچھ جو کہ آسمانوں اور زمین میں ہے، اور اللہ بڑا ہی علم والا، نہایت ہی حکمت والا ہے،

۱۷۱. اے کتاب والو، تم غلو مت کرو اپنے دین میں، اور اللہ کے بارے میں حق کے سوا کچھ مت کہو، سوائے اس کے نہیں کہ مسیح عیسیٰ بیٹے مریم اللہ کے رسول اور اس کا ایک فرمان ہیں جسے پہنچایا اس نے مریم تک اور اس کی طرف سے (آنے والی) ایک روح، پس تم لوگ (سچے دل سے) ایمان لے آؤ اللہ پر، اور اس کے سب رسولوں پر، اور مت کہو کہ (خدا) تین ہیں، باز آجاؤ تم لوگ (اس قول باطل سے) خود اپنے ہی بھلے کے لیے سوائے اس کے نہیں کہ اللہ ہی معبود ہے ایک ہی معبود، وہ پاک ہے اس سے کہ اس کی کوئی اولاد ہو، اسی کا ہے وہ سب کچھ جو کہ آسمانوں میں ہے اور وہ سب کچھ بھی جو کہ زمین میں ہے، اور کافی ہے اللہ کارسازی کرنے کو،

۱۷۲۔ ہرگز عار نہیں ہو سکتی مسیح کو اس بات سے کہ وہ اللہ کا بندہ ہو، اور نہ ہی مقرب فرشتوں کو، اور (ایسا ان سے کسی طرح ممکن ہو سکتا ہے جب کہ قانون اور ضابطہ یہ ہے کہ) جس نے بھی عار کی اللہ کی عبادت (و بندگی) سے، اور وہ مبتلا ہوا اپنی بڑائی کے گھمنڈ میں، تو اللہ ضرور ان سب کو اپنے پاس لائے گا اکٹھا کر کے،

۱۷۳۔ پھر جنہوں نے (صدق دل سے) ایمان لایا ہوگا، اور انہوں نے کام بھی نیک کئے ہوں گے، تو وہ ان کو نوازے گا ان کے بھرپور اجر سے، اور ان کو اور بھی دے گا اپنے فضل (مہربانی) سے، اور جنہوں نے عار کی ہوگی (اس کی عبادت و بندگی سے) اور وہ مبتلا رہے ہوں گے اپنی بڑائی کے گھمنڈ میں، تو ان کو وہ مبتلا کرے گا ایک بڑے ہی (ہولناک اور) دردناک عذاب میں، اور وہ نہیں پاسکیں گے اپنے لئے اللہ کے سوا کوئی یار اور نہ کوئی مددگار،

۱۷۴۔ اے لوگو، بیشک پہنچ چکی تمہارے پاس ایک عظیم الشان حجت تمہارے رب کی جانب سے، اور اتار دی ہم نے تمہاری طرف کھول کر بیان کر دینے والی ایک عظیم الشان روشنی،

۱۷۵۔ پس (اس کے بعد) جو لوگ ایمان لے آئے اللہ پر، اور انہوں نے مضبوط پکڑ لیا اس (کی رسی) کو، تو وہ عنقریب ہی انہیں داخل فرمائے گا اپنی عظیم الشان رحمت، اور فضل میں، اور وہ انہیں ڈال دے گا اپنے تک پہنچنے والی سیدھی راہ پر۔

۱۷۶۔ فتویٰ پوچھتے ہیں یہ لوگ آپ سے (اے پیغمبر!) کلالہ کے بارے میں، تو آپ (انہیں) بتا دیں کہ کلالہ کے بارے میں اللہ تمہیں یہ حکم دیتا ہے کہ اگر کوئی ایسا شخص مر

جائے جس کی کوئی اولاد نہ ہو، اور اس کی کوئی بہن ہو تو اسے کل ترکے کا آدھا ملے گا اور وہ بھائی اپنی اس بہن کے کل ترکے کا وارث ہو گا، اگر اس بہن کی کوئی اولاد نہ ہو، پھر اگر وہ بہنیں دو ہو (یا اس سے زیادہ) تو وہ اس کے ترکے میں سے دو تہائی کی حق دار ہوں گی، اور اگر وہ (وارث) کئی بہن بھائی ہوں، مرد بھی اور عورتیں بھی، تو پھر مرد کو دو عورتوں کے برابر حصہ ملے گا، اللہ کھول کر بیان فرماتا ہے تمہارے لئے (اپنے احکام، تاکہ) کہیں تم لوگ بھٹک نہ جاؤ، اور اللہ کو ہر چیز کا پورا پورا علم ہے

***

۵۔ المائدہ

بِسۡمِ اللّٰہِ الرَّحۡمٰنِ الرَّحِیۡمِ

اللہ کے نام سے جو رحمان ورحیم ہے

۱. اے وہ لوگو، جو ایمان لائے ہو، پورا کرو تم اپنے عہدوں کو، حلال کیئے گئے تمہارے لیۓ چوپائے قوم کے سب جانور بجز ان کے جو تمہیں (آگے) سنائے جائیں گے، مگر شکار کو حلال نہ سمجھنا احرام کی حالت میں، بیشک اللہ جو چاہتا ہے حکم فرماتا ہے،

۲. اے وہ لوگو، جو ایمان لائے ہو، تم حلال نہ سمجھ لینا اللہ کی نشانیوں (کی بے حرمتی) کو، اور نہ ہی حرمت والے مہینے کو، اور نہ حرم میں قربانی ہونے والے جانور کو، اور نہ ان جانوروں کو جن کے گلے میں (قربانی کی نشانی کے طور پر) پٹے ڈالے ہوں، اور نہ ان لوگوں کو (چھیڑنا) جو اپنے رب کے فضل اور اس کی رضامندی کی تلاش میں اس حرمت والے گھر (بیت اللہ) کی طرف جا رہے ہوں، اور جب تم احرام سے نکل جاؤ تو تم شکار کر سکتے ہو، اور دیکھو کسی قوم کی دشمنی کہ انہوں نے تمہیں مسجد حرام سے روکا تھا تم کو اس بات پر ابھارنے نہ پائے کہ

تم زیادتی کرنے لگو، اور آپس میں نیکی اور پرہیزگاری (کی بنیاد) پر ایک دوسرے کی مدد کرو، اور گناہ اور زیادتی (کی بنیاد) پر ایک دوسرے کی مددمت کرنا، اور اللہ سے ڈرتے رہنا کہ بیشک اللہ کا عذاب بڑا ہی سخت ہے،

۳. حرام کر دیا گیا تم پر مردار، خون، سور کا گوشت، اور ہر اس چیز کو جس کو غیر اللہ (کی تعظیم و خوشنودی) کے لئے نامزد کر دیا گیا ہو اور جو جانور مر جائے گلا گھٹنے سے، یا چوٹ لگنے سے، یا مر جائے گر پڑنے سے، یا سینگ لگنے سے، اور جس کو پھاڑ ڈالے کوئی درندہ، مگر (ان میں اسے) جس کو تم ذبح کر لو، نیز جسے ذبح کیا گیا ہو آستانوں پر، اور یہ کہ تم باہم حصے معلوم کرو جوے کے تیروں سے، کہ یہ سب گناہ ہیں، آج کے دن مایوس ہو گئے کافر لوگ تمہارے دین (کے مٹنے اور مغلوب ہونے) سے پس تم لوگ ان سے نہیں ڈرنا بلکہ خاص مجھ ہی سے ڈرتے رہنا، آج میں نے مکمل کر دیا تمہارے لئے تمہارے دین کو، اور پورا کر دیا تم پر اپنے انعام کو، اور پسند کر لیا تمہارے لئے اسلام کو (ہمیشہ کے) دین کے طور پر، پھر جو کوئی مجبور ہو گیا (اور اس نے ان ممنوعہ چیزوں میں سے کچھ کھا لیا) بشرطیکہ اس کا کسی گناہ کی طرف میلان نہ ہو، تو (اس پر کوئی گناہ نہیں کہ) بیشک اللہ بڑا ہی بخشنے والا، نہایت ہی مہربان ہے،

۴. پوچھتے ہیں یہ لوگ آپ سے (اے پیغمبر!) کہ کیا حلال ہے ان کے لئے؟ تو آپ (انہیں) بتا دیں کہ حلال کر دی گئیں تمہارے لئے سب پاکیزہ چیزیں، اور ان شکاری جانوروں کے شکار بھی جن کو تم نے سکھایا (سدھایا) ہو، ان طریقوں سے جو تم کو سکھائے ہیں اللہ نے، بشرطیکہ ان کو تم نے خود چھوڑا ہو، پس کھاؤ تم اس (شکار) میں سے، جو انہوں نے پکڑا ہو

تمہارے لئے، اور اس پر نام لیا کرو اللہ کا، اور (ہر حال میں) ڈرتے رہا کرو تم لوگ اللہ سے، بیشک اللہ بڑا ہی جلد حساب لینے والا ہے۔

۵. اب حلال کر دی گئیں تمہارے لئے سب پاکیزہ چیزیں، اور کھانا ان لوگوں کا جن کو کتاب دی گئی تم سے پہلے حلال ہے تمہارے لئے، اور تمہارا کھانا حلال ہے ان کے لئے اور پاک دامن مسلمان عورتیں بھی، اور پاک دامن عورتیں ان لوگوں میں سے بھی جن کو دی گئی کتاب تم سے پہلے، جب کہ تم ادا کر دو ان کو ان کے مہر، اس حال میں کہ ان کو نکاح میں لانا (اور بیوی بنا کر رکھنا) مقصود ہو، نہ کہ محض مستی نکالنا، اور خفیہ آشنائیاں کرنا، اور جس نے کفر کیا ایمان (لانے کی چیزوں کے) ساتھ، تو اکارت چلے گئے اس کے سب عمل، اور وہ آخرت میں سخت خسارے والوں میں سے ہو گیا،

٦. اے وہ لوگو، جو ایمان لائے ہو، جب تم اٹھو نماز کے لئے تو دھو لیا کرو اپنے چہروں کو، اور اپنے ہاتھوں کو کہنیوں تک، اور مسح کر لیا کرو تم، اپنے سروں کا، اور (دھو لیا کرو تم) اپنے پاؤں کو ٹخنوں تک، اور اگر تم جنبی ہوا کرو تو اچھی طرح پاک ہو لیا کرو (غسل کر کے) اور اگر تم بیمار ہو، یا کسی سفر پر ہوا کرو، یا تم میں سے کوئی (فارغ ہو کر) آیا ہو جائے ضرورت سے، یا تم نے صحبت کی ہو اپنی عورتوں سے، پھر تمہیں پانی نہ مل سکے، تو (ان تمام صورتوں میں) تم تیمم کر لیا کرو پاک مٹی سے، سو تم اس (پر ہاتھ مار کر اس) سے مسح کر لیا کرو اپنے چہروں، اور اپنے ہاتھوں کا، اللہ نہیں چاہتا کہ تم پر کوئی تنگی ڈالے، لیکن وہ یہ چاہتا ہے کہ تم کو پاک کر دے (ہر ناپاکی سے) اور تم پر پورا کر دے اپنی نعمت کو، تاکہ تم لوگ شکر ادا کرو،

۷. اور یاد کرو تم اللہ کے اس احسان کو جو اس نے فرمایا تم لوگوں پر، اور اس کے اس پختہ عہد (و پیمان) کو جو اس نے تم سے لیا، جب کہ تم نے (اس کو قبول کرتے ہوئے) کہا تھا کہ ہم نے سنا، اور مانا، اور ہمیشہ ڈرتے رہا کرو تم لوگ اللہ سے، بیشک اللہ خوب جانتا سینوں میں چھپے بھیدوں کو،

۸. اے ایمان والو، ہو جاؤ تم قائم کرنے والے انصاف کو، اللہ (کی رضا) کے لئے گواہ بن کر (حق و انصاف کے) اور (خبردار ابھارنے اور اکسانے) نہ پائے تم لوگوں کو کسی قوم کی دشمنی اس بات پر کہ تم لوگ انصاف چھوڑ دو، تم انصاف کرتے رہو کہ وہ بہر حال زیادہ قریب ہے تقویٰ (پرہیزگاری) کے، اور ہمیشہ ڈرتے رہا کرو تم لوگ اللہ سے، بیشک اللہ پوری طرح باخبر ہے ان تمام کاموں سے جو تم لوگ کرتے ہو،

۹. وعدہ فرما دیا اللہ نے ان لوگوں سے جو (صدق دل سے) ایمان لائے، اور انہوں نے کام بھی نیک کئے، کہ ان کے لئے عظیم الشان بخشش بھی ہے، اور بہت بڑا اجر بھی،

۱۰. اور (اس کے برعکس) جن لوگوں نے کفر کیا اور انہوں نے جھٹلایا ہماری آیتوں کو، وہ ساتھی ہیں دوزخ کے،

۱۱. اے وہ لوگو، جو ایمان لائے ہو، یاد کرو تم اللہ کے اس احسان کو جو اس نے تم پر فرمایا، جب کہ پکا ارادہ کر لیا تھا، ایک قوم نے تم پر دست درازی کا، تو اس نے روک دیا ان کے ہاتھوں کو تم لوگوں سے (اپنی حکمت و عنایت سے) اور تم ہمیشہ ڈرتے رہا کرو اللہ سے، اور اللہ ہی پر بھروسہ کرنا چاہیے ایمان والوں کو،

۱۲. اور بلاشبہ اللہ نے پختہ عہد لیا ہے بنی اسرائیل سے (جس کا ذکر آگے آ رہا ہے) اور ہم نے مقرر کئے (ان کی نگرانی و دیکھ بھال کے لئے) انہی میں سے بارہ سردار، اور (مزید یہ کہ) اللہ نے فرمایا کہ یقیناً میں تمہارے ساتھ ہوں، (اور اس عہد کا خلاصہ یہ تھا کہ) اگر تم نے قائم رکھا نماز کو، اور تم ادا کرتے رہے زکوٰۃ، اور تم (صدق دل سے) ایمان لائے میرے رسولوں پر، اور تم نے مدد کی ان کی (راہ حق میں) اور تم نے قرض دیا اللہ کو، تو میں ضرور مٹا دوں گا تم سے تمہاری برائیاں، اور تمہیں داخل کر دوں گا ایسی عظیم الشان جنتوں میں، جن کے نیچے سے بہہ رہی ہوں گی طرح طرح کی (عظیم الشان) نہریں، پھر جس نے کفر کیا اس کے بعد تو یقیناً وہ بھٹک گیا سیدھی راہ سے،

۱۳. پس بوجہ توڑ دینے کے ان لوگوں کے اپنے عہد (و پیمان) کو، ہم نے لعنت کر دی ان پر، اور سخت کر دیا ان کے دلوں کو، (اب ان کا حال یہ ہے کہ) وہ بدل دیتے ہیں کلام الٰہی کو اس کے اصل موقع سے، اور انہوں نے بلا دیا ایک بڑا حصہ اس نصیحت کا جوان کو کی گئی تھی، اور تم ہمیشہ مطلع ہوتے رہو گے ان کی کسی نہ کی خیانت (و بد دیانتی) پر، بجز ان میں کے معدودے چند لوگوں کے، پس معاف کر دو تم ان کو اور در گزر ہی سے کام لو ان کے بارے میں، بیشک اللہ محبت رکھتا ہے احسان کرنے والوں سے

۱۴. اور ہم نے ان لوگوں سے بھی عہد لیا جو (کہ نصرت دین کے دعوت سے) کہتے ہیں کہ ہم نصاریٰ ہیں مگر انہوں نے بھی بھلا دیا ایک بڑا حصہ اس نصیحت کا جوان کو کی گئی تھی، پھر ڈال

دی ہم نے ان کے درمیان دشمنی (کی آگ) اور بیر (کی نحوست) قیامت کے دن تک، اور آخرکار اللہ ان کو بتادے گا وہ سب کچھ جو یہ لوگ کرتے رہے تھے۔

۱۵. اے کتاب والو! بیشک تشریف لا چکے تمہارے پاس ہمارے (یہ آخری) رسول، جو کھول کر بیان کرتے ہیں (خود تمہاری) کتاب کی بہت سی ان باتوں کو جن کو کہ تم لوگ چھپاتے تھے، اور وہ درگزر سے کام لیتے ہیں بہت سی باتوں کے بارے میں، بیشک آگئی تمہارے پاس اللہ کی طرف سے ایک عظیم الشان روشنی، یعنی کھول کر بیان کرنے والی ایک عظیم الشان کتاب،

۱۶. جس کے ذریعے اللہ سلامتی کی راہیں بتلاتا ہے ہر اس شخص کو جو پیروی کرتا ہو، اس کی رضا (خوشنودی کی باتوں) کی، اور ایسوں کو وہ نکال باہر لاتا ہے، اندھیروں سے روشنی کی طرف، اپنے اذن (وحکم) سے، اور وہ ان کی راہنمائی فرماتا ہے سیدھی راہ کی طرف،

۱۷. یقیناً کافر ہو گئے وہ لوگ جنہوں نے کہا کہ حقیقت میں اللہ ہی مسیح ہے بیٹا مریم کا، (ذرا ان سے یہ تو) پوچھو کہ اچھا اگر ایسا ہے تو پھر کون ہے جس کا اللہ کے آگے کچھ بھی بس چل سکے، اگر اللہ ہلاک کرنا چاہے مسیح بیٹے مریم کو بھی، اور اس کی ماں کو بھی، اور ان سب کو جو روئے زمین پر موجود ہیں، اور اللہ ہی کی فرمانروائی ہے آسمانوں اور زمین میں بھی، اور اس ساری کائنات پر بھی، جو کہ آسمان و زمین کے درمیان میں ہے، وہ پیدا فرماتا ہے، جو چاہتا ہے، اور اللہ کو ہر چیز پر پوری قدرت ہے،

۱۸. اور یہود و نصاریٰ نے کہا کہ ہم تو اللہ کے بیٹے اور اس کے پیارے ہیں، کہو کہ پھر وہ تمہیں عذاب کیوں دیتا ہے تمہارے گناہوں پر؟ (سو نہیں ایسا نہیں) بلکہ تم بھی عام انسان ہو اس کی مخلوق میں سے وہ بخشش فرماتا ہے جس کی چاہتا ہے، اور عذاب دیتا ہے جس کو چاہتا ہے، اور اللہ ہی کے لئے ہے بادشاہی آسمانوں اور زمین کی اور اس ساری کائنات کی جو کہ ان دونوں کے درمیان میں ہے، اور اسی کی طرف لوٹ کر جانا ہے، (سب کو)

۱۹. اے کتاب والو، بلاشبہ تشریف لا چکے ہیں تمہارے پاس ہمارے (یہ آخری) رسول، جو کھول کر بیان کرتے ہیں تمہارے لئے (احکام شریعت کو) ایسے وقت میں جب کہ بند تھا رسولوں کا آنا، تاکہ تم لوگ یہ نہ کہہ سکو کہ ہمارے پاس نہیں آیا کوئی خوشخبری سنانے والا، اور خبر دار کرنے والا، سو آچکا تمہارے پاس ایک خوشخبری سنانے والا اور خبر دار کرنے والا اور اللہ ہر چیز پر پوری قدرت رکھتا ہے،

۲۰. اور (وہ بھی یاد کرنے کے لائق ہے کہ) جب موسیٰ نے کہا اپنی قوم سے، کہ اے میری قوم، یاد کرو تم لوگ اللہ کے اس انعام (واحسان) کو جو اس نے تم پر فرمایا، جب کہ اس نے پیدا فرمائے تمہارے اندر کئی، اور بادشاہ بنایا تم لوگوں کو، اور تمہیں وہ کچھ عنایت فرمایا جو اس نے دنیا جہاں میں کسی کو نہیں دیا،

۲۱. اے میری قوم، داخل ہو جاؤ تم شام و فلسطین کی) اس مقدس سرزمین میں، جس کو اللہ نے لکھ رکھا ہے تمہارے لئے، اور مت لوٹو تم الٹے پاؤں، کہ اس کے نتیجے میں تم ہو جاؤ خسارے والے،

۲۲. انہوں نے جواب دیا کہ اے موسیٰ وہاں تو بڑے سخت (اور زبردست قسم کے لوگ رہتے ہیں، اور ہم ہرگز وہاں قدم نہیں رکھیں گے، جب تک کہ وہ وہاں سے نکل جائیں، ہاں اگر وہ نکل جائیں تو پھر ہم داخل ہونے کو تیار ہیں،

۲۳. اس پر کہا دو شخصوں نے ان سے کہا کہ تم لوگ ان پر چڑھائی کر کے ان کے دروازے تک تو پہنچو، پس جونہی تم اس طرح ان کے دروازے پر پہنچو گے، تو یقیناً غلبہ تمہارا ہی ہوگا، اور اللہ ہی پر بھروسہ رکھو اگر تم واقعی ایماندار ہو،

۲۴. مگر انہوں نے پھر بھی یہی کہا کہ اے موسیٰ ہم تو کسی قیمت پر بھی وہاں داخل نہیں ہوں گے، جب تک کہ وہ وہاں موجود ہیں، پس جاؤ تم اور تمہارا رب، اور تم دونوں جا کر (ان سے) لڑو، ہم تو بہر حال یہیں بیٹھے ہیں،

۲۵. اس پر موسیٰ نے (اپنے رب کے حضور) عرض کیا کہ اے میرے رب میں کوئی اختیار نہیں رکھتا مگر اپنی جان کا اور اپنے بھائی کا، پس تو جدائی ڈال دے ہمارے اور ان بدکار لوگوں کے درمیان،

۲۶. ارشاد ہوا کہ اچھا تو پھر قطعی طور پر حرام کر دی گئی ان پر وہ سرزمین چالیس سال تک کے لئے، بھٹکتے رہیں گے یہ (اس دوران) اسی علاقے میں، پس آپ کوئی غم (اور افسوس) نہیں کرنا ان نافرمان لوگوں پر،

۲۷. اور پڑھ سناؤ ان کو قصہ آدم کے دو بیٹوں کو حق کے ساتھ، جب کہ ان دونوں نے ایک ایک قربانی پیش کی، تو ان میں سے ایک کی قربانی تو قبول کر لی جائے، مگر دوسرے کی قبول نہ

کی گئی اس پر اس نے (جل کر پہلے سے) کہا کہ میں تجھے قتل کر ڈالوں گا، تو اس نے جواب دیا کہ (اس میں کسی کا کیا قصور؟) اللہ تو پرہیزگاروں ہی سے قبول فرماتا ہے،

۲۸۔ اگر تو نے مجھے قتل کرنے کو ہاتھ اٹھایا تو بھی میں تجھے قتل کرنے کو ہاتھ نہیں اٹھاؤں گا، کہ بیشک میں ڈرتا ہوں اللہ رب العالمین سے،

۲۹۔ میں چاہتا ہوں کہ تو (اپنی بند اطواری کی وجہ سے) سمیٹ لے میرے گناہ کو بھی، اور اپنے گناہ کو بھی، پھر تو (اپنے کیے کے نتیجے میں) ہو جائے دوزخیوں میں سے، اور یہی ہے بدلہ ظالموں کا،

۳۰۔ پھر بھی آمادہ کر لیا اس کو اس کے نفس نے اپنے بھائی کے قتل پر، سو اس نے اس کو قتل کر ڈالا جس کے نتیجے میں وہ ہو گیا خسارہ اٹھانے والوں میں سے،

۳۱۔ پھر بھیجا اللہ نے ایک کوے کو جو زمین کریدنے لگا، تاکہ وہ اس کو دکھلائے (سکھلائے) کہ وہ کس طرح ٹھکانے لگائے اپنے بھائی کی لاش کو، اس پر اس نے کہا ہائے افسوس میں تو اس کوے جیسا بھی نہ ہو سکا کہ اپنے بھائی کی لاش کو خود چھپا لیتا، پس وہ ہو گیا ندامت اٹھانے والوں میں سے

۳۲۔ اسی وجہ سے ہم نے لکھ دیا بنی اسرائیل پر (اپنا یہ حکم و فرمان) کہ جس نے قتل کیا کسی انسان کو بغیر کسی انسان کے بدلے کے، یا بغیر کسی فساد پھیلانے کے زمین میں، تو اس نے گویا قتل کر دیا سب لوگوں کو، اور (اس کے بالمقابل) جس نے جان بچائی کسی ایک انسان کی تو اس نے گویا زندگی بخش دی سب انسانوں کو، اور بلاشبہ آئے ان کے پاس ہمارے

رسول کھلی نشانیاں لے کر، مگر پھر بھی ان میں سے بہت سے لوگ حد سے بڑھنے والے ہی رہے،

۳۳. سوائے اس کے نہیں کہ سزا ان لوگوں کی جو جنگ کرتے ہیں اللہ اور اس کے رسول سے، اور وہ فساد مچاتے پھرہیں (اللہ کی) اس زمین میں، یہی ہے کہ ان کو قتل کر دیا جائے چن چن کر، یا ان کو لٹکا دیا جائے پھانسی پر، یا کاٹ ڈالے جائیں ان کے ہاتھ اور پاؤں مخالف جانب سے یا جلا وطن کر دیا جائے ان کو، یہ تو ان کی رسوائی ہے دنیا میں، اور ان کے لے آخرت میں بہت بڑا عذاب ہے،

۳۴. بجز ان کے جو (سچے دل سے) توبہ کر لیں قبل اس سے کہ تم ان پر قابو پالو، تو (ان سے حد ساقط ہوئی۔ سو) تم یقین جان لو کہ بیشک اللہ بڑا ہی بخشنے والا، نہایت ہی مہربان ہے،

۳۵. اے وہ لوگو جو ایمان لائے ہو، تم ہمیشہ ڈرتے رہا کرو اللہ سے، اور قرب ڈھونڈتے رہا کرو اس کے حضور رسائی کے لئے اور جہاد کرو تم لوگ اس کی راہ میں تاکہ تم فلاح پا سکو

۳۶. بیشک جو لوگ اڑے رہے اپنے کفر (و باطل) پر، (یہاں تک کہ وہ اسی حالت میں مر گئے) تو ان کے پاس اگر (بالفرض) دنیا بھر کی سب دولت بھی موجود ہو، اور اتنی ہی اس کے ساتھ اور بھی، تاکہ وہ اس کو اپنے بدلے میں دے سکیں قیامت کے دن کے عذاب سے بچنے کے لئے، تو وہ بھی ان سے (کسی قیمت پر) قبول نہیں کی جائے گی، اور ان کے لئے ایک بڑا ہی دردناک عذاب ہے۔

۳۷. وہ چاہیں گے کہ (کسی طرح) نکل بھاگیں (دوزخ کی) اس آگ سے مگر وہ کبھی بھی اس سے نکلنے نہیں پائیں گے، اوران کے لئے دائمی عذاب ہوگا،

۳۸. اور چور خواہ مرد ہو یا عورت، کاٹ دو ان دونوں کے ہاتھ (ان کی کہنیوں سے) ان کے اپنے کئے کے بدلے میں، عبرتناک سزا کے طور پر، اللہ کی طرف سے، اور اللہ بڑا ہی زبردست نہایت ہی حکمت والا ہے،

۳۹. پھر جس نے توبہ کرلی اپنے ظلم کے بعد اور اس نے اصلاح کرلی (اپنے بگاڑ کی) تو بیشک اللہ توجہ فرمائے گا اس پر (اپنی نظر رحمت و عنایت سے کہ) بیشک اللہ بڑا ہی بخشنے والا، نہایت ہی مہربان ہے،

۴۰. کیا تمہیں معلوم نہیں کہ بیشک اللہ ہی کے لئے ہے بادشاہی آسمانوں اور زمین کی (اس ساری کائنات کی) وہ عذاب دے جس کو چاہے، اور معاف فرمائے جس کو چاہے، (کہ وہ مختار کل اور حاکم مطلق ہے) اور اللہ کو ہر چیز پر پوری قدرت ہے،

۴۱. اے رسول آپ کو غم میں نہ ڈالنے پائیں وہ لوگ، جو دوڑ کر گرتے ہیں کفر (کی دلدل) میں خواہ وہ ان لوگوں میں سے ہوں جو اپنے مونہوں سے تو کہتے ہیں کہ ہم ایمان لائے، مگر ان کے دلوں میں ایمان نہیں، یا وہ ان لوگوں میں سے ہوں جو یہودی بن گئے، (ان کا حال یہ ہے) یہ لوگ جھوٹ کے پکے رسیا، ٹوہ لگا لگا کر سننے والے ہیں، ان دوسروں کے لئے جو آپ کے پاس نہیں آئے، یہ بدل دیتے ہیں (اللہ کے) کلام کو اس کے ٹھکانا پکڑنے کے بعد، (اور یہ دوسروں سے) کہتے ہیں کہ اگر تمہیں یہ حکم ملے تو مان لینا اور اگر یہ حکم نہ ملے تو

اس سے بچ کر رہنا، اور (حقیقت یہ ہے کہ) جس کو اللہ گمراہ کرنا چاہے (اس کی بدنیتی اور سوء اختیار کی بناء پر) تو آپ اس کی ہدایت کا کچھ بھی اختیار نہیں رکھتے، یہ وہ لوگ ہیں جن کے دلوں کو پاک کرنا اللہ کو منظور ہی نہیں، ان کے لئے بڑی رسوائی ہے (اس) دنیا میں بھی، اور آخرت میں تو ان کے لئے بہت بڑا عذاب ہے،

۴۲. (یہ) جھوٹ کے رسیا، پکے حرام خور ہیں، پھر بھی اگر یہ لوگ (اپنے مقدمات کا فیصلہ کرانے) آپ ﷺ کے پاس آئیں (تو آپ ﷺ کو اختیار ہے کہ اگر آپ چاہیں) تو ان کے درمیان فیصلہ کر دیں، یا ان سے منہ پھیر لیں، اور اگر آپ ان سے منہ پھیر لیں تو یہ آپ کا کچھ بھی نہیں بگاڑ سکیں گے، اور اگر آپ فیصلہ کریں، تو ان کے درمیان عدل (وانصاف) ہی کے ساتھ فیصلہ کریں، بیشک اللہ پسند فرماتا ہے انصاف کرنے والوں کو،

۴۳. اور یہ آپ کو کیسے اپنا (منصف اور) حکم مان سکتے ہیں، جب کہ ان کے پاس تورات موجود ہے، جس میں اللہ کا حکم (موجود و مسطور) ہے، پھر یہ اس کے بعد بھی پھر جاتے ہیں، اور (حقیقت یہ ہے کہ) یہ لوگ ایماندار ہیں ہی نہیں،

۴۴. بیشک ہم ہی نے اتارا تورات کو، جس میں ہدایت بھی تھی اور نور بھی، اسی کے مطابق فیصلہ کرتے تھے (اللہ کے) وہ پیغمبر، جو (اپنے رب کے حضور) گردن جھکائے ہوئے تھے، ان یہود کے لئے، اور (اسی کے مطابق فیصلہ کرتے تھے) ان کے درویش اور علماء بھی، کیونکہ ان کو محافظ (و نگہبان) ٹھہرایا گیا تھا اللہ کی کتاب کا، اور وہ اس پر گواہ تھے، پس تم مت ڈرو لوگوں سے (اے گروہ یہود!) بلکہ خاص مجھ ہی سے ڈرو، اور مت لو تم میری آیتوں

کے بدلے میں (دنیاء دوں کا یہ) گھٹیا مول، اور جو لوگ فیصلہ نہیں کرتے اس (حکم وقانون) کے مطابق جس کو اللہ نے اتارا ہے، وہ کافر ہیں،

۴۵. اور ہم نے ان پر اس (تورات) میں بھی یہ حکم لکھ دیا تھا کہ جان (لی جائے) بدلے میں جان کے، آنکھ بدلے آنکھ کے ناک بدلے ناک کے، کان بدلے کان کے، دانت بدلے دانت کے، اور زخموں میں بھی قصاص ہے، پھر جو کوئی صدقہ کر دے اس (حق قصاص) کا، تو وہ کفارہ ہو جائے گا اس کے لئے، اور جو لوگ فیصلہ نہیں کرتے اس (حکم وقانون) کے مطابق، جس کو اللہ نے اتارا ہے وہ ظالم ہیں،

۴۶. اور ان کے (ایک زمانہ) بعد ہم نے ان ہی کے نقش قدم پر بھیجا عیسیٰ بیٹے مریم کو تصدیق کرنے والا بنا کر، اس تورات کے لئے جو ان سے پہلے آچکی تھی، اور ہم نے اسے انجیل عطا کی جس میں ہدایت بھی تھی اور نور بھی، اور (اس کو بھی) تصدیق کرنے والی بنا کر بھیجا، اس تورات کے لئے جو اس سے پہلے آچکی تھی، اور سراسر ہدایت اور عظیم الشان نصیحت کے طور پر پرہیز گاروں کے لئے،

۴۷. اور چاہیے کہ فیصلہ کریں انجیل والے اس کے مطابق جو کہ اللہ نے اتارا ہے اس میں، اور جو لوگ فیصلہ نہیں کرتے اس (حکم وقانون) کے مطابق جو اللہ نے اتارا ہے وہ فاسق ہیں،

۴۸. اور اب ہم نے اتارا آپ کی طرف (اے پیغمبر!) اس کتاب (عظیم) کو حق کے ساتھ، تصدیق کرنے والی بنا کر، ان تمام کتابوں کے لئے جو کہ اس سے پہلے آچکی ہیں، اور محافظ (و

نگہبان) بنا کر ان پر، پس آپ فیصلہ کریں ان کے درمیان اس کے مطابق جو اللہ نے اتارا ہے، اور ان کی خواہشوں کی پیروی نہ کرنا اس حق سے (ہٹ کر) جو کہ آچکا آپ کے پاس، ہم نے تم میں سے ہر ایک (امت) کے لئے مقرر کی ایک شریعت اور راہ عمل، اور اگر اللہ چاہتا تو تم سب کو ایک ہی امت بنا دیتا، لیکن (اس نے ایسے نہیں کیا) تاکہ وہ تمہاری آزمائش کرے ان احکام میں جو اس نے تم کو دیے ہیں، پس تم لوگ ایک دوسرے سے آگے بڑھنے کی کوشش کرو نیکیوں میں، اور تم سب کو بہر حال لوٹ کر جانا ہے اللہ کی طرف، پھر وہ خبر کر دے گا تم کو ان سب کاموں کی جن میں تم لوگ اختلاف کرتے رہے تھے (اپنی فرصت حیات میں)

۴۹. اور (مکرر حکم ہے کہ) فیصلہ کرو تم ان کے درمیان اس (حکم و قانون) کے مطابق جسے اتارا ہے اللہ نے، اور پیروی نہیں کرنا ان کی خواہشات کی، اور ہوشیار رہنا ان سے کہ یہ کہیں پھسل نہ دیں آپ کو اس (حق و ہدایت) کی کسی بات سے جس کو اللہ نے اتارا ہے آپ کی طرف، پھر اگر یہ پھرے ہی رہیں (حق و ہدایت) تو یقین جان لو کہ اللہ ان کو مبتلائے مصیبت کرنا چاہتا ہے ان کے بعض گناہوں کی پاداش میں، بیشک لوگوں کی اکثریت پکی بدکار ہے،

۵۰. تو کیا یہ لوگ جاہلیت کا حکم (اور فیصلہ) چاہتے ہیں؟ اور اللہ سے بڑھ کر اچھا حکم (اور فیصلہ) اور کس کا ہو سکتا ہے؟ ان لوگوں کے لئے جو یقین رکھتے ہیں؟

۵۱۔ اے وہ لوگو جو ایمان لائے ہو، تم یہود اور نصاریٰ کو اپنا دوست نہ بنانا، وہ آپس میں ایک دوسرے کے دوست ہیں، اور جس نے دوست بنایا ان کو تم میں سے، تو وہ یقیناً ان ہی میں سے ہوگیا، بیشک اللہ ہدایت سے نہیں نوازتا ایسے ظالم لوگوں کو،

۵۲۔ پس تم دیکھو گے کہ جن لوگوں کے دلوں میں بیماری ہے، وہ دوڑ دوڑ کر جا گھستے ہیں انہی (کافروں) میں، کہتے ہیں کہ ہمیں ڈر لگتا ہے کہ کہیں ہم پر چکر نہ پڑ جائے کسی (حادثہ و) مصیبت کا، سو بعید نہیں کہ اللہ لے آئے فتح (و کامرانی مسلمانوں کے لئے) یا ظاہر فرما دے کوئی اور بات اپنے یہاں (پردہ غیب) سے، جس کے نتیجے میں ان کو ندامت (و شرمندگی) اٹھانا پڑے ان باتوں پر، جو انہوں نے چھپا رکھی ہیں اپنے دلوں میں،

۵۳۔ اور (اس وقت) اہل ایمان کہیں گے کہ کیا یہ وہی لوگ ہیں جو اللہ کے نام کی کڑی قسمیں کھا کر کہا کرتے تھے کہ یہ تمہارے ساتھ ہیں، اکارت چلے گئے ان کے سب عمل، جس سے یہ ہو گئے سراسر خسارہ اٹھانے والے،

۵۴۔ اے وہ لوگو، جو ایمان لائے ہو، (یاد رکھو کہ) تم میں سے جو کوئی پھر گیا اپنے دین سے تو (اس سے اسلام کو کوئی نقصان نہیں ہوگا کہ) اللہ (ان کی جگہ) لے آئے گا ایسے لوگوں کو جن سے اللہ محبت فرماتا ہوگا اور وہ اللہ سے محبت کرتے ہوں گے، جو ایمان والوں پر بڑے نرم (اور مہربان) ہوں گے، اور کافروں پر بڑے سخت، جو جہاد کرتے ہوں گے اللہ کی راہ میں، اور وہ (راہ حق میں) نہیں ڈریں گے کسی ملامت کرنے والے کی ملامت سے، یہ اللہ کا فضل

(اور اس کی مہربانی) ہے، وہ عطا فرماتا ہے جسے چاہتا ہے اور اللہ بڑا ہی کشائش والا، سب کچھ جانتا ہے،

۵۵. سوائے اس کے نہیں کہ تمہارا دوست (اے ایمان والو!) اللہ ہے، اور اس کا رسول، اور وہ ایماندار لوگ، جو قائم کرتے ہیں نماز کو، اور ادا کرتے ہیں زکوٰۃ کو، اور وہ (دل و جان سے) جھکے رہتے ہیں (اپنے رب کے حضور)

۵۶. اور جو کوئی دوستی رکھے گا اللہ سے، اور اس کے رسول سے، ان لوگوں سے جو ایمان (کی دولت) رکھتے ہیں، تو (یقیناً وہ کامیاب ہو گیا کہ وہ اللہ کی جماعت میں سے ہے اور) بیشک اللہ کی جماعت ہی سدا غالب رہنے والی ہے

۵۷. اے وہ لوگو جو ایمان لائے ہو، تم مت ٹھہراؤ اپنا دوست ان لوگوں کو جنہوں نے ہنسی اور کھیل ٹھہرا رکھا ہے تمہارے دین کو، ان لوگوں میں سے جن کو دی گئی (آسمانی) کتاب تم سے پہلے، اور (دوسرے کھلے) کفار کو، اور (ہمیشہ) ڈرتے رہا کرو تم لوگ اللہ سے، اگر واقعی تم ایماندار ہو

۵۸. (ان کی حماقت اور دین و دشمنی کا عالم یہ ہے کہ) جب تم (بلاتے) پکارتے ہو نماز (جیسی عظیم الشان عبادت) کی طرف، تو یہ لوگ اس کو بھی ہنسی اور کھیل بناتے ہیں، یہ اس لئے کہ یہ ایسے لوگ ہیں جو کام نہیں لیتے اپنی عقلوں سے

۵۹. کہو کہ، اے کتاب والو، کیا تم لوگ ہم سے اسی بات کا انتقام (اور بدلہ) لیتے ہو کہ ہم (صدق دل سے) ایمان لائے اللہ پر؟ اور اس (کتاب) پر، جو اتاری گئی ہماری طرف، اور

ان سب کتابوں پر بھی جو اتاری گئیں اس سے پہلے اور اس بناء پر کہ تم میں سے اکثر لوگ فاسق ہیں،

۶۰. (ان سے) کہو کہ کیا میں تمہیں ان لوگوں کی خبر نہ دوں جن کا انجام اللہ کے یہاں اس سے کہیں زیادہ برا ہے؟ وہ جن پر اللہ کی لعنت (اور پھٹکار) ہوئی، اور ان پر غضب ٹوٹا اس کا، اور ان میں سے کچھ کو اس نے بندر بنا دیا اور کچھ کو خنزیر، اور جنہوں نے پوجا کی شیطان کی، یہ ہیں وہ لوگ جن کا ٹھکانا بھی سب سے برا ہے، اور جو راہ راست سے بھی سب سے زیادہ بھٹکے ہوئے ہیں،

۶۱. اور جب یہ (منافق) لوگ تمہارے پاس آتے ہیں، تو کہتے ہیں کہ ہم ایمان لائے، حالانکہ وہ داخل ہوئے تو بھی کفر کے ساتھ، اور نکلے تو بھی کفر کے ساتھ، اور اللہ کو خوب معلوم ہے وہ سب کچھ جو کہ یہ لوگ چھپاتے ہیں (اپنے دلوں میں)

۶۲. اور تم ان میں سے بہت سوں کو دیکھو گے کہ وہ دوڑ دوڑ کر جا گرتے ہیں، گناہ، زیادتی، اور حرام خوری (کے کاموں) میں۔ یقیناً بڑے ہی برے ہیں وہ کام، جو یہ لوگ کرتے ہیں،

۶۳. کیوں نہیں روکتے ان کو ان کے مشائخ اور ان کے علماء گناہ کی بات کہنے سے، اور ان کے حرام کھانے سے (طرح طرح کے ہتھکنڈوں کے ذریعے) یقیناً بڑے ہی برے ہیں ان کے وہ کرتوت جو یہ لوگ کر رہے ہیں

۶۴. اور یہود (بے بہبود) نے کہا کہ اللہ کا ہاتھ بند ہو گیا (حالانکہ) بند تو دراصل ان کے اپنے ہاتھ ہو گئے اور ان پر پھٹکار پڑ گئی ان کی اپنی بیہودہ گوئی کی بناء پر، (سو ایسا نہیں) بلکہ اس

(واہب مطلق) کے دونوں ہاتھ (ہر وقت) کھلے ہیں، وہ خرچ کرتا ہے جیسے چاہتا ہے، اور ضرور بالضرور ان میں سے بہتوں کی سرکشی اور کفر (وانکار) ہی میں اضافہ کا باعث بنے گا، وہ (کلام حق ترجمان) جو کہ اتارا گیا آپ کی طرف (اے پیغمبر!) آپ کے رب کی جانب سے، اور ہم نے ڈال دی ان کے درمیان دشمنی اور بغض (وعداوت کی میل) قیامت کے دن تک، جب بھی یہ جنگ کی آگ بھڑکاتے ہیں (پیغمبر حق کے خلاف) تو اللہ اس کو بجھا دیتا ہے اور یہ فساد مچاتے ہیں (اللہ کی) اس زمین میں اور اللہ پسند نہیں فرماتا فساد مچانے والوں کو،

٦٥. اور اگر اہل کتاب (سرکشی اور شر انگیزی کی بجائے) ایمان لے آتے (سچے دل سے) اور تقویٰ اختیار کرتے، تو ہم ضرور مٹا دیتے ان سے ان کی (گذشتہ) برائیاں، اور ضرور داخل کر دیتے ان کو نعمتوں بھری جنتیوں میں،

٦٦. اور اگر یہ قائم رکھتے تورات اور انجیل کو، اور اس کتاب کو جو اب اتاری گئی ہے ان کی طرف ان کے رب کی جانب سے، (یعنی قرآن حکیم کو) تو یہ ضرور کھاتے اپنے اوپر سے (برسنے والی برکات میں سے) اور اپنے پاؤں کے نیچے (سے ابلنے والے رزق میں) سے، ان میں سے کچھ لوگ تو سیدھی راہ پر، لیکن ان میں سے اکثر بہت برے کام کرتے ہیں،

٦٧. اے پیغمبر! (پورے کا پورا) پہنچا دو اس پیغام کو جو کہ اتارا گیا آپ کی طرف آپ کے رب کی جانب سے، اور اگر (بالفرض) آپ نے ایسا نہ کیا تو آپ نے اس کی رسالت (و

پیغمبری) کا حق ادا نہیں کیا، اور (لوگوں سے نہ ڈرنا کہ) کہ اللہ آپ کی حفاظت فرمائے گا لوگوں (کے شر) سے بیشک اللہ ہدایت (کی دولت) سے سرفراز نہیں فرماتا کافر لوگوں کو،

٦٨. (ان سے صاف) کہہ دو کہ اے کتاب والو، تم کسی بھی چیز پر نہیں ہو، جب تک کہ تم پابندی نہ کرو تورات، انجیل اور اس کتاب کی، جو اب تمہاری طرف نازل کی گئ ہے تمہارے رب کی طرف سے، (یعنی قرآن حکیم) اور ضرور بالضرور ان میں سے بہت سے لوگوں کی سرکشی اور کفر (وانکار) ہی میں زیادتی (اوراضافے) کا باعث بنے گا، وہ کلام (حق ترجمان) جو کہ اتارا گیا آپ کی طرف (اے پیغمبر!) آپ کے رب کی جانب سے، پس آپ کوئ غم (اورافسوس) نہ کریں، ایسے کافر لوگوں (کی محرومی) پر

٦٩. بیشک (عام قانون وضابطہ یہی ہے کہ) مسلمانوں، یہودیوں، مشرکوں، اور نصرانیوں، میں سے جو بھی کوئ ایمان لائے گا سچے دل سے، اللہ پر، اور قیامت کے دن پر، اور (اس کے مطابق) وہ کام بھی نیک کرے گا، تو ایسوں پر نہ کوئ خوف ہو گا، اور نہ ہی وہ غمگین ہوں گے،

٧٠. بیشک ہم نے بنی اسرائیل سے پختہ عہد لیا اور (اس کی یاد دہانی کے لئے) ان کی طرف بہت سے رسول بھی بھیجے، مگر جب بھی کبھی ان کے پاس کوئ رسول آیا وہ کچھ لے کر جو نہیں بھایا ان کے نفسوں کو، تو انہوں نے کچھ کو جھٹلایا اور کچھ کو قتل کر ڈالا،

٧١. اور انہوں نے یہ گمان کر لیا کہ کوئ سزا نہ ہوگی، پس (اس سے) وہ اندھے اور بہرے بن گئے، پھر اللہ نے معاف فرما دیا ان کو (اپنی رحمت وعنایت سے) مگر پھر بھی ان میں سے

بہت سے اندھے اور بہرے ہی رہے، اور اللہ پوری طرح دیکھتا (جانتا) ہے ان سب کاموں کو جو یہ لوگ کر رہے ہیں،

۷۲. بلاشبہ کافر ہو گئے وہ لوگ جنہوں نے کہا کہ اللہ ہی مسیح بن مریم ہے، حالانکہ خود مسیح نے یہ کہا تھا کہ اے بنی اسرائیل، تم اللہ ہی کی بندگی کرو جو کہ رب ہے میرا بھی اور تمہارا بھی، (اور تم شرک نہ کرو کہ) بلاشبہ جس نے اللہ کے ساتھ کسی کو شریک ٹھہرایا تو یقیناً اللہ نے حرام فرما دیا اس پر جنت کو، اور اس کا ٹھکانا دوزخ ہے، اور ایسے ظالموں کا کوئی مددگار نہ ہو گا۔

۷۳. بلاشبہ پکے کافر ہیں وہ لوگ جنہوں نے کہا کہ اللہ تین میں کا ایک ہے، حالانکہ کوئی بھی معبود نہیں، سوائے ایک معبود (برحق) کے، اور اگر یہ لوگ باز نہ آئے اپنی ان باتوں سے جو یہ کہتے (بناتے) ہیں تو ضرور بالضرور پہنچ کر رہے گا ان میں سے کافروں کو ایک بڑا ہی دردناک عذاب،

۷۴. تو کیا (توحید الٰہی اور وعید خداوندی کے یہ مضامین سن کر بھی) یہ لوگ توبہ نہیں کرتے اللہ کے حضور، اور معافی نہیں مانگتے اس سے (اپنے گناہوں کی؟) اور اللہ بڑا ہی بخشنے والا، نہایت ہی مہربان ہے،

۷۵. مسیح بن مریم تو صرف ایک رسول تھے اور بس، ان سے پہلے اور بھی بہت سے رسول گزر چکے ہیں، اور ان کی ماں ایک بڑی ہی (پاکیزہ اور) راست باز خاتون تھیں وہ دونوں کھانا

کھایا کرتے تھے، دیکھو ہم کس طرح کھول کھول کر بیان کرتے ہیں ان کے لئے اپنی آیتیں، پھر دیکھو یہ لوگ کدھر الٹے پھیرے جاتے ہیں،

۷۶. (ان سے) کہو کہ کیا تم لوگ اللہ کو چھوڑ کر اس کی بندگی کرتے ہو جو تمہارے لئے نہ کسی نقصان کا مالک ہے نہ نفع کا، اور اللہ ہی ہے ہر کسی کی سنتا، سب کچھ جانتا،

۷۷. (ان سے) کہو کہ اے کتاب والو، تم لوگ غلو (اور حد سے تجاوز) مت کرو، اپنے دین کے بارے میں، اور مت پیروی کرو تم ان لوگوں کی خواہشات کی جو بھٹک گئے اس سے پہلے اور انہوں نے گمراہ کر دیا بہتوں کو (راہ حق و صواب سے) اور وہ بھٹک گئے سیدھی راہ سے،

۷۸. لعنت کر دی گئی بنی اسرائیل کے کافروں پر داؤد، اور عیسیٰ بن مریم، کی زبان سے، (اور) یہ اس لئے کہ انہوں نے نافرمانی کی، اور یہ لوگ تجاوز کرتے تھے (اللہ کی مقرر کی ہوئی حدوں سے)

۷۹. یہ آپس میں ایک دوسرے کو روکتے (اور خود کرتے) نہیں تھے، اس برائی سے جس کا ارتکاب یہ لوگ کرتے تھے، بڑے ہی برے تھے وہ کام جو یہ لوگ کر رہے تھے،

۸۰. (آج بھی) تم ان میں سے بہتوں کو دیکھو گے کہ وہ (اہل ایمان کے مقابلہ میں) ان لوگوں سے دوستی کا دم بھرتے ہیں، جو اڑے ہوئے ہیں اپنے کفر (و باطل) پر، بڑا ہی برا ہے وہ سامان جو ان کے لئے آگے بھیجا ہے ان کے نفسوں نے، کہ اللہ ناراض ہوا ان پر، اور (اس کے نتیجے میں) ان کو ہمیشہ رہنا ہو گا عذاب میں،

۸۱۔ اور اگر یہ لوگ ایمان رکھتے ہوتے اللہ پر، اس کے پیغمبر پر، اور اس کتاب پر جو کہ اتاری گئی ان کی طرف، تو یہ کبھی ان (کفار) کو اپنا دوست نہ ٹھہراتے، مگر ان میں سے بیشتر لوگ فاسق (اور بد کار) ہیں،

۸۲۔ تم مسلمانوں کی دشمنی میں سب سے زیادہ سخت یہود، اور ان لوگوں کو پاؤ گے جو مشرک ہیں، اور (اس کے بر عکس) تم ان سے محبت میں سب سے زیادہ نزدیک ان لوگوں کو پاؤ گے جو کہتے ہیں کہ ہم نصرانی ہیں، یہ اس لئے کہ ان میں بہت سے عبادت گزار، اور تارک الدنیا درویش، پائے جاتے ہیں، نیز اس لئے کہ وہ اپنی بڑائی کے گھمنڈ میں مبتلا نہیں ہوتے۔

۸۳۔ اور (اسی بنا پر ان کا حال یہ ہے کہ) جب وہ سنتے ہیں اس کلام (حق ترجمان) کو، جو کہ اتارا گیا اس رسول (بر حق) کی طرف، تو تم دیکھو گے ابل پڑتی ہیں ان کی آنکھیں آنسوؤں سے، اس حق کی بنا پر جس کو انہوں نے پہچان لیا، (اور یہ عاجزانہ) عرض کرتے ہیں کہ اے ہمارے رب ہم (صدق دل سے) ایمان لے آئے پس تم ہمیں لکھ دے (حق کی) گواہی دینے والوں کے ساتھ،

۸۴۔ اور ہمارے لئے کیا عذر ہو سکتا ہے کہ ہم ایمان نہ لائیں اللہ پر، اور اس حق پر، جو کہ پہنچ چکا ہمارے پاس، جب کہ ہم اس کی بھی طمع رکھتے ہیں کہ داخل فرما دے ہمیں ہمارا رب نیک بخت لوگوں کے ساتھ (اپنی رحمت میں)

۸۵. سو اللہ نے نواز دیا ان لوگوں کو ان کے اس قول و اقرار کے بدلے میں ایسی عظیم الشان جنتوں سے جن کے نیچے بہہ رہی ہوں گی طرح طرح کی نہریں جن میں ان کو ہمیشہ رہنا نصیب ہوگا اور یہ بدلہ ہے نیکو کاروں کا۔

۸۶. اور (اس کے بر عکس) جو لوگ اڑے رہے اپنے کفر (و باطل) پر، اور انہوں نے جھٹلایا ہماری آیتوں کو، تو وہ یار ہوں گے دوزخ کی اس دہکتی بھڑکتی آگ کے،

۸۷. اے وہ لوگو جو ایمان لائے ہو کہیں تم (نصاریٰ کی رہبانیت وغیرہ سے متاثر ہو کر) حرام نہ کر دینا ان پاکیزہ چیزوں کو جو حلال فرمائی ہیں اللہ نے تمہارے لئے، اور حدوں سے نہیں بڑھنا، بیشک اللہ پسند نہیں کرتا حدوں سے بڑھنے والوں کو

۸۸. اور کھاؤ تم ان پاکیزہ چیزوں میں سے جو عطا فرمائی ہیں تم کو اللہ نے (اپنے فضل و کرم سے) حلال اور پاکیزہ، اور ہمیشہ ڈرتے (اور بچتے) رہا کرو تم لوگ اس اللہ (کی نافرمانی) سے، جس پر تم ایمان رکھتے ہو

۸۹. اللہ تمہاری گرفت نہیں فرمائے گا تمہاری لغو (اور بے مقصد) قسموں پر مگر وہ تمہاری ان قسموں پر تمہاری گرفت ضرور فرمائے گا جو تم نے اپنے قصد (و ارادہ) سے کھائی ہوں، پس ایسی قسم (کے توڑنے) کا کفارہ یہ ہے کہ دس مسکینوں کو کھانا کھلایا جائے، وہ درمیانہ درجے کا کھانا جو تم لوگ خود اپنے گھر والوں کو کھلاتے ہو، یا انہیں کپڑے پہنا دو، یا ایک گردن (غلام یا لونڈی) آزاد کر دو، اور جس کو یہ میسر نہ ہو تو وہ تین دن کے روزے رکھے، یہ کفارہ ہے تمہاری قسموں کا، جب کہ تم قسم کھا (کر اسے توڑ) لو، اور حفاظت کیا کرو تم لوگ

اپنی قسموں کی، اسی طرح اللہ کھول کر بیان فرماتا ہے، تمہارے لئے اپنی آیتیں (اور احکام) تاکہ تم لوگ شکر ادا کرو،

۹۰۔ اے وہ لوگو جو ایمان لائے ہو، سوائے اس کے نہیں کہ شراب، جوا اور آستانے، اور پانسے، پلید، (اور) شیطانی کام ہیں، پس تم لوگ ہمیشہ ان سے (دور و نفور اور) بچ کر رہا کرو، تاکہ تم فلاح پا سکو،

۹۱۔ شیطان تو یہی چاہتا ہے کہ وہ ڈال دے تمہارے درمیان عداوت اور بغض شراب (خانہ خراب) اور جوئے کے ذریعے اور وہ تمہیں روک دے اللہ کے ذکر (اور اس کی یاد دلشاد) اور نماز سے، سو (اب بتلاؤ کہ یہ سب کچھ سننے کے بعد) کیا تم باز آتے ہو (کہ نہیں؟)

۹۲۔ اور (دل کی خوشی سے) حکم مانو تم لوگ اللہ کا اور اس کے رسول کا، اور تم بچتے رہو، پھر اگر تم لوگ پھر گئے تو یقین جان لو کہ ہمارے رسول کے ذمے تو صرف پہنچا دینا ہے کھول کر

۹۳۔ کوئی گناہ (اور پکڑ) نہیں ان لوگوں پر جو (صدق دل سے) ایمان لائے، اور انہوں نے (اس کے مطابق) کام بھی نیک کئے، اس میں جو کہ انہوں نے کھا (پی) لیا (حکم حرمت سے پہلے) جب کہ وہ بچتے رہے (اس وقت کی محرمات سے) اور وہ ثابت قدم رہے اپنے ایمان پر، اور کام بھی نیک کرتے رہے، پھر وہ بچتے رہے (نئی حرام کردہ چیزوں سے) اور ثابت قدم رہے پھر بچتے رہے اور وہ نیکو کار رہے اور اللہ محبت فرماتا ہے نیکو کاروں سے،

۹۴۔ اے وہ لوگو جو ایمان لائے ہو اللہ ضرور تمہاری آزمائش کرے گا کچھ ایسے شکاروں کے ذریعے، جو تمہارے ہاتھوں کی پہنچ، اور تمہارے نیزوں کی زد میں ہوں گے، تاکہ اللہ یہ دیکھے

کہ کون ڈرتا ہے اس سے بن دیکھے، پس جس نے اس (تنبیہ) کے بعد بھی حد سے تجاوز کیا، تو اس کے لئیے ایک بڑا اور دردناک عذاب ہے،

۹۵. اے وہ لوگو جو ایمان لائے ہو، تم شکار مت کرو ایسی حالت میں کہ تم احرام میں ہوا کرو اور جس نے تم میں سے جان بوجھ کر ایسے کر لیا تو اس کے ذمے بدلہ ہے مارے ہوئے جانور کے برابر (وہم پلہ) مویشیوں میں سے جس کا فیصلہ تم میں سے دو معتبر آدمی کریں، کعبہ تک پہنچنے والی قربانی کے طور پر، یا (پھر اس کی قیمت کے برابر) کفارہ میں کھانا کھلانا ہو گا کچھ مسکینوں کو، یا اس کے برابر روزے رکھنے ہوں گے، تاکہ وہ چکھے مزہ اپنے کیئے کا اللہ نے معاف فرما دیا اس کو جو کہ اس سے پہلے ہو چکا، اور جس نے پھر یہ حرکت کی تو اللہ اس سے بدلہ لے گا، اور اللہ بڑا ہی زبردست (اور ٹھیک ٹھیک) بدلہ لینے والا ہے،

۹۶. حلال کر دیا گیا تمہارے لئے سمندر کا شکار پکڑنا، اور اس کا کھانا، فائدہ پہنچانے کے لئے تمہیں، اور دوسرے مسافروں کو، اور حرام کر دیا گیا تم پر خشکی کا شکار، جب تک کہ تم احرام کی حالت میں ہو، اور ڈرتے رہا کرو تم لوگ اس اللہ سے جس کے حضور تم سب کو اکٹھا کر کے پیش کیا جائے گا،

۹۷. اللہ نے عزت والے گھر کعبہ کو، لوگوں (کی اجتماعی زندگی) کے لئے قیام کا ذریعہ بنا دیا اور (اسی طرح) عزت والے مہینے، حرم میں قربانی ہونے والے جانور اور ان جانوروں کو بھی جن کے گلے میں (قربانی کی نشانی کے طور پر) پٹے ڈالے ہوں، یہ (قرارداد) اس لئے کہ

تاکہ تم یقین جان لو کہ اللہ کے علم میں ہے وہ سب کچھ جو کہ آسمانوں میں ہے اور وہ سب کچھ بھی جو کہ زمین میں ہے، اور یہ کہ اللہ ہر چیز کو پوری طرح جانتا ہے،

۹۸. یقین جانو کہ اللہ عذاب دینے میں بھی بڑا سخت ہے، اور یہ کہ وہ بڑا ہی بخشنے والا نہایت ہی مہربان بھی ہے،

۹۹. رسول کے ذمے تو (پیغام حق کو) پہنچا دینا ہے اور بس اور اللہ جانتا ہے وہ سب کچھ جسے تم لوگ ظاہر کرتے ہو اور وہ سب کچھ بھی جسے تم چھپاتے ہو،

۱۰۰. کہو (اے پیغمبر! کہ باہم) برابر نہیں ہو سکتے پاک اور ناپاک، اگرچہ ناپاک کی بہتات تمہیں اچھی ہی کیوں نہ لگتی ہو، پس ڈرتے رہا کرو تم لوگ اللہ سے، اے عقل خالص رکھنے والو! تاکہ تم فلاح پا سکو،

۱۰۱. اے وہ لوگو، جو ایمان لائے ہو، تم مت پوچھا کرو ایسی باتوں کے بارے میں کہ جو اگر تم پر ظاہر کر دی جائیں تو تمہیں بری لگیں، اور اگر تم ان کے بارے میں ایسے وقت میں پوچھو گے جب کہ قرآن نازل ہو رہا ہے، تو وہ تم پر ظاہر کر دی جائیں گی، اللہ نے معاف فرما دیا ان سوالات سے متعلق (جو اس سے پہلے تم لوگ کر چکے ہو) اور اللہ بڑا ہی بخشنے والا، نہایت ہی بردبار ہے،

۱۰۲. تم سے پہلے ایک گروہ ایسی باتیں پوچھ چکا ہے، پھر (جواب ملنے پر) وہی ان کے منکر ہو گئے،

۱۰۳. اللہ نے تو نہ کوئی بحیرہ مقرر کیا ہے، نہ سائبہ، نہ کوئی وصیلہ، اور نہ حام، مگر وہ لوگ جنہوں نے کفر کیا وہ (اپنی ہی طرف سے) جھوٹ (اور بہتان) باندھتے ہیں اللہ پر، اور ان میں سے اکثر ایسے ہیں جو اپنی عقلوں سے کام نہیں لیتے

۱۰۴. جب ان سے کہا جاتا ہے کہ آؤ تم لوگ ان تعلیمات (مقدسہ) کی طرف جن کو نازل فرمایا ہے اللہ نے، اور (آؤ تم) اس کے رسول کی طرف، تو یہ جواب دیتے ہیں کہ ہمیں کافی ہے (وہی کچھ) جس پر پایا ہم نے اپنے باپ دادا کو، تو کیا (یہ لوگ اپنے باپ دادا کے طریقوں ہی پر چلتے رہیں گے) اگرچہ وہ نہ کچھ علم رکھتے ہوں اور نہ ہی انہیں سیدھی راہ کی کوئی خبر ہو؟

۱۰۵. اے وہ لوگو! جو ایمان لائے ہو، (اصل میں اور سب سے پہلے تو) تم اپنی فکر کرو دوسرے کسی کی گمراہی تمہارا کچھ نہیں بگاڑ سکتی جب کہ تم خود ہدایت پر ہو (اور یاد رکھو کہ) بالآخر اللہ ہی کی طرف لوٹ کر جانا ہے تم سب کو، پھر وہ بتا دے گا تم کو وہ سب کچھ جو تم کرتے رہے تھے (زندگی بھر)

۱۰۶. اے وہ لوگو! جو ایمان لائے ہو، تمہارے درمیان گواہی (کا نصاب) جب کہ آپہنچے تم میں سے کسی کو موت، وصیت کے وقت (یہ ہے کہ) دو معتبر آدمی ہوں تم میں سے، یا دوسروں سے (یعنی غیر مسلم ہوں) اگر تم کہیں سفر پر ہوؤ، اور (اس دوران) آپہنچے تم کو موت کی مصیبت اور تم کو مسلمان گواہ یسر نہ آسکیں) تم ان کو روکے رکھو (اے وارثو!) نماز کے بعد، اگر تمہیں ان کے بارے میں شک پڑ جائے، پھر وہ دونوں اللہ (کے نام) کی قسم کھا کر کہیں کہ ہم اس قسم کے بدلے میں کوئی مال نہیں چاہتے، اگرچہ وہ شخص ہمارا قریبی

ہی کیوں نہ ہو، اور نہ ہی ہم چھپاتے ہیں اللہ کی (فرض کردہ) گواہی کو، ورنہ ہم یقینی طور پر گناہ گاروں میں شمار ہوں گے،

۱۰۷. پھر اگر (کسی طرح) پتہ چل جائے کہ وہ دونوں کسی گناہ کے مرتکب ہوئے ہیں، تو ان کی جگہ اور دو گواہ کھڑے ہو جائیں، ان لوگوں میں سے جن کی حق تلفی ہوئی ہو، جو سب سے زیادہ قریبی ہوں میت کے، پھر وہ دونوں اللہ (کے نام) کی قسم کھا کر کہیں کہ ہماری گواہی ان دونوں کی گواہی سے زیادہ سچی ہے، اور ہم نے زیادتی نہیں کی، ورنہ ہم یقینی طور پر ظالموں میں شمار ہوں گے،

۱۰۸. یہ طریقہ زیادہ قریب ہے اس بات کے کہ وہ گواہی دیں، اس کے (صحیح) طریقے پر، یا (کم از کم) اس بات سے ہی ڈریں کہ ان کی قسموں کے بعد دوسری قسموں سے کہیں ان کی تردید نہ کر دی جائے، اور ہمیشہ ڈرتے رہا کرو تم اللہ سے (اے لوگو!) اور سنا کرو، اور (یہ حقیقت پیش نظر رکھو کہ) اللہ ہدایت سے نہیں نوازتا فاسق (و بدکار) لوگوں کو،

۱۰۹. (اور یاد کرو اس دن کو کہ) جس دن اللہ جمع فرمائے گا سب رسولوں کو، پھر ان سے پوچھے گا کہ کیا جواب دیا گیا تم کو (اپنی امتوں کی طرف سے)؟ تو وہ عرض کریں گے کہ ہمیں کچھ خبر نہیں، (آپ ہی بہتر جانتے ہیں کہ) بلاشبہ آپ ہی ہیں (اے ہمارے مالک!) جاننے والے سب غیبوں کے،

۱۱۰. جب کہ اللہ فرمائے گا، اے عیسیٰ بیٹے مریم کے، یاد کرو میرا وہ احسان جو میں نے کیا تم پر اور تمہاری والدہ پر، جب کہ میں نے تمہاری مدد کی اس پاکیزہ روح (جبرائیل امین) کے

ذریعے، تم لوگوں سے بات کرتے تھے (ماں کی) گود میں بھی اور بڑی عمر کو پہنچ کر بھی، اور جب کہ میں نے سکھائی تم کو کتاب اور حکمت، اور تورات وانجیل، اور جب کہ تم مٹی کا پتلا بناتے تھے پرندے کی شکل پر میرے اذن (اور حکم) سے، پھر تم اس میں پھونک مارتے تھے تو وہ (سچ مچ کا) پرندہ بن جاتا تھا میرے اذن (او حکم) سے، اور (جب کہ) تم اچھا کر دیتے تھے مادرزاد اندھے اور کوڑھی کو میرے اذن (اور حکم) سے، اور جب کہ تم نکالتے تھے مردوں کو زندہ کرکے ان کی قبروں سے میرے (حکم و) اذن سے اور جب کہ میں نے روک دیا بنی اسرائیل کو تم (تک رسائی پانے) سے، جب کہ تم ان کے پاس آئے کھلی نشانیوں کے ساتھ، تو ان میں کے ان لوگوں نے جوڑے ہوئے تھے اپنے کفر (وباطل) پر، کہا کہ یہ تو ایک کھلے جادو کے سوا اور کچھ نہیں،

۱۱۱. اور جب کہ میں نے حواریوں کے دل میں ڈالی یہ بات کہ تم ایمان لاؤ مجھ پر، اور میرے رسول پر، تو انھوں نے عرض کیا کہ ہم (صدق دل سے) ایمان لے آئے، اور آپ گواہ رہیئے کہ ہم پورے فرمانبردار رہیں

۱۱۲. (اور وہ وقت بھی یاد رکھنے کے لائق ہے کہ) جب حواریوں نے کہا کہ اے عیسیٰ بیٹے مریم کے، کیا آپ کا رب یہ کر سکتا ہے کہ اتار دے ہم پر (نعمتوں بھرا) ایک خوان آسمان سے؟ (یعنی یہ بات کہیں خلاف حکمت تو نہیں) (تو اس کے جواب میں عیسیٰ نے ان سے) کہا کہ تم لوگ ڈرو اللہ سے، اگر تم واقعی ایماندار ہو،

۱۱۳. انہوں نے کہا کہ ہم تو یہ چاہتے ہیں کہ ہم کھائیں اس میں سے اور مطمئن ہو جائیں، ہمارے دل اور ہم (مزید یقین و وثوق سے) جان لیں کہ آپ نے سچ کہا ہے ہم سے، اور ہم ہو جائیں اس پر گواہی دینے والوں میں سے

۱۱۴. اس پر عیسیٰ بن مریم نے دعا کی کہ اے اللہ، ہمارے رب، اتار دے ہم پر آسمان سے ایک ایسا خوان جو کہ عید قرار پائے، ہمارے اگلوں کے لئے بھی اور پچھلوں کے لئے بھی، اور ایک (عظیم الشان) نشانی تیری طرف سے، اور ہمیں روزی عطا فرما اور تو ہی ہے (اے ہمارے رب!) سب سے بہتر روزی رساں،

۱۱۵. اللہ نے فرمایا بیشک میں اس کو اتارنے والا ہوں تم لوگوں پر، مگر (یاد رکھو کہ) جس نے کفر کیا اس کے بعد تم میں سے، تو یقیناً میں اس کو ایسی (سخت) سزا دوں گا جو میں نے دنیا جہاں میں کسی کو نہ دی ہوگی،

۱۱۶. اور (وہ وقت بھی یاد کرنے کے لائق ہے کہ) جب اللہ فرمائے گا، اے عیسیٰ بیٹے مریم کے، کیا تم نے لوگوں سے کہا تھا کہ تم مجھے اور میری ماں کو معبود بنا لو، اللہ (وحدہٗ لاشریک) کے سوا؟ تو اس پر عیسیٰ (دست بستہ) عرض کریں گے، کہ پاک ہے تو (اے میرے مالک!) میرا یہ کام نہیں ہو سکتا تھا کہ میں کوئی ایسی بات کہوں جس کا مجھے کوئی حق نہیں، اگر (بالفرض) میں نے ایسی کوئی بات کہی ہوتی، تو آپ کو ضرور اس کا علم ہوتا، کہ آپ کو وہ سب کچھ معلوم ہے جو میرے دل میں ہے اور میں نہیں جانتا جو کچھ آپ کے دل میں ہے، بیشک تو ہی ہے (اے میرے مالک!) جاننے والا سب غیبوں کا

۱۱۷. میں نے تو ان سے بس وہی کچھ کہا جس کا آپ نے مجھے حکم فرمارکھا تھا، کہ تم سب اللہ ہی کی بندگی کرو (اے لوگو!) جو کہ رب ہے میرا بھی، اور تمہارا بھی، اور میں ان کی پوری طرح نگرانی کرتا رہا جب تک کہ میں ان کے درمیان موجود رہا، پھر جب تو نے مجھے (اے میرے مالک) اٹھالیا تو تو ہی ان کا نگران (و نگہبان) تھا، اور تو ہر چیز سے پوری طرح آگاہ ہے

۱۱۸. اب اگر تو ان کو سزا دے تو (بجا طور پر دے سکتا ہے کہ) یہ تیرے بندے ہیں، اور اگر ان کو معاف فرما دے تو (یہ بھی کر سکتا ہے کہ) بیشک تو ہی ہے سب پر غالب، نہایت ہی حکمت والا

۱۱۹. تب اللہ فرمائے گا کہ یہ وہ دن ہے جس میں سچوں کو کام دے گا ان کا سچ، (جس کا کامل مظہر یہ ہو گا کہ) ان کے لئے ایسی عظیم الشان جنتیں ہوں گی، جن کے نیچے سے بہہ رہی ہوں گی طرح طرح کی عظیم الشان نہریں، جن میں ان کو ہمیشہ ہمیشہ کے لئے رہنا نصیب ہو گا، اللہ ان سے راضی ہو گا، اور وہ اللہ سے راضی ہوں گے یہی ہے بڑی کامیابی،

۱۲۰. اللہ ہی کے لئے ہے بادشاہی آسمانوں اور زمین کی، اور اور ان سب چیزوں کی جو کہ ان میں پائی جاتی ہیں، اور وہ ہر چیز پر پوری قدرت رکھتا ہے۔

***

٦ - الأنعام

بِسْمِ اللّٰهِ الرَّحْمٰنِ الرَّحِيْمِ

اللہ کے نام سے جو رحمان ورحیم ہے

١. سب تعریفیں اللہ ہی کے لئے ہیں جس نے پیدا فرمایا (ان عظیم الشان) آسمانوں اور (اس حکمت بھری) زمین کو، اور اس نے بنائے اندھیرے اور روشنی، پھر بھی کافر لوگ اپنے رب کے برابر ٹھہراتے ہیں (دوسروں کو)،

٢. وہ (اللہ) وہی تو ہے جس نے پیدا فرمایا تم سب کو مٹی سے، پھر اس نے مقرر فرمادی ایک مدت (تمہاری موت کی) اور ایک اور مدت بھی اس کے یہاں طے شدہ ہے، (تو کیا) پھر بھی تم لوگ شک کرتے ہو

٣. اور وہی اللہ (معبود برحق) ہے آسمانوں میں بھی، اور زمین میں بھی، وہ جانتا ہے تمہارے پوشیدہ (احوال) کو بھی، اور کھلے کو بھی، اور اسے خوب معلوم ہے وہ سب کچھ جو تم لوگ کرتے ہو،

۴. اور نہیں آتی ان کے پاس کوئی نشانی ان کے رب کی نشانیوں میں سے مگر یہ لوگ اس سے منہ موڑے ہی رہتے ہیں،

۵. چنانچہ اب انہوں نے اس حق کو بھی جھٹلا دیا جب کہ وہ ان کے پاس پہنچ گیا، سو عنقریب ہی آجائے گی ان کے پاس حقیقت ان خبروں کی جن کا یہ لوگ مذاق اڑاتے تھے

٦. کیا دیکھا نہیں ان لوگوں نے (اور سبق نہیں لیا اس سے) کہ ہم ان سے پہلے کتنی ہی ایسی قوموں کو ہلاک کر چکے جن کو ہم نے زمین میں وہ اقتدار بخشا تھا جو تمہیں نہیں بخشا ان پر ہم نے اوپر سے موسلا دھار مینہ برسائے، اور ان کے نیچے سے نہریں جاری کر دیں مگر آخر کار (جب ان لوگوں نے ان نعمتوں کے کفران ہی سے کام لیا تو) ہم نے ان کو ہلاک کر دیا، ان کے گناہوں کی پاداش میں، اور ان کے بعد (ان کی جگہ) ہم نے پیدا کر دیا دوسری قوموں کو،

۷. اور (ان لوگوں کے عناد اور ہٹ دھرمی کا یہ حال ہے کہ) اگر ہم آپ پر (اے پیغمبر! کاغذ میں لکھی کوئی کتاب بھی اتار دیتے جسے یہ لوگ اپنے ہاتھوں سے چھو کر دیکھ بھی لیتے، تب بھی ان کافروں نے یقیناً یہی کہنا تھا کہ یہ کچھ نہیں مگر ایک جادو ہے کھلم کھلا

۸. اور کہتے ہیں کہ کیوں نہیں اتارا گیا اس (پیغمبر) پر کوئی فرشتہ، اور اگر ہم (ان فرمائش کے مطابق) کوئی فرشتہ اتار دیتے تو فیصلہ کبھی کا چکا دیا گیا ہوتا، پھر کوئی مہلت نہ ملتی ان (منکر) لوگوں کو،

۹. اور اگر ہم کوئی فرشتہ اتارتے بھی تو یقیناً اس کو کسی انسان کی شکل ہی میں اتارتے، اور (اس صورت میں) ان کو اس پر بھی یقیناً وہی شبہ ہوتا جس میں یہ اب پڑے ہوئے ہیں،

۱۰۔ اور (آپ ان کی باتوں سے دل گیر نہ ہوں اے پیغمبر! کہ) بلاشبہ آپ سے پہلے بھی بہت سے رسولوں کا مذاق اڑایا جا چکا ہے، آخرکار آ گھیرا مذاق اڑانے والوں کو اسی عذاب نے جس کا وہ مذاق اڑاتے رہے تھے

۱۱۔ ان سے کہا کہ چلو (پھرو) تم لوگ (عبرتوں بھری) اس زمین میں، پھر دیکھو کہ کیسا ہوا انجام (حق و صداقت کے) جھٹلانے والوں کا،

۱۲۔ (ان سے) پوچھو کہ کس کا ہے وہ سب کچھ جو کہ آسمانوں اور زمین (کی عظیم الشان کائنات) میں ہے؟ کہو یہ سب کچھ اللہ ہی کا ہے، اس نے لازم فرما دیا اپنے اوپر رحمت کو (اپنے کرم بے پایاں سے) وہ یقیناً جمع کرلائے گا تم سب کو قیامت کے اس دن میں جس میں کوئی شک نہیں (مگر) جن لوگوں نے خود خسارے میں ڈال دیا اپنے آپ کو، وہ پھر بھی ایمان نہیں لائیں گے

۱۳۔ اور اسی (وحدہٗ لا شریک) کا ہے وہ سب کچھ جو کہ ساکن ہوتا ہے رات (کے اندھیرے) میں، اور (جو متحرک ہوتا ہے) دن (کے اجالے) میں اور وہی ہے ہر کسی کی سنتا، سب کچھ جانتا

۱۴۔ کہو کیا میں اس اللہ کے سوا اور کسی کو اپنا سرپرست (و کارساز) بنا لوں؟ جو کہ پیدا کرنے والا ہے آسمانوں اور زمین (کی اس پوری کائنات) کا؟ اور وہ روزی دیتا ہے روزی لیتا نہیں؟ کہو مجھے تو قطعی طور پر یہی حکم دیا گیا ہے کہ میں سب سے پہلے اس کا فرمانبردار ہو جاؤں، نیز یہ کہ تم ہرگز کبھی مشرکوں میں سے نہیں ہونا،

۱۵. کہو کہ میں تو بہر حال ڈرتا ہوں ایک بڑے (ہی ہولناک) دن کے عذاب سے، اگر میں اپنے رب کی نافرمانی کر لوں،

۱۶. جو بچا دیا گیا اس عذاب سے اس روز، تو یقیناً رب تعالیٰ کا اس پر بڑا ہی کرم ہو گیا، اور یہی ہے کھلی (اور حقیقی) کامیابی،

۱۷. اور اگر اللہ تمہیں کسی قسم کی کوئی تکلیف پہنچائے تو اس کے سوا کوئی نہیں جو اس کو دور کر سکے اور اگر وہ تمہیں کسی بھلائی سے بہرہ مند کرے تو کوئی اسے روکنے والا نہیں، کہ وہ ہر چیز پر پوری قدرت رکھتا ہے،

۱۸. اور وہی (وحدہٗ لاشریک) ہے غالب (اور کنٹرول رکھنے والا) اپنے بندوں پر، اور وہی ہے حکمتوں والا، پورا باخبر،

۱۹. (ان سے) پوچھو کہ کس کی گواہی سب سے بڑھ کر ہے، کہو اللہ ہی (سب سے بڑا اور سب سے سچا گواہ ہے، میرے اور تمہارے درمیان، اور وحی کے ذریعے بھیجا گیا میری طرف یہ قرآن تاکہ اس کے ذریعے میں خبردار کروں تم لوگوں کو بھی اور ہر اس شخص کو بھی جس کو یہ پہنچے، کیا (اس کے بعد بھی) تم لوگ واقعی یہ شہادت دے سکتے ہو کہ اللہ کے ساتھ کچھ اور معبود بھی ہیں، کہو میں تو بہر حال یہ گواہی نہیں دے سکتا، کہو کہ بیشک معبود تو بس وہی ایک (اللہ) ہے، اور میں قطعی بیزار ہوں ان سے جنہیں تم لوگ شریک ٹھہراتے ہو

۲۰. جن لوگوں کو ہم نے کتاب دی وہ ایسا پہچانتے ہیں اس پیغمبر) کو، جیسا کہ وہ پہچانتے ہیں اپنے بیٹوں کو، مگر جن لوگوں نے خسارے میں ڈال رکھا ہے اپنے آپ کو، وہ پھر بھی ایمان نہیں لاتے

۲۱. اور اس سے بڑھ کر ظالم اور کون ہو سکتا ہے جو جھوٹا بہتان باندھے اللہ پر، یا جھٹلائے اس کی آیتوں کو، بیشک کبھی فلاح نہیں پاسکتے ایسے ظالم

۲۲. اور جس دن اکٹھا کر لائیں گے ہم ان سب کو، پھر مشرکوں سے ہم (ان تذلیل و توبیخ کے لئے) کہیں گے کہ کہاں ہیں تمہارے ٹھہرائے ہوئے شریک جن کا تمہیں بڑا دعویٰ (او گھمنڈ) تھا؟

۲۳. پھر ان کا کوئی (عذر اور) بہانہ نہ ہو گا سوائے اس کے کہ وہ کہیں گے کہ ہمیں قسم ہے اللہ کی، جو کہ رب ہے ہمارا کہ ہم مشرک نہیں تھے

۲۴. دیکھو تو سہی کہ (اس وقت) وہ کیسا صاف جھوٹ بولیں گے خود اپنے خلاف؟ اور گم ہو جائیں گے ان کے وہ سب معبود جن کو وہ جھوٹ موٹ گھڑا کرتے تھے

۲۵. اور ان میں سے کچھ ایسے بھی ہیں جو آپ کی طرف کان لگاتے ہیں، مگر (ان کی بدنیتی اور ان کے خبث باطن کے سبب) ہم نے پردے ڈال دیئے ان کے دلوں پر، اس سے کہ وہ اسے سمجھ سکیں، اور ڈاٹ لگا دیئے ان کے کانوں پر، (اس سے کہ یہ اسے سن سکیں صحیح طور پر) اور (ان لوگوں کی ہٹ دھرمی کا حال یہ ہے کہ) اگر یہ ہر نشانی بھی دیکھ لیں تو بھی اس پر ایمان نہیں لائیں گے، یہاں تک کہ جب وہ آپ کے پاس آتے ہیں تو آپ سے

جھگڑتے ہیں، اور کافر لوگ کہتے ہیں کہ نہیں ہے، یہ (قرآن) مگر (قصے) کہانیاں پہلے لوگوں کی

۲۶. اور یہ (لوگ اوروں کو بھی) روکتے ہیں اس (پیغام حق) سے، اور خود بھی اس سے (رکتے اور) بھاگتے ہیں اور اس طرح یہ ہلاک نہیں کرتے مگر اپنے ہی آپ کو مگر یہ سمجھتے نہیں

۲۷. اور اگر تم دیکھ سکو حالت اس وقت کی جب کہ کھڑا کیا گیا ہو گا ان لوگوں کو دوزخ کے کنارے پر اور یہ (مارے حیرت و حسرت کے اس طرح) کہہ رہے ہوں گے کہ اے کاش ہمیں کسی طرح واپس بھیج دیا جائے (دنیا میں) تو ہم کبھی نہ جھٹلائیں گے اپنے رب کی آیتوں کو اور ہم ہو جائیں گے ایمانداروں میں سے

۲۸. (مگر یہ کوئی اطاعت کی نیت سے نہیں) بلکہ (اس لئے کہیں گے کہ) ظاہر ہو جائے گا ان کے سامنے وہ کچھ جسے یہ اس سے پہلے (زندگی بھر) چھپاتے رہے تھے، اور اگر (بالفرض) ان کو واپس بھیج بھی دیا جائے تو بھی انہوں نے یقیناً پھر وہی کچھ کرنا ہے جس سے ان کو منع کیا گیا تھا اور یہ پرلے درجے کے جھوٹے ہیں،

۲۹. اور کہتے ہیں کہ ہماری زندگی تو بس یہی دنیا کی زندگی ہے اور بس ہم نے دوبارہ نہیں اٹھنا

۳۰. اور اگر تم دیکھ سکو (حال اس وقت کا) جب کہ ان لوگوں کو کھڑا کر دیا گیا ہو گا ان کے رب کے حضور (تو تم بڑا ہی عجیب اور عبرتناک منظر دیکھو) وہ ان سے پوچھے گا کیا یہ حق نہیں ہے؟ تو یہ کہیں گے ہاں کیوں نہیں، قسم ہے ہمارے رب کی تب وہ فرمائے گا کہ اچھا تو

اب چکھو تم لوگ مزہ اس عذاب کا اپنے اس کفر (و انکار) کے بدلے میں جو تم زندگی بھر) کرتے رہے تھے

۳۱. قطعی طور پر خسارے میں ہیں وہ لوگ جنہوں نے جھٹلایا اللہ کی ملاقات (اور پیشی) کو یہاں تک کہ جب ان پر اچانک آ پہنچے گی (قیامت کی) وہ گھڑی، تو (اس وقت ایسے لوگ بصد حسرت) کہیں گے کہ ہائے افسوس ہماری اس کوتاہی (اور کم بختی) پر جو ہم نے اس کے بارے میں (زندگی بھر) روا رکھی اور یہ اٹھائے ہوں گے اپنے (گناہوں کے) بوجھ اپنی پیٹھوں پر، آگاہ رہو کہ بڑا ہی برا ہے وہ بوجھ جس کو یہ لوگ اٹھائے ہوں گے اپنے (گناہوں کے) بوجھ اپنی پیٹھوں پر

۳۲. اور کچھ نہیں دنیا کی یہ زندگی مگر اک کھیل اور تماشہ، اور آخرت کا گھر تو یقیناً اس سے کہیں بہتر ان لوگوں کے لئے جو (ڈرتے اور) بچتے ہیں (اپنے رب کی نافرمانی و ناراضگی سے) تو کیا تم لوگ (پھر بھی) نہیں سمجھتے؟

۳۳. بلاشبہ ہم خوب جانتے ہیں کہ آپ کے لئے (اے پیغمبر) غم کا باعث بن رہی ہیں ان لوگوں کی وہ باتیں جو یہ لوگ بناتے ہیں مگر (آپ پرواہ نہ کریں کہ) یہ لوگ آپ کو نہیں جھٹلاتے بلکہ یہ ظالم دراصل اللہ کی آیتوں کا انکار کر رہے ہیں

۳۴. اور بلاشبہ آپ سے پہلے بھی جھٹلایا جا چکا ہے بہت سے رسولوں کو، مگر انہوں نے صبر (برداشت) ہی سے کام لیا اس تکذیب اور ایذا رسانی پر جس سے ان کو پالا پڑا، یہاں تک کہ آ

پہنچی ان کو ہماری مدد اور کوئی نہیں بدل سکتا اللہ کی باتوں کو، اور بلاشبہ پہنچ گئے آپ کے پاس کچھ حالات پہلے گزرے ہوئے رسولوں کے

۳۵. اور اگر گراں گزرے آپ پر ان لوگوں کا (حق سے) منہ موڑنا (جس سے آپ ان کے فرمائشی معجزات ہی چاہنے لگیں) تو اگر آپ سے ہو سکے تو ڈھونڈ لو کوئی سرنگ زمین میں (اترنے کو) یا کوئی سیڑھی آسمان میں (چڑھنے کو) پھر لا سکو ان لوگوں کے پاس کوئی نشانی (تو بیشک لے آؤ) اور اگر اللہ کو (خواہ مخواہ ان لوگوں کو ایمان پر لانا ہی) منظور ہوتا تو وہ یقیناً ان سب کو یونہی ہدایت پر جمع کر دیتا، پس تم مت بنو نادانوں میں سے

۳۶. (ہدایت تو) وہی لوگ قبول کرتے ہیں جو سنتے ہیں، رہے مردے تو انھیں بس اللہ ہی زندہ کر کے اٹھائے گا، پھر وہ سب اسی کی طرف لوٹائے جائیں گے

۳۷. اور کہتے ہیں کہ کیوں نہیں اتاری گئی اس (پیغمبر) پر کوئی نشانی اس کے رب کی طرح سے (ہماری فرمائش کے مطابق،) کہو کہ بیشک اللہ قادر ہے اس پر کہ اتار دے ایسی کوئی نشانی لیکن ان میں سے اکثر جانتے نہیں

۳۸. اور نہیں ہے کوئی جانور جو چلتا ہو اس زمین میں، اور نہ کوئی پرندہ جو اڑتا ہوا اپنے پروں کے ساتھ (ان فضاؤں میں) مگر یہ سب مختلف جماعتیں ہیں تم ہی جیسی ہم نے کوئی کسر نہیں چھوری نوشتۂ تقدیر میں، پھر ان سب کو بہر حال اپنے رب ہی کے حضور آنا ہے اکٹھا ہو کر،

۳۹. اور جنھوں نے جھٹلایا ہماری آیتوں کو وہ بہرے اور گوں گے ہیں، طرح طرح کی تاریکیوں میں (ڈوبے پڑے) ہیں، اللہ جسے چاہے گمراہ کردے اور جسے چاہے ڈال دے سیدھے راستے پر،

۴۰. (ان سے) کہو کہ بھلا یہ تو بتاؤ کہ اگر آ جائے تم لوگوں پر اللہ کا عذاب، یا آپہنچے تم کو (قیامت کی) وہ گھڑی، تو کیا اس وقت تم لوگ اللہ کے سوا کسی اور کو پکارو گے اگر تم سچے ہو؟

۴۱. بلکہ ایسے موقع پر تو تم اللہ ہی کو پکارتے ہو، پھر وہ دور فرما دیتا ہے تم سے وہ عذاب جس کے لئے تم اس کو پکارتے ہو اگر وہ چاہے، اور (اس موقع پر) تم بھول جاتے ہو، ان سب کو جن کو تم لوگ اس کا شریک ٹھہراتے ہو،

۴۲. اور بلاشبہ ہم نے آپ سے پہلے بھی بہت سی امتوں کی طرف اپنے رسول بھیجے، پھر (ان کے نہ ماننے پر) ہم نے ان کو پکڑا تنگی اور تکلیف میں، تاکہ وہ لوگ عاجزی کرتے ہوئے جھک جائیں (اپنے رب کے حضور)

۴۳. پھر ایسے کیوں نہ ہوا کہ وہ جھک جاتے (اپنے رب کے حضور، اور عاجزی کرتے) جب کہ آپہنچا تھا ان کے پاس ہمارا عذاب مگر سخت ہو گئے ان کے دل، اور خوشنما بنا دیئے شیطان نے ان کے لئے ان کے وہی کام جو وہ کرتے آرہے تھے

۴۴. پھر جب بھلا (کر پس پشت ڈال) دیا انہوں نے اس نصیحت کو جو ان کو کی گئی تھی، تو ہم نے ان پر کھول دیئے دروازے ہر چیز کے، یہاں تک کہ جب وہ خوب مگن ہو گئے، ان

چیزوں میں جو ان کو دی گئی تھیں، تو ہم نے اچانک ان کو ایسا پکڑا کہ کٹ کر رہ گئیں ان کی سب امیدیں،

۴۵۔ سو جڑ کاٹ کر رکھ دی گئی ان لوگوں کی جو اڑے ہوئے تھے اپنے (ظلم و عدوان) پر، اور سب تعریفیں اللہ ہی کے لئے ہیں جو پروردگار ہے سب جہانوں کا

۴۶۔ (ان سے) کہا کہ کیا تم لوگوں نے کبھی یہ بھی سوچا کہ اگر اللہ چھین لے تم سے تمہاری قوت شنوائی اور (اچک لے تم سے) تمہاری آنکھیں اور مہر لگا دے تمہارے دلوں پر، تو پھر اللہ کے سوا اور کون سا ایسا معبود ہو سکتا ہے، جو تمہیں یہ سب کچھ واپس دلا دے، دیکھو تو کس طرح انداز بدل بدل کر ہم بیان کرتے ہیں اپنی آیتوں کو، مگر یہ لوگ پھر بھی نہ موڑے ہوئے ہیں (حق اور حقیقت سے

۴۷۔ کہو کیا تم نے کبھی یہ بھی دیکھا کہ اگر آ جائے تم پر اللہ کا عذاب اچانک، یا اعلانیہ طور پر، تو کیا اور کوئی ہلاک ہوگا سوائے ظالم لوگوں کے

۴۸۔ اور ہم پیغمبروں کو صرف اسی لئے بھیجتے ہیں کہ وہ خوشخبری دیں اور خبردار کریں، پھر جو کوئی ایمان لے آئے اور وہ اپنی اصلاح کر لے تو ایسے لوگوں پر (آخرت میں) نہ کوئی خوف ہوگا اور نہ ہی وہ غمگین ہوں گے

۴۹۔ اور جنہوں نے جھٹلایا ہماری آیتوں کو ان کو پہنچ کر رہے گا وہ عذاب ان کی ان نافرمانیوں کی پاداش میں جو کہ وہ کرتے رہے تھے

۵۰. (ان سے) کہو کہ میں تم سے یہ نہیں کہتا کہ میرے پاس اللہ کے خزانے ہیں، اور نہ ہی میں غیب جانتا ہوں، اور نہ ہی میں تم سے یہ کہتا ہوں کہ میں کوئی فرشتہ ہوں، میں تو صرف پیروی کرتا ہوں اس وحی کی جو میری طرف بھیجی جاتی ہے، (ان سے) کہو کیا برابر ہو سکتے ہیں اندھا اور آنکھوں والا؟ تو کیا تم لوگ (اتنا بھی) نہیں سوچتے

۵۱. اور خبردار کرتے رہو اس (کتاب حق) کے ذریعے ان لوگوں کو جو ڈرتے ہیں اس بات سے کہ ان کو اکٹھا کر کے لایا جائے گا ان کے رب کے حضور اس حال میں کہ اس کے سوا ان کا نہ کوئی حمایتی ہو گا نہ سفارشی، تاکہ یہ بچ جائیں

۵۲. اور دور نہیں کرنا اپنی مجلس سے ان (بندگان صدق و صفا) کو جو صبح و شام پکارتے ہیں اپنے رب کو اس کی رضا چاہتے ہوئے، آپ کے ذمے ان کا کوئی حساب نہیں، اور نہ ہی آپ کا کوئی حساب ان کے ذمے پھر آپ ان کو دور کر کے ظالموں میں سے ہو جائیں گے،

۵۳. اور ہم نے اسی طرح (کچھ کو امیر اور کچھ کو غریب بنا کر) ان میں سے بعض کو بعض کے لئے آزمائش کا سامان بنا دیا ہے، تاکہ وہ (یعنی کافر و نافرمان مالدار، غریب و نادار اہل ایمان نیکو کاروں کے لئے) یوں کہیں کہ کیا یہی ہیں وہ لوگ جن پر اللہ نے فضل کرنا تھا ہمارے درمیان میں سے؟ کیا اللہ اچھی طرح نہیں جانتا شکر گزاروں کو؟

۵۴. اور جب آئیں آپ کے پاس (اے پیغمبر) وہ لوگ جو ایمان رکھتے ہیں ہماری آیتوں پر، تو (ان کی دلجوئی اور طیب خاطر کے لئے) آپ ان سے یوں کہیں کہ سلام ہو تم پر، لکھ دیا تمہارے رب نے (اپنے کرم بے پایاں سے) اپنے اوپر رحمت فرمانا، کہ تم میں سے جس نے

ارتکاب کرلیا کسی برائی کا جہالت کی بنا پر پھر اس کے بعد اس نے توبہ کرلی اور اصلاح کرلی، تو بلاشبہ وہ (رب کریم) بڑا ہی بخشنے والا، نہایت ہی مہربان ہے،

۵۵. اور اسی طرح تفصیل سے بیان کرتے ہیں ہم اپنی آیتوں کو (تاکہ حق کھل کر سامنے آ جائے) اور تاکہ واضح ہو جائے راستہ مجرم لوگوں کا

۵۶. کہو مجھے تو بہر حال اس سے روکا گیا ہے کہ میں ان کی بندگی کروں جنہیں تم لوگ (پوجتے) پکارتے ہو اللہ کے سوا، کہو کہ میں کبھی پیروی نہیں کر سکتا تمہاری خواہشات کی بلاشبہ اس صورت میں میں بھٹک جاؤں گا اور راہ راست پر چلنے والوں میں سے نہ رہوں گا

۵۷. کہو کہ میں تو بہر حال ایک روشن دلیل پر قائم ہوں اپنے رب کی طرف سے اور تم لوگوں نے اس کو جھٹلا دیا ہے میرے اختیار میں نہیں ہے، وہ چیز جس کی تم لوگ جلدی مچا رہے ہو، حکم تو بس اللہ ہی کا ہے، وہی بیان کرتا ہے حق کو اور وہی ہے سب سے اچھا فیصلہ کرنے والا

۵۸. (ان سے) کہو کہ اگر میرے اختیار میں ہوتا وہ کچھ جس کی تم لوگ جلدی مچا رہے ہو تو کبھی کا چکا دیا ہوتا اس معاملے کو میرے اور تمہارے درمیان، اور اللہ خوب جانتا ہے ظالموں کو،

۵۹. اور اسی کے پاس ہیں کنجیاں غیب کی، نہیں اس کے سوا کوئی نہیں جانتا، اور وہ جانتا ہے وہ سب کچھ جو کہ خشکی اور تری میں ہے اور نہیں کرتا کوئی پتہ مگر وہ اس کو جانتا ہے اور نہ ہی پڑتا ہے کوئی دانہ زمین (کی تاریکیوں) میں، اور نہ کوئی تر اور خشک چیز ہے مگر یہ سب کچھ (مسطور و مندرج ہے ایک روشن کتاب میں،

۶۰. اور وہ (مالک) وہی تو ہے، جو تمہاری روحیں قبض کرلیتا ہے رات کو، اور وہ جانتا ہے وہ سب کچھ جو کہ تم لوگ کرتے ہو دن میں، پھر وہ (اپنے کرم سے زندہ) اٹھاتا ہے تمہیں دن میں تاکہ پوری ہو جائے مقررہ مدت تمہاری زندگی کی) آخر کار تم سب کو بہر حال اسی طرف لوٹ کر جانا ہے، پھر وہ تمہیں بتا دے گا وہ سب کچھ جو تم لوگ کرتے رہے تھے (اپنی زندگی میں)

۶۱. اور وہ قاہر (و غالب) ہے اپنے بندوں پر، اور وہ بھیجتا ہے تم پر نگرانی کرنے والے (فرشتے) یہاں تک کہ جب آ پہنچتا ہے تم میں سے کسی کی موت کا وقت، تو قبض کر لیتے ہیں ہمارے فرشتے اس (کی جان) کو، اور وہ اس میں کوئی کوتاہی نہیں کرتے،

۶۲. پھر لوٹا دیا جاتا ہے اس سب کو اللہ کی طرف جو کہ مالک حقیقی ہے ان سب کا، آگاہ رہو کہ حکم اللہ ہی کا ہے اور وہ بہت ہی جلد حساب چکانے والا ہے،

۶۳. (اور ان سے ذرا یہ تو) پوچھو کہ کون ہے وہ جو تمہیں نجات دیتا ہے خشکی اور تری کی تاریکیوں میں تم پکارتے ہو اس کو گڑگڑاتے ہوئے اور چپکے چپکے، کہ اگر وہ ہمیں بچا لے اس (مصیبت و بلا) سے، تو ہم ضرور اس کے شکر گزار بن کر رہیں گے

۶۴. کہو وہ اللہ ہی ہے جو تمہیں بچا نکالتا ہے اس مصیبت سے بھی، اور (اس کے علاوہ دوسری) ہر سختی سے بھی، پھر بھی تم لوگ شرک کرتے ہو؟

۶۵. کہو کہ وہ اس پر بھی قادر ہے کہ بھیج دے تم پر کوئی ہولناک عذاب تمہارے اوپر سے، یا تمہارے قدموں کے نیچے سے، یا وہ ٹکرا دے تم لوگوں کو آپس میں مختلف گروہ بنا کر، اور

چکھا دے تم کو آپس میں ایک دوسرے کی لڑائی کا مزہ، ذرا دیکھو توکہ ہم کسی طرح پھیر پھیر کر (اور طرح طرح سے) بیان کرتے ہیں اپنی آیتوں کو، تاکہ یہ لوگ سمجھ سکیں،

٦٦. مگر (اس سب کے باوجود) جھٹلا دیا تمہاری قوم نے اس (پیغام صدق وصفا) کو حالانکہ یہ سراسر حق ہے، (ان سے) کہو کہ میں تمہارا کوئی ذمہ دار نہیں ہوں

٦٧. ہر چیز کا ایک وقت مقرر ہے اور عنقریب تم لوگ خود ہی جان لوگے،

٦٨. اور جب تم دیکھو (اے مخاطب) ان لوگوں کو جو نکتہ چینیاں کرتے ہیں ہماری آیتوں میں، تو ان سے الگ ہو جاؤ یہاں تک کہ وہ (اس گفتگو کو چھوڑ کر) لگ جائیں کسی اور بات میں، اور اگر کبھی بھلاوے میں ڈال دے تم کو (تمہارا ازلی دشمن) شیطان تو یاد آ جانے کے بعد تم مت بیٹھو ایسے ظالم لوگوں کے ساتھ

٦٩. اور پرہیزگاروں پر ان لوگوں کے حساب میں سے کسی چیز کی کوئی ذمہ داری نہیں، البتہ (بقدر استطاعت) نصیحت کرنا ان کا فرض ہے، شاید کہ وہ لوگ باز آ جائیں،

٧٠. اور چھوڑ دو ان لوگوں کو جنہوں نے ٹھہرا رکھا ہے اپنے دین کو کھیل تماشے کا سامان، اور دھوکے میں ڈال رکھا ہے ان کو دنیا کی زندگی (کی چکا چوند) نے اور نصیحت (و یاددہانی) کرتے رہو اس (قرآن) کے ذریعے کہ کہیں کوئی پکڑا جائے اپنے کیئے کی پاداش میں، اس طور پر کہ اس کے لئے اللہ کے سوا نہ کوئی حمایتی ہو نہ سفارشی، اور اگر وہ اپنے بدلے میں (دنیا بھر کا) ہر معاوضہ بھی دے تو بھی وہ اس سے نہ لیا جائے، یہی ہیں وہ لوگ جو پکڑے گئے اپنے

کئے (کرائے) کی پاداش میں، ان کے پینے کے لئے کھولتا پانی ہوگا، اور ان کے لئے ایک بڑا ہی دردناک عذاب ہوگا اس کفر کی پاداش میں جو کہ یہ بات کرتے رہے تھے،

۷۱. (ان سے) کہو کہ کیا ہم اللہ کے سوا ایسوں کو پکاریں جو نہ ہمیں کچھ نفع دے سکیں، نہ نقصان پہنچا سکیں، اور کیا ہم الٹے پاؤں پھر جائیں اس کے بعد کہ اللہ نے نواز دیا ہمیں ہدایت کی دولت سے، اس شخص کی طرح جس کو بے راہ کر دیا ہو شیطانوں نے صحرا میں حیران (و سرگرداں) کر کے، جب کہ اس کے ساتھی اس کو پکار رہے ہوں سیدھی راہ کی طرف، کہ چلے آؤ تم ہمارے پاس، کہو کہ بیشک اللہ کی (بتلائی ہوئی) راہ ہی سیدھی راہ ہے، اور ہمیں اسی کا حکم ملا ہے کہ ہم گردن ڈال دیں، پروردگار عالم کے حضور

۷۲. اور یہ کہ تم قائم کرو نماز اور ڈرتے رہو اسی (وحدہٗ لاشریک) سے، اور وہ وہی ہے جس کے حضور تم سب کو بہرحال حاضر ہونا ہے اکٹھے ہو کر،

۷۳. اور وہ وہی ہے جس نے پیدا فرمایا آسمانوں اور زمین کو حق کے ساتھ، اور جس دن وہ فرمائے گا (ہر فنا شدہ چیز سے) کہ ہو جا تو وہ ہو جائے گی اس کی بات بہرحال سچی ہے، اور اسی کی بادشاہی ہوگی (حقیقت میں بھی اور ظاہر میں بھی اس روز) جس روز کہ پھونک ماردی جائے گی صور میں، وہی ہے جاننے والا چھپی کو بھی، اور ظاہر کو بھی، اور وہی ہے نہایت حکمت والا، پورا باخبر،

۷۴. اور (وہ بھی یاد کرو کہ) جب ابراہیم نے کہا اپنے باپ آزر سے، کہ کیا آپ نے (من گھڑت) بتوں کو معبود قرار دے رکھا ہے، بیشک میں دیکھ رہا ہوں آپ کو بھی اور آپ کی قوم کو بھی (ڈوبا ہوا) کھلی گمراہی میں،

۷۵. اور اسی طرح دکھاتے رہے ہم ابراہیم کو بادشاہی آسمانوں اور زمین کی (حقیقت کے عین مطابق، تاکہ وہ اس سے حق پر استدلال کر سکیں) اور تاکہ وہ ہو جائے کامل یقین والوں میں سے

۷۶. پھر جب چھا گئی اس پر رات کی تاریکی تو ابراہیم نے ایک ستارے کو دیکھ کر کہا کہ یہ میرا رب ہے، مگر جب وہ ڈوب گیا تو آپ نے فرمایا کہ میں محبت نہیں کر سکتا ڈوب جانے والوں سے

۷۷. پھر جب انہوں نے دیکھا چاند کو چمکتا ہوا تو کہا کہ یہ میرا رب ہے، مگر جب وہ بھی ڈوب گیا تو فرمایا کہ اگر میرے رب نے مجھے ہدایت (کی دولت) سے نہ نوازا ہوتا، تو یقیناً میں شامل ہو گیا ہوتا گمراہ لوگوں میں،

۷۸. پھر جب دیکھا اس نے سورج کو چمکتا ہوا (نہایت آب و تاب سے) تو کہا یہ ہے میرا رب، کہ یہ سب سے بڑا ہے، مگر جب وہ بھی ڈوب گیا، تو آپ پکار اٹھے کہ اے میری قوم! میں قطعی طور پر بری (اور بیزار) ہوں ان سب سے جن کو تم لوگ شریک ٹھہراتے ہو،

۷۹. بیشک میں نے موڑ دیا اپنا رخ اس (معبود حقیقی) کی طرف جس نے پیدا فرمایا آسمانوں اور زمین (کی اس حکمتوں بھری کائنات) کو، یکسو ہو کر اور میرا کوئی لگاؤ نہیں مشرکوں سے،

۸۰. اور جھگڑنے لگی ان سے ان کی قسم تو آپ نے فرمایا کیا تم لوگ مجھ سے جھگڑے (اور حجت بازی کرتے) ہو اللہ کے بارے میں؟ جب کہ اس نے مجھے نواز دیا نور ہدایت سے، اور میں نہیں ڈرتا ان چیزوں سے جن کو تم لوگوں نے خدا کا شریک ٹھہراتے ہو اس (وحدہٗ لاشریک) کا مگر یہ کہ میرا رب ہی کوئی بات چاہے، میرے رب کا علم ہر چیز پر (پوری طرح) حاوی ہے تو کیا تم لوگ ہوش میں نہیں آتے؟

۸۱. اور (آخر) میں ان چیزوں سے کیوں ڈروں جن کو تم لوگوں نے خدا کا شریک ٹھہرا رکھا ہے، جب کہ تم اس بات سے نہیں ڈرتے کہ تم اللہ کا شریک ٹھہراتے ہو ایسی چیزوں کو جن کے لئے اللہ نے تم پر کوئی سند نہیں اتاری؟ تو (تم ہی بتاؤ کہ ایمان و کفر کے) ان دونوں گروہوں میں سے کون زیادہ حق دار ہے امن کا اگر تم جانتے ہو؟

۸۲. جو لوگ ایمان لائے اور انہوں نے آلودہ نہیں کیا اپنے ایمان کو ظلم کے ساتھ، انہی کے لئے ہے امن، اور وہی ہیں سیدھی راہ پر

۸۳. اور یہ تھی ہماری وہ حجت جو ہم نے ابراہیم کو عطا کی تھی ان کی قوم کے مقابلے میں ہم جس کے چاہیں درجے بلند کر دیتے ہیں، بلا شبہ تمہارا رب بڑا ہی حکمت والا، سب کچھ جانتا ہے،

۸۴. اور ہم ہی نے عطا کیا تھا ابراہیم کو اسحاق (جیسا بیٹا) اور یعقوب (جیسا پوتا) ان میں سے ہر ایک کو ہم نے سرفراز کیا تھا ہدایت سے اور نوح کو بھی ہم نے اس سے پہلے ہدایت

بخشی تھی، اور ان (یعنی ابراہیم) کی اولاد میں سے داؤد، سلیمان، ایوب یوسف اور موسیٰ و ہارون کو بھی اور ہم اسی طرح بدلہ دیتے ہیں نیکو کاروں کو

۸۵. اور زکریا، یحییٰ، عیسیٰ اور الیاس کو بھی (ہم نے ہدایت و نبوت کے نور سے سرفراز کیا تھا) یہ سب (ہمارے قریب خاص کے) سزاواروں میں سے تھے،

۸۶. اور اسماعیل، یسع و یونس اور لوط کو بھی اور ان سب کو ہم نے (اپنے اپنے دور میں) فضیلت بخشی تھی سب جہانوں پر،

۸۷. اور ان کے باپ دادوں، ان کی اولادوں، اور ان کے بھائیوں میں سے بھی بعض کو، (ہم نے اس دولت سے نوازا تھا) ان سب (مذکورین) کو ہم نے چنا اور ان کو سیدھی راہ کی ہدایت بخشی،

۸۸. یہ (جس کا ذکر ہوا) اللہ کی ہدایت ہے جس کے ذریعے وہ راہنمائی فرماتا ہے جس کی چاہتا ہے اپنے بندوں میں سے اور اگر (بالفرض) یہ حضرات بھی شرک کرتے تو یقیناً اکارت چلے جاتے ان کے وہ سب عمل جو یہ کرتے رہے تھے

۸۹. یہ ہیں وہ لوگ جن کو ہم نے کتاب دی تھی، اور جن کو ہم نے نوازا تھا حکم اور نبوت سے بھری پس اگر (اس سب بیان اور توضیح کے باوجود) یہ لوگ (اہل مکہ) آپ کی نبوت کا انکار ہی کرتے ہیں، تو (آپ اس کی کوئی پرواہ نہ کریں کہ) ہم نے اس کے لئے ایسے لوگ مقرر کردیئے ہیں جو اس کے منکر نہیں،

۹۰. ان حضرات کو (جن کا ذکر ہوا) اللہ نے (براہ راست) اپنی ہدایت سے نوازا تھا پس تم انہی کی ہدایت کی، پیروی کرو، (ان سے) کہو کہ میں (تبلیغ حق کے) اس کام پر تم سے کوئی اجر نہیں مانگتا یہ تو محض ایک عظیم الشان نصیحت ہے سب جہانوں کے لئے
۹۱. اور قدر نہیں کی ان لوگوں نے اللہ (پاک) کی، جیسا کہ اس کی قدر کرنے کا حق تھا، جب کہ انہوں نے کہا کہ اللہ نے کسی بھی انسان پر کچھ بھی نہیں اتارا پوچھو کہ کس نے اتاری وہ کتاب جس کو موسیٰ سے لے آئے تھے؟، ایک عظیم الشان روشنی اور سراسر ہدایت کے طور پر (اپنے زمانے کے) سب لوگوں کے لئے، جس کو تم لوگوں نے اب ورقے ورقے کر رکھا ہے، کچھ کو تم ظاہر کرتے ہو، اور بہت کچھ تم چھپا جاتے ہو، حالانکہ (اس کے ذریعے) تمہیں وہ کچھ سکھایا گیا جو نہ تم جانتے تھے نہ تمہارے باپ دادا، کہو اللہ ہی ہے (اتارنے والا پھر انھیں چھوڑ دو، کہ یہ اپنی بیہودگی میں پڑے کھیلتے رہیں،
۹۲. اور (اسی طرح) یہ ایک عظیم الشان برکتوں بھری کتاب ہے، جسے ہم نے (اب) اتارا ہے، جو تصدیق کرنے والی ہے ان کتابوں کی جو کہ اس سے پہلے آچکی ہیں (تاکہ دنیا اس کی برکتوں سے مالا مال ہو) اور تاکہ آپ (اس کے ذریعے) خبردار کریں بستیوں کے مرکز (مکہ مکرمہ کے باشندوں) کو، اور ان سب کو جو اس کے گرد ہیں اور جو لوگ آخرت پر ایمان رکھتے ہیں وہ اس پر ایمان لاتے ہیں، اور وہ اپنی نمازوں کی پابندی کرتے ہیں
۹۳. اور اس شخص سے بڑھ کر ظالم اور کون ہو سکتا ہے جو اللہ پر جھوٹا، بہتان گھڑے یا کہے کہ مجھ پر وحی نازل کی گئی ہے، حالانکہ اس پر کسی بھی چیز کی وحی نہیں کی گئی اور جو کہے کہ میں بھی

ویسی ہی چیز اتار سکتا ہوں، جیسی کہ اللہ نے اتاری ہے اور اگر تم دیکھ سکو (حال اس وقت کا) جب کہ ظالم لوگ (گرفتار) ہوں کہ موت کی سختیوں میں اور فرشتے ہاتھ بڑھائے (ان سے کہہ رہے ہوں گے کہ) نکالو تم اپنی جانوں کو آج تمہیں عذاب دیا جائے گا ذلت کا تمہاری ان ناحق باتوں کی پاداش میں جو تم لوگ بنایا کرتے تھے اللہ (کی ذات اقدس و اعلیٰ) کے بارے میں، اور اس بناء پر کہ تم لوگ منہ موڑا کرتے تھے اس کی آیتوں (پر ایمان لانے) سے اپنی بڑائی کے گھمنڈ میں،

۹۴. اور البتہ تحقیق آ گئے تم لوگ ہمارے پاس اکیلے، اکیلے، جیسا کہ ہم نے پیدا کیا تھا تم کو پہلی مرتبہ اور وہ سب کچھ تم نے اپنے پیچھے چھوڑ دیا جو ہم نے تمہیں دیا تھا (اور جس پر تم پھولے نہ سماتے تھے) اور (کیا بات ہے کہ آج) ہم تمہارے ساتھ تمہارے ان سفارشیوں کو نہیں دیکھ رہے، جن کے بارے میں تم سمجھتے تھے کہ وہ تمہارے (امور میں) شریک ہیں، آج بالکل کٹ کر رہ گئے وہ سب روابط جو تمہارے درمیان تھے، اور گم ہو گیا تم سے وہ سب کچھ جس کا تمہیں بڑا دعویٰ (اور گھمنڈ) تھا،

۹۵. بیشک اللہ ہی ہے پھاڑ نکالنے والا دانے اور گٹھلی کو، وہی نکالتا ہے، زندہ کو مردہ سے اور اسی کا کام ہے مردہ کو نکالنا زندہ سے، یہ ہے اللہ پھر تم لوگ کدھر الٹے پھیرے جا رہے ہو؟

۹۶. وہی ہے (تاریکی شب کو چاک کر کے) سپیدہ صبح کو نکالنے والا، اسی نے بنایا رات کو (آرام و) سکون کی چیز، اور سورج اور چاند کو حساب کا ذریعہ، یہ (نہایت ٹھوس اور پر حکمت) منصوبہ بندی ہے اس کی جو سب پر غالب، نہایت علم والا ہے،

۹۷. اور وہ (وحدہٗ لاشریک) وہی تو ہے جس نے بنایا تمہارے لئے ستاروں کو تاکہ تم لوگ ان کے ذریعے راستہ پا سکو، خشکی اور تری کے اندھیروں میں بیشک ہم نے کھول کر بیان کر دیا اپنی نشانیوں کو ان لوگوں کے لئے جو علم رکھتے ہیں،

۹۸. اور وہ وہی ہے جس نے پیدا کیا تم سب کو ایک جان سے، پھر (ہر ایک کے لئے) ایک جائے قرار ہے اور ایک امانت رکھنے کی جگہ بیشک ہم نے کھول کر بیان کر دیا اپنی نشانیوں کو ان لوگوں کے لئے جو سمجھ بوجھ رکھتے ہیں

۹۹. اور وہ (قادر مطلق) وہی تو ہے جس نے اتارا آسمان سے پانی (ایک نہایت ہی حکمت بھرے نظام کے تحت، پھر اس کے ذریعے ہم نے نکالی ہر قسم کی پیداوار پھر اس سے ہم نے نکالی سبز کھیتی جس سے ہم نکالتے ہیں طرح طرح کے غلے، تہ بہ تہ چڑھے ہوتے ہیں جن کے دانے اور کھجور کے شگوفوں میں سے پھلوں کے گچھے بھی، جو (بوجھ کے مارے) جھکے پڑتے ہیں، اور انگوروں کے (قسما قسم کے) باغات بھی، اور زیتون اور انار بھی، جو آپس میں ملتے جلتے بھی ہوتے ہیں، اور ایک دوسرے سے مختلف بھی، تم دیکھو ان میں سے ہر ایک کے پھل کی طرف جب کہ وہ پھل لاتا ہے اور اس کے پکنے کی طرف (جب کہ وہ پکتا ہے) بیشک ان چیزوں میں بڑی نشانیاں ہیں ان لوگوں کے لئے جو ایمان رکھتے ہیں،

۱۰۰. مگر (اس کے باوجود) انہوں نے اللہ کا شریک بنا دیا جنوں کو، حالانکہ پیدا اسی (وحدہٗ لا شریک) نے کیا ہے ان سب کو اور انہوں نے از خود گھڑ لیئے اس کے لئے بیٹے بھی اور بیٹیاں بھی بغیر کسی علم (اور دلیل) کے وہ پاک اور برتر ہے ان تمام باتوں سے جو یہ لوگ بناتے ہیں

۱۰۱. وہ پیدا کرنے والا ہے آسمانوں اور زمین کو بغیر کسی نمونہ و مثال کے اس کی کوئی اولاد کیسے ہو سکتی ہے جب کہ اس کی کوئی بیوی نہیں؟ اور اس نے پیدا فرمایا ہے ہر چیز کو اور وہ ہر چیز کو پوری طرح جانتا ہے

۱۰۲. یہ ہے اللہ رب تم سب کا (اے لوگو) کوئی معبود نہیں سوائے اس کے وہی پیدا کرنے والا ہے ہر چیز کو پس تم سب بندگی کرو اسی (وحدہٗ لا شریک) کی اور وہ ہر چیز پر نگہبان (اور اس کارساز) ہے،

۱۰۳. نگاہیں اس کا احاطہ نہیں کر سکتیں اور وہ سب نگاہوں پر احاطہ کیئے ہوئے ہے، اور وہی ہے نہایت باریک بیں، پورا باخبر،

۱۰۴. بیشک آگئیں تمہارے پاس (اے لوگو!) آنکھیں کھولنے والی نشانیاں تمہارے رب کی جانب سے سو جس نے آنکھ کھولی تو اپنے ہی نفع کے لئے اور جو اندھا بنا رہا تو اس کا وبال خود اسی پر ہوگا اور میں تم پر کوئی نگہبان نہیں ہوں

۱۰۵. اور اسی طرح مختلف طریقوں سے کھول کر بیان کرتے ہیں ہم اپنی آیتوں کو (تاکہ معاندین پر حجت قائم ہو) اور تاکہ وہ کہیں کہ تم نے پڑھ لیا ہے اور تاکہ ہم اسے واضح کر دیں ان لوگوں کے لیۓ جو علم رکھتے ہیں

۱۰۶. پیروی کرتے رہو آپ اس وحی کی جو بھیجی گئی ہے آپ کی طرف آپ کے رب کی جانب سے (اے پیغمبر) کوئی بھی عبادت کے لائق نہیں سوائے اس کے، اور منہ موڑ لو تم ان مشرکوں سے

۱۰۷. اور اگر اللہ چاہتا تو یہ لوگ کبھی شرک نہ کرتے اور ہم نے آپ کو ان پر کوئی نگہبان نہیں بنایا اور نہ ہی آپ (ان کو ان کے اعمال بد پر سزا دینے کے) مختار ہیں

۱۰۸. اور تم گالی مت دینا (اے مسلمانو!) ان کو جن کو (پوجتے) پکارتے ہیں یہ (مشرک) لوگ، کہ کہیں اس کے جواب میں یہ گالیاں نہ بکنے لگیں اللہ (پاک) کو (ظلم و) زیادتی کی بنا، پر بغیر کسی علم کے اسی طرح خوشنما بنا دیا ہے ہم نے ہر گروہ کے لیۓ اس کے لیۓ اس کے عمل کو، آخر کار ان سب کو لوٹ کر بہر حال اپنے رب ہی کے حضور پہنچنا ہے تب وہ بتا دے گا ان کو وہ سب کچھ جو یہ لوگ کرتے رہے تھے (زندگی بھر)

۱۰۹. اور یہ لوگ اللہ کے نام کی کڑی قسمیں کھا کر کہتے ہیں کہ اگر آ جائے ان کے پاس کوئی نشانی (ان کی طلب و فرمائش کے مطابق) تو یہ ضرور بالضرور ایمان لے آئیں گے اس پر تو کہو کہ نشانیاں تو سب اللہ ہی کے اختیار میں ہیں اور تمہیں کیا پتہ (اے مسلمانو! کہ اگر وہ نشانی آ بھی جائے تو بھی انہوں نے ایمان نہیں لانا

۱۱۰. اور ہم پھیر دیں گے ان کے دلوں کو اور ان کی نگاہوں کو (حق کے سمجھنے اور دیکھنے سے) جس طرح کہ یہ ایمان نہیں لائے اس (قرآن عظیم) پر پہلی مرتبہ اور انھیں چھوڑ دیں گے کہ یہ اپنی سرکشی میں پڑے بھٹکتے رہیں

۱۱۱. اور (ان کی ضد اور ہٹ دھرمی کا عالم یہ ہے کہ) اگر ہم ان پر فرشتے بھی اتار دیں، اور مردے بھی ان سے باتیں کرنے لگیں، اور ہم ہر چیز کو ان کے سامنے لاکر پیش کر دیں، تو انہوں نے پھر بھی ایمان نہیں لانا (اپنے عناد اور ہٹ دھرمی کی بناء پر) مگر یہ کہ اللہ ہی چاہے (اور وہ ان کی کایا پلٹ کر دے) لیکن ان میں سے اکثر جہالت برت رہے ہیں،

۱۱۲. اور اسی طرح ہم نے بنا دیئے ہر نبی کے بہت سے (اور مختلف قسم کے) دشمن، شیاطین صفت انسان بھی اور جن بھی، جو چپکے سے (اور خفیہ طور پر) سکھلاتے ہیں، ایک دوسرے کو ملمع کی ہوئی باتیں، دھوکہ دینے (اور گمراہ کرنے) کے لئے، اور اگر تمہارا رب (ان کو جبراً راہ راست پر لانا) چاہتا تو یہ ایسا کبھی نہ کرسکتے، پس تم چھوڑ دو ان کو اور ان کی ان افتراء پردازیوں کو جو یہ لوگ کرتے ہیں،

۱۱۳. اور یہ (ایسا اس لئے کرتے ہیں کہ تاکہ اس طرح یہ پھسلا دیں ایمان والوں کو اور) تاکہ مائل ہو جائیں اس کی طرف دل ان لوگوں کے جو ایمان نہیں رکھتے آخرت پر، اور تاکہ وہ انھیں پسند کریں تاکہ یہ کمالیں جو کچھ کہ انہوں نے کمانا ہے،

۱۱۴. تو کیا میں اللہ کے سوا کوئی اور منصف تلاش کروں، حالانکہ وہی ہے جس نے اتار دی تمہاری طرف یہ کتاب مفصل کر کے، اور جن لوگوں کو ہم نے کتاب دی (یعنی یہود

نصاریٰ) وہ یقین کے ساتھ جانتے ہیں کہ یہ (قرآن) ٹھیک تمہارے رب ہی کی طرف سے نازل ہوا، پس تم کبھی شک کرنے والوں میں شامل نہ ہونا

۱۱۵. اور پوری ہوگئی بات تمہارے رب کی سچائی میں بھی، اور عدل کے اعتبار سے بھی، کوئی بدلنے والا نہیں اس کے فرمان (صدق ترجمان) کو، اور وہی ہے ہر کسی کی سنتا، سب کچھ جانتا ہے،

۱۱۶. اور اگر تم ان لوگوں کی اکثریت کی بات ماننے لگے جو زمین میں رہتے ہیں تو وہ تمہیں بھٹکا دیں گے اللہ کی راہ سے، یہ لوگ پیروی نہیں کرتے مگر ظن کی اور یہ محض اٹکلیں دوڑاتے ہیں اور بس،

۱۱۷. بیشک تمہارا رب خوب جانتا ہے ان کو بھی جو (بھکتے ہیں) بھٹکتے ہیں اس کی راہ سے، اور وہ خوب جانتا ہے ان لوگوں کو بھی جو سیدھی راہ پر ہیں،

۱۱۸. پس کھاؤ تم لوگ ان چیزوں میں سے جن پر اللہ کا نام لیا گیا، اگر تم واقعی ایمان رکھنے والے ہو اس کی آیتوں پر،

۱۱۹. اور تمہارے لئے کیا عذر ہو سکتا ہے کہ تم نہ کھاؤ ان چیزوں میں سے جن پر نام لیا گیا ہے اللہ کا، جب کہ اس نے تفصیل سے بیان کر دیا ہے، تمہارے لئے وہ سب کچھ جو کہ اس نے حرام فرمایا ہے تم پر (خود تمہارے بھلے کے لئے) مگر جس کے لئے تم مجبور ہو جاؤ، اور بیشک بہت سے لوگ ایسے ہیں جو گمراہ کرتے ہیں (دوسروں کو) اپنی خواہشات کی بناء پر، بغیر کسی علم کے، بیشک تمہارا رب خوب جانتا ہے حد سے بڑھنے والوں کو

۱۲۰. اور چھوڑ دو تم لوگ ظاہر گناہ کو بھی، اور پوشیدہ کو بھی، بیشک جو لوگ گناہ کما رہے ہیں، وہ یقینی طور پر بدلہ پا کر رہیں گے، اپنے ان گناہوں کا جو وہ کماتے رہیں تھے،

۱۲۱. اور مت کھاؤ تم لوگ ان چیزوں میں سے جن پر نام نہیں لیا گیا اللہ کا، اور بیشک قطعی طور پر گناہ ہے اور شیطان تو رہ رہ کر اپنے دوستوں کے دلوں میں ڈالتے ہیں (طرح طرح کی حجت بازیاں) تاکہ وہ تم لوگوں سے جھگڑا کریں اور اگر تم نے ان کی بات مان لی تو یقیناً تم بھی مشرک ہو جاؤ گے،

۱۲۲. بھلا وہ شخص جو مردہ تھا، پھر ہم نے اسے زندگی بخشی، اور اس کو نواز دیا ایک ایسی عظیم الشان روشنی سے جس کے اجالے میں وہ چلتا ہے لوگوں کے درمیان کیا وہ اس شخص کی طرح ہو سکتا ہے جو پڑا ہوا ہے اندھیروں میں؟ کہ وہ ان سے نکلنے ہی نہ پاتا ہو، اسی طرح خوش نما بنا دیئے گئے کافروں کے لئے ان کے وہ کام جو وہ کرتے رہے ہیں،

۱۲۳. اور اسی طرح (جس طرح کہ مکہ کے یہ جرائم پیشہ سردار ہیں) ہم نے مقرر کر دیئے ہر بستی میں وہاں کے بڑے مجرم، تاکہ وہ اس میں اپنے مکر و فریب کی کاروائیاں کرتے رہیں، حالانکہ حقیقت میں یہ مکر و فریب وہ اپنی ہی جانوں سے کرتے ہیں، مگر وہ شعور نہیں رکھتے

۱۲۴. اور جب آ پہنچتی ہے ان کے پاس کوئی نشانی، تو یہ کہتے ہیں کہ ہم ہرگز نہ مانیں گے یہاں تک کہ ہمیں بھی وہی کچھ نہ دیا جائے جو کہ دیا گیا اللہ کے رسولوں کو، اللہ خوب جانتا ہے کہ کس سے کام لے اپنی رسال (و پیغمبری) کا، عنقریب ہی پہنچ کر رہے گی مجرموں کو اللہ کے

یہاں ایک بڑی ذلت، اور بڑا سخت عذاب ان کی ان مکاریوں کی پاداش میں جن سے وہ کام لیتے رہے،

۱۲۵۔ پس (ظاہر ہو گیا کہ) جسے اللہ ہدایت بخشتا ہے اس کا سینہ کھول دیتا ہے اسلام کے لئے، اور جس کو وہ گمراہی (کے اندھیروں میں) ڈالنا چاہتا ہے تو اس کے سینے کو تنگ (اور) بہت تنگ کر دیتا ہے، گویا کہ اسے بزور آسمان پر چڑھنا پڑ رہا ہے، اسی طرح اللہ پھٹکار ڈال دیتا ہے ان لوگوں پر جو ایمان نہیں لاتے،

۱۲۶۔ اور یہ (دین حق یعنی اسلام ہی) ہے تیرے رب تک پہنچنے کا سیدھا راستہ، بیشک ہم نے کھول کر بیان کر دیں اپنی آیتیں ان لوگوں کے لئے جو نصیحت قبول کرتے ہیں،

۱۲۷۔ ان کے سلامتی کا وہ عظیم الشان اور بے مثال گھر ہے ان کے رب کے یہاں، اور وہی ان کا کارساز و مددگار ہے ان کے ان کاموں کے باعث جو وہ کرتے رہے تھے (زندگی بھر)

۱۲۸۔ اور جس دن وہ اکٹھا کر لائے گا ان سب کو تو جنوں سے خطاب کر کے فرمائے گا، اے جنوں کے گروہ! تم نے بہت سے آدمیوں کو اپنے تابع بنا لیا تھا اور (اسی طرح جب انسانوں سے سوال ہو گا تو) ان کے دوست انسانوں میں سے اس موقعہ پر اپنے جرم کا اقرار کرتے ہوئے کہیں گے کہ اے ہمارے رب! ہم نے فائدہ اٹھایا ایک دوسرے سے اور ہم انکار کرتے رہے حق اور حقیقت کا، یہاں تک کہ ہم پہنچ گئے اپنے اس وقت کو جو کہ آپ نے مقرر فرما رکھا تھا ہمارے لئے، تب اللہ فرمائے گا سو اب جہنم کی یہ آگ ٹھکانہ ہے تم

سب کا، جس میں تمہیں رہنا ہو گا ہمیشہ کے لئے، مگر جو اللہ چاہے، بیشک تمہارا رب بڑا ہی حکمت والا، نہایت علم والا ہے،

۱۲۹. اور اسی طرح ہم مسلط کر دیتے ہیں بعض ظالموں کو بعض پر بوجہ ان کی اس کمائی کے جو وہ کرتے ہیں،

۱۳۰. (نیز اللہ فرمائے گا کہ) اے گروہ جن وانس (تم کیسے پھنس گئے مکاروں کے جال میں) کیا تمہارے پاس نہیں آئے تھے ہمارے رسول خود تم ہی لوگوں میں سے؟ جو تم کو سناتے میری آیتیں اور خبردار کرتے تم کو اپنے اس (ہولناک) دن سے؟ وہ کہیں گے کہ ہاں ہم خود گواہی دیتے ہیں اپنے خلاف اور آج ان کو دھوکے میں ڈال رکھا ہے دنیا کی زندگی نے، مگر اس روز وہ خود اپنے خلاف دو ٹوک گواہی دیں گے کہ وہ قطعی طور پر کافر تھے،

۱۳۱. یہ انبیاء ورسل کی بعثت کا سلسلہ اس لئے کہ تمہارا رب ایسا نہیں کہ وہ یونہی کر دے بستیوں کو ان کے ظلم کی بناء پر، جب کہ ان کے باشندے بے خبر ہوں (اس کے احکام سے)

۱۳۲. اور ہر کسی کے درجے ہیں ان کے اپنے کئے کے باعث، اور تیرا رب بے خبر نہیں ان کے ان کاموں سے جو یہ لوگ کرتے ہیں،

۱۳۳. اور تمہارا رب بڑا ہی بے نیاز نہایت ہی رحمت والا ہے، وہ اگر چاہے تو لے جائے تم سب کو اور لا بسائے تمہاری جگہ تمہارے بعد اور جس کو چاہے، جیسا کہ اس نے خود تم لوگوں کو پیدا فرمایا ہے دوسری قوم کی نسل سے،

۱۳۴ . بیشک جس چیز کا وعدہ تم سے کیا جارا ہے (اے لوگو!) اس نے یقیناً اور بہر حال آ کر رہنا ہے اور تم اس بل بوتے کے نہیں ہو کہ عاجز کر سکو، (ان سے)

۱۳۵ . کہہ دو کہ اے میری قوم کے لوگو! (اگر تم نہیں مانتے تو آخری بات یہ ہے کہ) تم اپنی جگہ کام کرتے رہو اور میں اپنی جگہ اپنے کام میں لگا رہوں، عنقریب تمہیں خود معلوم ہو جائے گا کہ کس کو ملتا ہے آ کر وہ عظیم الشان گھر، بیشک ظالم کبھی فلاح نہیں پا سکیں گے

۱۳۶ . اور انہوں نے (توحید کے ان قطعی اور صریح دلائل و براہین کے باوجود) اللہ کے لئے حصہ مقرر کر رکھا ہے اس کھیتی اور ان مویشیوں میں سے، جن کو اللہ ہی نے پیدا فرمایا ہے، پھر یہ کہتے ہیں کہ یہ تو اللہ کے لئے ان کے اپنے گمان کے مطابق، اور یہ ہمارے شریکوں کے لئے، پھر مزید ظلم یہ کہ جو حصہ ان کے شریکوں کا ہوتا ہے وہ تو اللہ کی طرف نہیں جا سکتا، اور جو حصہ اللہ کا ہوتا ہے وہ ان کے شریکوں کی طرف جا سکتا ہے، کیسا برا ہے وہ فیصلہ جو یہ لوگ کرتے ہیں

۱۳۷ . اور اسی طرح مزین و خوشنما بنا دیا ہے بہت سے مشرکوں کے لئے قتل کر دینا ان کا خود اپنی اولاد کو ان کے (خودساختہ) شریکوں نے، تاکہ اس طرح وہ ان کو ہلاکت میں ڈال دیں، اور مشتبہ کر دیں ان پر ان کے دین کو، اور اگر اللہ چاہتا تو وہ ایسا کبھی نہ کرتے، پس چھوڑ دو تم ان کو اور ان کی تمام افتراء پردازیوں کو جو یہ لوگ کر رہے ہیں،

۱۳۸ . اور کہتے ہیں کہ یہ جانور اور کھیتی ممنوع ہیں، ان کو کوئی نہیں کھا سکتا بجز اس کے جس کو ہم چاہیں، ان کے اپنے گمان کے مطابق، اور کچھ جانوروں (کے بارے میں یہ کہتے ہیں کہ

ان) پر سواری حرام کر دی گئی، اور کچھ جانور وہ ہیں جن پر یہ لوگ اللہ کا کام نہیں لیتے، (یہ سب کچھ محض) اللہ پر افتراء باندھتے ہوئے، عنقریب ہی اللہ بدلہ دے گا ان کو ان کی ان افتراء پردازیوں کا جو یہ لوگ کرتے رہے تھے،

۱۳۹. اور کہتے ہیں کہ جو کچھ ان جانوروں کے پیٹوں میں ہے، وہ ہمارے مردوں کے لئے خاص ہے، اور ہماری عورتوں پر حرام ہے، اور اگر وہ (جو پیٹ میں ہے) مردہ ہو تو اس میں یہ سب برابر ہیں، عنقریب ہی اللہ پورا بدلہ دے گا ان کو ان کی باتوں کا، بلاشبہ وہ بڑا ہی حکمت والا، سب کچھ جانتا ہے،

۱۴۰. یقینی طور پر سخت خسارے میں پڑ گئے ہیں وہ لوگ جنہوں نے قتل کیا اپنی اولاد کو حماقت کی بناء پر بغیر کسی علم و سند کے، اور انہوں نے حرام ٹھہرا لیا ان چیزوں کو جو اللہ نے بھیجیں تھیں ان کو (اپنے کرم و عنایت) بہتان باندھ کر اللہ پر، یقیناً بھٹک گئے وہ اور نہ آئے سیدھی راہ پر

۱۴۱. اور وہ اللہ وہی ہے جس نے پیدا فرمائے طرح طرح کے عظیم الشان باغات، وہ بھی جو چھتوں پر چڑھائے جاتے ہیں اور وہ بھی جو نہیں چڑھائے جاتے اور کھجور کے درخت اور کھیتی بھی، جن سے کھانے کی طرح طرح کی چیزیں حاصل کی جاتی ہیں، اور (اسی نے پیدا فرمایا) زیتون اور انار کو بھی، جو کہ آپس میں ملتے جلتے بھی ہیں اور جدا جدا بھی)، کھاؤ تم اس کے پھلوں میں سے جب کہ وہ پھل دے، اور ادا کرو اس کا حق جس دن اسے کاٹو، اور حد سے نہ بڑھو، بیشک اللہ پسند نہیں فرماتا حد سے بڑھنے والوں کو،

۱۴۲. اور چوپایوں میں سے کچھ کو اس نے پیدا فرمایا بوجھ اٹھانے کو، اور کچھ کو زمین میں لگا ہوا، کھاؤ پیو تم لوگ ان چیزوں میں سے جو بخشی ہیں تم کو اللہ نے، اور مت پیروی کرو تم شیطان کے نقش قدم کی، کہ وہ قطعی طور پر تمہارا دشمن ہے کھلم کھلا،

۱۴۳. اور اس خالق حقیقی اور مالک مطلق نے پیدا فرمائے تمہارے لئے) آٹھ قسم کے جانور یعنی بھیڑ میں سے دو، اور بکری میں سے دو (نر اور مادہ، اب) پوچھو ان سے اے پیغمبر!) کہ کیا اللہ نے دونوں نر حرام کئے ہیں؟ یا دونوں مادہ؟ یا وہ بچے جو ان دونوں قسم کے ماداؤں کے پیٹوں میں ہوتے ہیں؟ مجھے بتاؤ علم اور سند کے ساتھ، اگر تم لوگ سچے ہو (اپنے قول و قرار میں)

۱۴۴. اور اسی طرح اس نے اونٹ اور گائے سے بھی دو دو قسمیں پیدا کیں (نر اور مادہ تو ان سے) پوچھو کہ کیا اللہ نے دونوں نر حرام کئے؟ یا دونوں مادہ؟ یا وہ بچے جو دونوں قسم کی مادہ کے رحموں کے اندر ہوتے ہیں، (کہو) کیا تم لوگ خود اس وقت موجود تھے جب اللہ نے ان کے حرام ہونے کا یہ حکم تم کو دیا تھا؟ پھر اس سے بڑھ کر ظالم اور کون ہو سکتا ہے جو خود جھوٹ گھڑ کر اللہ کے ذمے لگا دے تاکہ وہ گمراہ کرے لوگوں کو بغیر کسی علم و سند کے؟ بیشک اللہ ہدایت سے سرفراز نہیں فرماتا ایسے ظالم لوگوں کو،

۱۴۵. (ان سے) کہہ دو کہ میں بہر حال کسی بھی چیز کو حرام نہیں پاتا اس وحی میں جو بھیجی گئی ہے میری طرف (میرے رب کی جانب سے) کسی بھی کھانے والے پر، جو اسے کھاتا ہو، مگر یہ وہ مردار ہو یا بہتا ہوا خون، یا سور کا گوشت کہ یہ نری نجاست ہے، یا وہ چیز جس پر اللہ

کے سوا کسی اور کا نام پکارا گیا ہو، پھر بھی جو شخص مجبور ہو جائے (اور وہ کوئی چیز ان میں سے کھالے) بشرطیکہ نہ تو وہ لذت کا متلاشی ہو اور نہ حد سے بڑھنے والا، تو (اسے معاف ہے کہ) بیشک تمہارا رب بڑا ہی بخشنے والا، نہایت ہی مہربان ہے،

۱۴۶. اور ان لوگوں پر جو یہودی بن گئے، ہم نے حرام کر دیا ہر ناخن والے جانور کو اور گائے اور بکری کی چربی کو بھی ان پر حرام کر دیا تھا، سوائے اس کے جو چڑھی ہو ان کی پیٹھوں یا انتڑیوں پر یا لگی ہوئی ہو کسی ہڈی کے ساتھ، یہ ہم نے ان کو بدلہ دیا ان کی بغاوت کا اور بیشک ہم قطعی طور پر (اور ہر لحاظ سے) سچے ہیں،

۱۴۷. پھر بھی اگر یہ لوگ جھٹلاتے ہی جائیں آپ کو (کہ ہم پر عذاب کیوں نہیں آتا) تو کہو کہ تمہارا رب بڑی ہی وسیع رحمت والا ہے اور وہ سخت عذاب دینے والا بھی ہے اور) ٹالا نہیں جا سکتا اس کا عذاب مجرم لوگوں سے،

۱۴۸. اب یہ مشرک لوگ یوں کہیں گے کہ اگر اللہ چاہتا تو ہم نہ شرک کرتے اور نہ ہی ہمارے باپ داد، اور نہ ہی ہم از خود کسی چیز کو حرام ٹھہراتے اور جس طرح آج یہ لوگ حق کو جھٹلاتے ہیں اسی طرح ان لوگوں نے جو گزر چکے ہیں ان سے پہلے، یہاں تک کہ انہوں نے مزہ چکھا ہمارے عذاب کو (ان سے یہ تو) پوچھو کہ کیا ہے تمہارے پاس کوئی علم، جسے تم پیش کر سکو ہمارے سامنے؟ تم لوگ تو محض خیالی باتوں کے پیچھے چلتے ہو، اور تمہارا تو کام ہی بس یونہی اٹکلیں لڑانا ہے،

۱۴۹. کہو، اللہ کے لئے ہے کامل حجت، پس اگر وہ (زبردستی تم سب کو راہ راست پر لانا) چاہتا تو یقیناً وہ تم سب کو (یونہی) ہدایت دے دیتا،

۱۵۰. (ان سے) کہو کہ لاؤ تم لوگ اپنے ان گواہوں کو جو گواہی دیں اس بات کی کہ اللہ نے حرام کیا ہے ان (مذکورہ بالا) اشیاء کو پھر اگر وہ کبھی ڈھٹائی اور بے حیائی پر اتر کر) ایسی گواہی دے بھی دیں تو تم ان کے ساتھ کبھی بھی گواہی نہ دینا، اور پیروی نہیں کرنی ان لوگوں کی خواہشات کی جنھوں نے جھٹلایا ہماری آیتوں کو، اور جو ایمان نہیں رکھتے آخرت پر اور وہ اپنے رب کے برابر ٹھہراتے ہیں (دوسروں کو)

۱۵۱. ن سے کہو کہ آؤ میں تمہیں سناؤں جو کچھ حرام کیا ہے تم پر تمہارے رب نے یہ کہ اس کے ساتھ شریک نہ ٹھہرانا کسی چیز کو، اور اپنے ماں باپ کے ساتھ اچھا سلوک کرنا، اور یہ کہ قتل نہیں کرنا اپنی اولاد کو تنگدستی کے ڈر سے کہ روزی ہم ہی دیتے ہیں تمہیں بھی اور انہیں بھی، اور (یہ کہ) قریب نہیں جانا (بے شرمی اور) بے حیائی کے کاموں کے، خواہ وہ کھلے ہوں یا چھپے، اور یہ کہ تم لوگ قتل نہیں کرنا کسی ایسی جان کو جس کو حرام ٹھہرایا ہو اللہ نے مگر حق کے ساتھ، یہ وہ باتیں ہیں جن کی تاکید فرمائی ہے اس نے تم کو تاکہ تم لوگ عقل سے کام لو،

۱۵۲. اور (چھٹے یہ کہ) قریب نہ جانا تم یتیم کے مال کے، مگر اس طریقے کے ساتھ جو کہ سب سے اچھا ہو، یہاں تک کہ وہ پہنچ جائے اپنی بھرپور قوتوں کو، اور یہ کہ پورا کرو تم ناپ اور تول کو (عدل و) انصاف کے ساتھ، ہم تکلیف نہیں دیتے کسی بھی جان کو مگر اس کی طاقت کے

مطابق، اور جب تم بات کرو تو انصاف کی کرو، اگرچہ وہ شخص رشتہ دار ہی کیوں نہ ہو، اور اللہ کے عہد کو پورا کرو، یہ ہیں وہ (اہم) باتیں جن کی تاکید فرمائی اس نے تم کو، تاکہ تم لوگ نصیحت حاصل کرو،

۱۵۳۔ اور کہو کہ یہ ہے میرا سیدھا راستہ پس تم اسی پر چلو، اس کے سوا دوسرے راستوں پر نہیں چلنا، کہ وہ تم کو ہٹا دیں اس کی راہ (حق وصواب) سے ، اسی کی تاکید فرمائی ہے اس نے تم کو تاکہ تم لوگ بچ سکو،

۱۵۴۔ پھر ہم نے موسیٰ کو بھی وہ کتاب دی تمام کرنے کے اپنی نعمت کو ان لوگوں پر جو اچھائی کریں، اور تفصیل بیان کرنے کے لئے ضرورت کی ہر چیز کی، اور سراسر ہدایت اور عین رحمت کے طور پر تاکہ وہ لوگ بنی اسرائیل اپنے سے ملنے پر ایمان لائیں،

۱۵۵۔ اور اب اس برکتوں بھری عظیم الشان کتاب (قرآن مجید) کو بھی ہم ہی نے اتارا ہے ، پس تم لوگ اس کی پیروی کرو اور ڈرو تاکہ تم پر رحم کیا جائے،

۱۵۶۔ اور یہ اس لئے اتاری کہ کبھی تم یوں کہنے لگو کہ اجی کتاب تو ہم سے پہلے کے دو گروہوں (یہود و نصاریٰ) پر اتاری گئی اور ہم تو ان کے پڑھنے پڑھانے سے بالکل بے خبر تھے،

۱۵۷۔ یا کبھی تم یوں کہنے لگو کہ اگر ہم بھی کوئی ایسی کتاب نازل کی گئی ہوتی، تو ہم ضرور ان سے کہیں بڑھ کر راست رو ہوتے ، سو آچکی تمہارے پاس ایک عظیم الشان دلیل روشن تمہارے رب کی طرف سے اور سراسر ہدایت اور عین رحمت، سو اس سے بڑھ کر ظالم اور

کون ہو سکتا ہے جو جھٹلائے اللہ کی آیتوں کو، اور منہ موڑے ان کی (تعلیمات) سے ہم عنقریب ہی بڑا برا عذاب دیں گے ان لوگوں کو جو روگردانی کرتے ہیں ہماری آیتوں سے ان کی اس روگردانی کی پاداش میں، جس کا ارتکاب ایسے لوگ کرتے رہے تھے

۱۵۸. توکیا اب یہ لوگ بس اسی کے منتظر ہیں کہ آ پہنچیں ان کے پاس فرشتے، یا خود آ جائے تمہارا رب، یا نمودار ہو جائیں تمہارے رب کی بعض (خاص) نشانیاں، جس دن نمودار ہو جائیں گی، تمہارے رب کی بعض نشانیاں تو اس دن کام نہیں آ سکے گا کسی بھی شخص کو اس کا ایمان لانا، جو کہ ایمان نہیں لایا تھا اس سے پہلے، یا جس نے کوئی نیکی نہیں کی تھی اپنے ایمان میں، اچھا (اگر اب بھی یہ لوگ نہیں مانتے تو ان سے) کہو کہ تم انتظار کرو ہم بھی انتظار میں ہیں،

۱۵۹. بیشک جن لوگوں نے ٹکڑے ٹکڑے کر دیا اپنے دین کو، اور وہ مختلف (فرقے اور) گروہ بن گئے آپس میں، آپ کا ان سے (اے پیغمبر!) کوئی واسطہ نہیں، ان کا معاملہ تو اللہ ہی کے حوالے ہے، پھر قیامت کے دن وہ ان کو خبر کر دے گا ان کے ان تمام کاموں کی جو یہ کرتے رہے تھے،

۱۶۰. جو کوئی ایک نیکی کرے گا تو اس کے لئے (کم سے کم) دس گنا اجر ہے اور جو کوئی برائی کرے گا تو اس کو بس اسی کے برابر سزا دی جائے گی، اور ان پر کوئی ظلم نہ ہو گا،

۱۶۱. کہو کہ بیشک مجھے ہدایت (ورہنمائی) فرما دی ہے، میرے رب نے سیدھے راستے کی، یعنی اس دین عظیم کی جو کہ ہر لحاظ سے درست ہے، (جس میں کسی طرح کی کوئی کجی

نہیں) یعنی ابراہیم کی اس ملت کی جس کو انہوں نے اختیار کیا تھا اور ان کو کوئی لگاؤ نہیں تھا مشرکوں سے،

۱۶۲. کہو بیشک میری نماز اور میری سب عبادتیں، اور میرا جینا اور میرا مرنا سب کچھ اللہ ہی لئے ہے، جو کہ پروردگار ہے سب جہانوں کا،

۱۶۳. اس کا کوئی شریک نہیں، مجھے اسی کا حکم دیا گیا ہے اور میں سب سے پہلا فرمانبردار ہوں،

۱۶۴. کہو کیا میں اللہ کے سوا کوئی اور رب تلاش کروں حالانکہ وہی رب ہے ہر چیز کا، اور جو شخص بھی کوئی گناہ کرے گا وہ اسی کے ذمے ہوگا، اور نہیں اٹھائے گا کوئی بوجھ اٹھانے والا، بوجھ کسی دوسرے کا، پھر تم سب کو بہرحال اپنے رب ہی کی طرف لوٹ کر جانا ہے، تب وہ تمہیں بتادے گا وہ سب کچھ جس میں تم لوگ اختلاف کرتے رہے تھے،

۱۶۵. اور وہ وہی ہے جس نے تمہیں جانشین بنایا اپنی اس زمین کا، اور اس نے تم میں سے بعض کو بعض کے اوپر (دنیا میں) بلند درجہ عطا فرمائے، تاکہ وہ تمہاری آزمائش کرے ان چیزوں میں جو اس نے تمہیں دی ہیں، بیشک تمہارا رب سزا دینے میں بھی بڑا تیز ہے، اور بیشک وہ بڑا بخشنے والا، نہایت ہی مہربان ہے۔

***

۷۔ الاعراف

بِسۡمِ اللّٰہِ الرَّحۡمٰنِ الرَّحِیۡمِ

اللہ کے نام سے جو رحمان ورحیم ہے

۱. ا۔ ل۔ مٓ۔ ص

۲. یہ ایک (عظیم الشان) کتاب ہے جو اتاری گئی ہے آپ کی طرف (اے پیغمبر!) پس آپ کے دل میں اس کی وجہ سے کوئی تنگی نہیں ہونی چاہیے (اور اتاری اس لئے گئی کہ) تاکہ آپ خبردار کریں اس کے ذریعے اور تاکہ یہ ایک عظیم الشان نصیحت ہو ایمان والوں کے لئے

۳. پیروی کرو تم (اے لوگو!) اس کتاب کی جو اتاری گئی تمہاری طرف، تمہارے رب کی جانب سے، اور مت پیچھے چلو تم لوگ اس کے سوا اور دوستوں کے، کم ہی نصیحت مانتے ہو تم لوگ

۴. اور کتنی ہی بستیاں ایسی تھیں جن کو ہم نے ہلاک کر دیا، پس آ گیا ان پر ہمارا عذاب راتوں رات، یا جب کہ وہ لوگ محو تھے دوپہر کے آرام میں

۵۔ پھر کچھ نہیں تھی ان کی (دعا و) پکار جب کہ آپہنچا ان پر ہمارا عذاب، سوائے اس کے کہ انہوں نے کہا کہ واقعی ہم لوگ بڑے ظالم تھے

۶۔ پھر (قیامت کے دن) ہم نے ضرور پوچھنا ہے ان لوگوں سے جن کی طرف رسول بھیجے گئے تھے، اور ہم ضرور پوچھنا ہے رسولوں سے بھی

۷۔ پھر ہم خود ہی سب کچھ ان کو سنا دیں گے پورے علم کے ساتھ، اور ہم کوئی دور نہیں تھے

۸۔ اور وزن اس روز حق ہوگا پھر جن کے پلڑے بھاری ہوں گے (نیکیوں کے) تو وہی ہوں گے فلاح (یعنی حقیقی کامیابی) پانے والے

۹۔ اور جن کے پلڑے ہلکے ہوئے تو وہی لوگ ہوں گے جنہوں نے خود خسارے میں ڈالا ہوگا اپنے آپ کو، اس وجہ سے کہ وہ ہماری آیتوں کے ساتھ ظلم کرتے رہے تھے

۱۰۔ اور بلاشبہ ہم ہی نے تم کو ٹھکانا دیا زمین میں (اے لوگو)، اور رکھ دیئے ہم نے اس میں تمہارے لئے طرح طرح کے سامان ہائے زیست (مگر) تم لوگ کم ہی شکر کرتے ہو

۱۱۔ اور بلاشبہ ہم نے ہی پیدا کیا تم سب کو، پھر ہم ہی نے صورت گری کی تم سب کی، پھر ہم نے حکم دیا فرشتوں کو کہ تم سجدہ ریز ہو جاؤ آدم کے آگے، تو وہ سب سجدے میں گر پڑے بجز ابلیس کے، کہ وہ نہ ہوا سجدہ کرنے والوں میں سے

۱۲۔ پوچھا تجھے کس چیز نے سجدہ کرنے سے روکا جب کہ میں نے تجھے حکم دیا تھا؟ تو اس نے کہا میں اس سے بہتر ہوں کہ تو نے مجھے پیدا کیا آگ سے، اور اس کو پیدا کیا مٹی سے

۱۳. فرمایا اچھا تو اتر جا تو یہاں سے، تجھے حق نہیں کہ تو یہاں اپنی بڑائی کا گھمنڈ کرے، نکل جا کہ بلاشبہ تو ذلیلوں میں سے ہے

۱۴. اس نے کہا مجھے مہلت دے دے، اس دن تک کہ جب ان کو دوبارہ اٹھایا جائے گا،

۱۵. فرمایا کہ بیشک تو مہلت دیئے ہوؤں میں سے ہے،

۱۶. کہا اچھا تو جس طرح تو نے مجھے گمراہی میں بتلا کیا ہے، میں بھی ضرور ان کے لئے گھات میں بیٹھ جاؤں گا تیری سیدھی راہ پر،

۱۷. پھر میں پوری قوت سے ان پر حملے کروں گا، ان کے آگے سے بھی، اور ان کے پیچھے سے بھی، ان کی دائیں جانب سے بھی، اور ان کی بائیں طرف سے بھی، اور تو ان میں سے اکثر شکر گزار نہ پائے گا،

۱۸. فرمایا جا نکل جا تو یہاں سے ذلیل اور خوار ہو کر، (اور یاد رکھ کہ) یہ قطعی بات ہے کہ ان میں سے جو بھی کوئی تیرے کہنے پر چلا، تو میں ضرور بھر دوں گا جہنم کو تم سب سے

۱۹. اور اے آدم رہو تم بھی، اور تمہاری بیوی بھی، اس جنت میں، اور کھاؤ (پیو) تم اس میں جہاں سے تم چاہو، پر قریب نہیں جانا اس (خاص) درخت کے، کہ پھر ہو جاؤ تم ظالموں میں سے

۲۰. پھر ورغلانے لگا شیطان ان دونوں کو اپنے وسوسوں کے ذریعے، تاکہ وہ ظاہر کر دے ان کے سامنے ان کی ان شرم گاہوں کو جو کہ چھپائی گئی تھیں ان دونوں سے، اور کہا کہ تم کو

نہیں روکا تمہارے رب نے اس درخت سے مگر اس بناء پر، کہ کہیں تم فرشتے بن جاؤ یا تم ہو جاؤ ہمیشہ رہنے والوں میں سے،

۲۱. اور اس نے ان دونوں سے قسمیں کھا کھا کر کہا کہ میں تمہارا سچا خیر خواہ ہوں،

۲۲. آخر کار اس نے نیچے اتار لیا ان دونوں کو دھوکے (اور فریب) سے پھر جب چکھ لیا ان دونوں نے اس درخت کو تو کھل گئے ان کے سامنے ان کے ننگے، اور وہ چپکانے لگے اپنے اوپر جنت کے پتے، اور ان دونوں کو پکار کر فرمایا ان کے رب نے، کہ کیا میں نے تم کو روکا نہیں تھا اس درخت سے، اور تم سے یہ نہ کہا تھا کہ یقینی طور پر شیطان دشمن ہے تم دونوں کا کھلم کھلا،

۲۳. تو اس پر ان دونوں نے عرض کیا کہ اے ہمارے رب، ہم نے ظلم کر لیا خود اپنی جانوں پر، پس اگر تو نے ہمیں نہ بخشا، اور ہم پر رحم نہ فرمایا، تو یقیناً ہم ہو جائیں گے سخت خسارہ اٹھانے والوں میں سے،

۲۴. فرمایا اتر جاؤ، تم یہاں سے اس حال میں کہ تم ایک دوسرے کے دشمن رہو گے اور تمہارے لئے زمین میں ٹھکانا ہوگا اور سامان زیست اور ایک مدت (مقررہ) تک،

۲۵. نیز فرمایا کہ وہیں تم نے جینا ہے اور وہیں تم نے مرنا ہے، اور اسی میں سے تمہیں (قیامت کے روز) نکالا جائے گا

۲۶. اے اولاد آدم، ہم نے اتارا تم پر ایسا لباس، جو چھپائے تمہارے شرم (اور پردے) کے حصول کو، اور تاکہ تمہارے لئے آرائش بھی ہو اور تقویٰ کا (معنوی) لباس تو سب سے بڑھ کر ہے یہ اللہ کی نشانیوں میں سے ہے، تاکہ لوگ اس سے نصیحت حاصل کریں،

۲۷. اے اولاد آدم (خیال رکھنا کہ) کہیں شیطان تمہیں بہکا نہ دے، جس طرح کہ وہ نکلوا چکا ہے تمہارے ماں باپ کو جنت سے، اور وہ ان سے اتروا چکا ہے ان کے لباس، تاکہ دکھا دے ان کو ایک دوسرے کی شرمگاہیں، (اور اس لئے بھی چوکنا رہنا کہ) یقیناً وہ اور اس کا ٹولہ تمہیں وہاں سے دیکھتا ہے، جہاں سے تم انہیں نہیں دیکھ سکتے، ہم نے شیطانوں کو ان ہی لوگوں کا دوست بنایا ہے جو ایمان نہیں رکھتے۔

۲۸. اور یہ لوگ جب کوئی برائی کرتے ہیں تو کہتے ہیں کہ ہم نے اپنے باپ دادا کو اسی طرح کرتے پایا، اور اللہ نے ہمیں اس کا حکم دیا ہے (ان سے) کہو کہ اللہ کبھی بے حیائی کا حکم نہیں دیتا، کیا تم لوگ اللہ کے ذمے وہ باتیں لگاتے ہو، جن کا تمہیں علم نہیں،

۲۹. کہو کہ میرے رب نے تو انصاف ہی کا حکم دیا ہے، اور یہ کہ تم لوگ ٹھیک رکھو اپنا رخ ہر عبادت کے وقت، اور اسی کو پکارو، تم لوگ خالص کرتے ہوئے اس کے لئے دین کو، جیسے اس نے تم کو پہلے پیدا کیا ایسے ہی تم دوبارہ پیدا ہوؤ گے

۳۰. کچھ لوگ خالص کرتے ہوئے اس کے لئے دین کو، جیسے اس نے تم کو پہلے پیدا کیا ایسے ہی تم دوبارہ پیدا ہوؤ گے، کچھ لوگوں کو اس نے ہدایت بخشی اور کچھ پر گمراہی چسپاں ہو کر رہ

گئی، کہ انہوں نے اللہ کو چھوڑ کر شیطان کو دوست بنا لیا، اور وہ سمجھ رہے ہیں کہ وہ ہدایت پر ہیں

۳۱. اے آدم کی اولاد، تم لے لیا کرو اپنی زینت ہر مسجد کے پاس اور کھاؤ، پیو، پر حد سے نہیں بڑھنا، کہ بیشک وہ (وحدہٗ لاشریک) پسند نہیں کرتا حد سے بڑھنے والوں کو،

۳۲. (ان سے) کہو کہ کس نے حرام کیا اللہ کی اس زینت کو جس کو اس نے نکالا (پردہ عدم سے) اپنے بندوں کے لئے؟ اور کھانے پینے کی ان پاکیزہ چیزوں کو (جن کو اس نے پیدا فرمایا اپنے کرم سے) کہو کہ یہ چیزیں دنیا کی زندگی میں بھی اصل میں اہل ایمان ہی کے لئے ہیں، اور قیامت کے دن تو یہ خالص انہی کے لئے ہوں گی، اسی طرح کھول کر بیان کرتے ہیں ہم اپنی آیتوں کو ان لوگوں کے لئے جو علم رکھتے ہیں،

۳۳. کہو، میرے رب نے تو صرف بے حیائی کی باتوں کو حرام کیا ہے، خواہ وہ اعلانیہ ہوں یا پوشیدہ، اور گناہ اور ناحق زیادتی کو، اور یہ کہ تم لوگ شریف ٹھہراؤ اللہ کے ساتھ کسی ایسی چیز کو جس کی اس نے کوئی سند نہیں اتاری، اور یہ کہ تم لوگ اللہ پر وہ کچھ کہو جو تم جانتے نہیں ہو،

۳۴. اور ہر امت کے لئے ایک مدت مقرر ہے، پھر جب ان کی مدت آن پوری ہوتی ہے، تو وہ پل بھر (اس سے) نہ پیچھے ہٹ سکتے ہیں، نہ آگے بڑھ سکتے ہیں،

۳۵. اے آدم کی اولاد اگر تمہارے پاس ایسے رسول آئیں جو خود تم ہی میں سے ہوں، وہ سنائیں تمہیں میری آیتیں، تو جس نے تقویٰ اختیار کیا، اور اصلاح کرلی، تو ایسوں پر نہ کوئی خوف ہوگا اور نہ ہی وہ غمگین ہوں گے،

۳۶. اور جنھوں نے جھٹلایا ہماری آیتوں کو، اور انھوں نے منہ موڑا ان سے اپنی بڑائی کے گھمنڈ میں بمتلا ہو کر، تو وہ یار ہوں گے (دوزخ کی) اس آگے کے، جس میں انہیں ہمیشہ رہنا ہو گا،

۳۷. پھر اس سے بڑھ کر ظالم اور کون ہو سکتا ہے؟ جو جھوٹ موٹ کا بہتان باندھے اللہ پر، یا وہ جھٹلائے اس کی آیتوں کو، ایسے لوگوں کو پہنچتا رہے گا ان کا حصہ نوشتہ تقدیر کے مطابق، یہاں تک کہ جب آپہنچیں گے ان کے پاس ہمارے فرشتے ان کی جان لینے کے لئے، تو وہ ان سے کہیں گے، کہ کہاں ہیں وہ جن کو تم لوگ پکارا کرتے تھے اللہ کے سوا؟ تو یہ کہیں گے کہ وہ سب گم ہو گئے ہم سے، اور اس وقت وہ اپنے خلاف خود گواہی دیں گے کہ وہ پکے کافر تھے،

۳۸. اس پر اللہ ان سے فرمائے گا کہ اب داخل ہو جاؤ تم بھی دوزخ میں جنوں اور انسانو کے ان گروہوں میں شامل ہو کر جو گزر چکے ہیں تم سے پہلے، (اور حالت وہاں پر ان کی یہ ہو گی کہ) جب بھی داخل ہو گا کوئی گروہ دوزخ میں، تو وہ لعنت کرے گا اپنے جیسے دوسرے گروہ پر، یہاں تک کہ جب وہ سب گر جائیں گے اس میں، تو ان کے پچھلے اگلوں کے لئے کہیں گے کہ اے ہمارے رب یہ ہیں وہ لوگ جنھوں نے ہمیں گمراہ کیا تھا، پس تو انہیں دوہرا عذاب دے آگے کا، وہ فرمائے گا کہ ہر ایک کے لئے دوگنا عذاب ہے، لیکن تم لوگ جانتے نہیں ہو،

۳۹. اور ان میں کی پہلی جماعت اپنی پچھلی جماعت سے کہے گی کہ پھر تم کو بھی ہم پر کوئی فوقیت نہ ہوئی، لہذا تم بھی عذاب کا مزہ چکھوا پنے ان اعمال کے بدلے میں جو تم کماتے رہے تھے،

۴۰. جن لوگوں نے جھٹلایا ہماری آیتوں کو، اور انہوں نے اپنی برائی کے گھمنڈ میں ان سے منہ موڑا تو یہ بات قطعی ہے کہ ان کے لئے نہ تو آسمان کے دروازے کھولے جائیں گے، اور نہ ہی وہ جنت میں داخل ہو سکیں گے، یہاں تک کہ گھس جائے اونٹ سوئی کے ناکے میں، اور اسی طرح ہم بدلہ دیتے ہیں مجرموں کو،

۴۱. ان کے لئے آتش دوزخ کا بچھونا ہو گا، اور اوپر سے اسی کا اوڑھنا، اور اسی طرح ہم بدلہ دیتے ہیں ظالموں کو،

۴۲. اور (اس کے بر عکس) جو لوگ ایمان لائے ہوں گے (صدق دل سے) انہوں نے کام بھی نیک کئے ہوں گے، اور ہم کسی پر اس کی طاقت سے زیادہ بوجھ نہیں ڈالتے، تو ایسے لوگ جنتی ہوں گے، جہاں انہیں ہمیشہ رہنا نصیب ہو گا

۴۳. اور نکال باہر کر دیں گے ہم جو بھی کوئی کدورت رہی ہو گی ان کے سینوں میں، بہہ رہی ہوں گی ان کے نیچے سے طرح طرح کی عظیم الشان نہریں، اور وہ کہیں گے کہ تعریف (و شکر) اس اللہ کے لئے ہے جس نے ہمیں یہاں تک پہنچایا، ورنہ ہم خود یہاں پہنچنے کے نہیں تھے اگر اللہ ہماری راہنمائی نہ فرماتا، بیشک آئے تھے ہمارے رب کے رسول حق کے ساتھ، اور ان کو پکارا جائے گا (اس صدائے دلنواز کے ساتھ) کہ وارث بنا دیا گیا تم لوگوں کو

اس جنت کا، تمہارے ان اعمال کے بدلے میں جو تم لوگ کرتے رہے تھے (اپنی زندگی میں)

۴۴. اور جنت والے دوزخ والوں کو پکار کر کہیں گے کہ بیشک ہم نے تو وہ سب کچھ حق (اور سچ) پایا جس کا وعدہ فرمایا تھا ہم سے ہمارے رب نے، تو کیا تم لوگوں نے بھی وہ سب کچھ (حق و سچ) پالیا جس کا وعدہ تم سے تمہارے رب نے کیا تھا؟ وہ جواب دیں گے کہ ہاں، پھر ایک پکارنے والا ان کے درمیان پکار کر کہے گا کہ لعنت ہو اللہ کی ان ظالموں پر۔

۴۵. جو روکتے تھے اللہ کے راستے سے، اور اس میں کجی تلاش کرتے تھے، اور وہ آخرت کے منکر تھے

۴۶. اور ان دونوں کے درمیان ایک عظیم الشان آڑ ہو گی، اور اعراف پر کچھ ایسے لوگ ہوں گے جو ان میں سے ہر ایک کو پہچانتے ہوں گے ان کے چہروں کے نشانات سے اور وہ جنت والوں کو پکار کر کہیں گے کہ تم پر سلامتی ہو، وہ ابھی جنت میں داخل نہیں ہوئے ہوں گے، پر وہ اس کی امید رکھتے ہوں گے

۴۷. اور جب پھیری جائیں گی ان کی نگاہیں دوزخ والوں کی طرف، تو یہ (سراسر عجز و نیاز بن کر) عرض کریں گے کہ اے ہمارے رب ہمیں شامل نہ کیجئے گا، ان ظالم لوگوں کے ساتھ

۴۸. اور اعراف والے (دوزخ کی (کچھ ایسی بڑی بڑی شخصیتوں کو جنہیں وہ پہچانتے ہوں گے، ان کی نشانیوں سے، پکار کر کہیں گے کہ (صاحب! یہ کیا ہوا؟ کہ) نہ تو تمہیں تمہارا جتھا کچھ کام آسکا، اور نہ ہی وہ کچھ جس کی بناء پر تم اپنی بڑائی کے گھمنڈ میں مبتلا تھے،

۴۹. کیا یہ (اہل جنت) وہی لوگ ہیں جن کے بارے میں تم لوگ قسمیں کھا کھا کر کہا کرتے تھے کہ انہیں اللہ کی کوئی رحمت نہیں ملے گی؟ (آج تو انہی سے کہا گیا ہے کہ) داخل ہو جاؤ تم جنت میں، نہ تم پر کوئی خوف ہو گا اور نہ ہی تم غمگین ہو گے،

۵۰. اور دوزخ والے (بھوک، پیاس اور گرمی، سے بدحواس ہو کر) جنت والوں کو پکار کر کہیں گے، کہ کچھ تھوڑا سا پانی ہم پر بھی ڈال دو، یا اس رزق میں سے ہی کچھ ہماری طرف پھینک دو، جو اللہ نے تمہیں بخشا ہے، وہ جواب دیں گے کہ اللہ نے ان دونوں چیزوں کو حرام فرما دیا ہے کافروں پر

۵۱. جنہوں نے کھیل تماشہ بنا رکھا تھا اپنے دین کو، ان کو دھوکے میں ڈالا ہوا تھا دنیا کی زندگی (اور اس کی چمک دمک) نے، سو آج ہم بھی انہیں (اسی طرح) بھلا دیں گے جس طرح کہ انہوں نے بھلا رکھا تھا اپنے اس دن کی پیشی کو، اور جس طرح وہ ہماری آیتوں کا انکار کیا کرتے تھے،

۵۲. اور بلا شبہ ہم ان کے پاس لے آئے ہیں ایک ایسی عظیم الشان کتاب، جس کی تفصیل ہم نے خود کی ہے علم کی بنیاد پر، عین ہدایت اور رحمت بنا کر، ان لوگوں کے لئے جو ایمان رکھتے ہیں

۵۳. تو کیا یہ لوگ اس (قرآن) کے بتائے ہوئے انجام ہی کا انتظار کر رہے ہیں، پر جس دن اس کا (بتایا ہوا) وہ انجام سامنے آجائے، تو اس وقت وہی لوگ جو اس کو بھولے ہوئے تھے اس سے پہلے، (چلا چلا کر) کہیں گے کہ بیشک حق لے کر آئے تھے ہمارے رب کے

رسول، تو کیا اب ہو سکتے ہیں ہمارے لئے ایسے کوئی سفارشی جو ہماری سفارش کریں؟ یا ایسے ہو سکتا ہے کہ ہمیں لوٹا دیا جائے دنیا میں) تو ہم عمل کریں اس کے خلاف جو کہ ہم اس سے پہلے کرتے رہے تھے؟ بلا شبہ خسارے میں ڈال دیا ان لوگوں نے اپنی جانوں کو، اور کھو گیا ان سے وہ سب کچھ جو یہ لوگ کھڑا کرتے تھے،

۵۴. بیشک تمہارا رب وہی اللہ ہے جس نے پیدا فرمایا آسمانوں اور زمین (کی اس عظیم الشان کائنات) کو چھ دنوں میں، پھر وہ جلوہ فرما ہوا عرش پر، وہ ڈھانک دیتا ہے رات کو دن پر، پھر دن رات کے پیچھے آتا دوڑتا ہوا اور اسی نے پیدا فرمایا سورج چاند اور ستاروں کو، اس حال میں کہ یہ سب تابع ہیں اس کے فرمان کے، آگاہ رہو کہ اسی کے لے ہے خلق بھی اور امر بھی (سو) بڑا ہی برکت والا ہے اللہ جو پروردگار ہے سارے جہانوں کا،

۵۵. پکارو تم لوگ (اپنی ہر ضرورت کے لئے، اور ہر حال میں) اپنے رب ہی کو، عاجزی کے ساتھ اور پوشیدہ طور پر، بیشک وہ پسند نہیں کرتا حد سے بڑھنے والوں کو،

۵۶. اور زمین میں فساد مت پھیلاؤ تم لوگ اس کی درستی کے بعد، اور اسی (وحدہٗ لاشریک کو پکارو خوف اور امید سے، بیشک اللہ کی رحمت قریب ہے نیکوکاروں کے،

۵۷. اور وہ (اللہ) وہی تو ہے جو ہوائیں بھیجتا ہے خوشخبری دینے کو اپنی (باران) رحمت سے پہلے، یہاں تک کہ جب وہ اٹھا لیتی ہیں (پانی سے لدے ہوئے) بھاری بھرکم بادلوں کو، تو ہم اس بادل کو ہانک دیتے ہیں کسی مردہ زمین کی طرف، جہاں اس سے ہم بارش برساتے

ہیں، پھر اس کے ذریعے ہم نکالتے ہیں طرح طرح کی پیداواریں، اسی طرح ہم نکالیں گے مردوں کو، (سو تمہیں یہ سب کچھ ہم دکھاتے ہیں) تاکہ تم سبق لو،

۵۸. اور عمدہ زمین سے خوب پیداوار نکلتی ہے اس کے رب کے حکم سے، اور جو زمین خراب ہوتی ہے، اس سے ناقص پیداوار کے سوا کچھ نہیں نکلتا، اسی طرح پھیر پھر کر بیان کرتے ہیں ہم اپنی آیتوں کو، ان لوگوں کے لئے جو شکر ادا کرتے ہیں،

۵۹. شبہ ہم نے بھیجا نوح کو ان کی قوم کی طرف (رسول بنا کر) تو آپ نے (ان سے) کہا کہ اے میری قوم کے لوگو، تم بندگی کرو اللہ ہی کی، کہ اس کے سوا تمہارا کوئی معبود نہیں، بیشک میں ڈرتا ہوں تمہارے بارے میں ایک بڑے ہی ہولناک دن کے عذاب سے،

۶۰. اس پر آپ کی قوم کے سرداروں نے کہا کہ ہم تو یقیناً دیکھتے ہیں تم کو پڑا ہوا کھلی گمراہی میں،

۶۱. آپ نے فرمایا اے میری قوم! مجھ میں (کسی طرح کی) کوئی گمراہی نہیں، بلکہ میں تو پیغمبر ہوں اس ذات (اقدس) کی طرف سے، جو پروردگار ہے سب جہانوں کی،

۶۲. تمہیں پیغامات پہنچاتا ہوں اپنے رب کے، اور خیر خواہی کرتا ہوں تم سب کی، اور میں اللہ کی طرف سے وہ کچھ جانتا ہوں جو تم نہیں جانتے،

۶۳. کیا تم لوگوں کو اس پر تعجب ہو رہا ہے کہ تمہارے پاس ایک عظیم الشان نصیحت آ گئی تمہارے رب کی جانب سے، خود تم ہی میں سے ایک شخص کے ذریعے؟ تاکہ وہ تمہیں

خبردار کرے، (تمہارے انجام سے) اور تاکہ تم پرہیزگار بن سکو، اور تاکہ تم پر رحم کیا جائے،

۶۴. مگر انہوں نے پھر بھی اس کی تکذیب ہی کی، آخرکار ہم نے بچا لیا نوح کو بھی، اور ان سب کو بھی جو کہ آپ کے ساتھ تھے، اس (عظیم الشان) کشتی میں، اور غرق کر دیا ہم نے ان سب کو جو جھٹلاتے تھے ہماری آیتوں کو، کہ وہ لوگ قطعی طور پر اندھے بن گئے تھے،

۶۵. اور عاد کی طرف ان کے بھائی ہود کو بھی (ہم نے رسول بنا کر بھیجا) تو اس نے بھی یہی کہا کہ اے میری قوم تم بندگی کرو اللہ کی، کہ اس کے سوا تمہارا کوئی معبود نہیں، تو کیا تم لوگ ڈرتے نہیں؟

۶۶. ان کی قوم کے کافر سرداروں نے کہا کہ ہم تو تمہیں نری بے عقلی میں بتلا دیکھتے ہیں، اور ہم یقیناً تمہیں جھوٹوں میں سے سمجھتے ہیں،

۶۷. انہوں نے کہا، اے میری قوم مجھ میں بے وقوفی کی کوئی بات نہیں، بلکہ میں تو یقینی طور پر پیغمبر ہوں اس ذات (اقدس) کی طرف سے جو پروردگار ہے سب جہانوں کی،

۶۸. میں تمہیں پیغامات پہنچاتا ہوں اپنے رب کے، اور میں تمہارا قابل اعتماد خیر خواہ ہوں

۶۹. تو کیا تمہیں اس پر تعجب ہو رہا ہے کہ تمہارے پاس ایک عظیم الشان نصیحت آ گئی تمہارے رب کی جانب سے خود تم ہی میں سے ایک آدمی کے ذریعے؟ تاکہ وہ تم کو خبردار کرے (تمہارے انجام سے) اور یاد کرو کہ جب تمہارے رب نے تم کو جانشین بنایا قوم

نوح کے بعد، اور اس نے تمہیں خوب پھیلاؤ دیا تمہارے ڈیل ڈول میں، پس تم لوگ یاد کرو اللہ کی (ان عظیم الشان) نعمتوں کو، تاکہ تم فلاح پا سکو،

۷۰۔ انہوں نے کہا کیا تم ہمارے پاس اسی لئے آئے ہو کہ ہم صرف ایک اللہ کی بندگی کریں، اور ان سب کو چھوڑ دیں جن کو پوجتے چلے آئے ہیں، ہمارے باپ دادا؟ پس لے آؤ تم ہم پر وہ عذاب جس کی دھمکی تم ہمیں دے رہے ہو، اگر تم سچے ہو،

۷۱۔ کہا بیشک واقع ہو چکا ہے تم پر تمہارے رب کی طرف سے ایک سخت عذاب اور بڑا غضب، کیا تم لوگ مجھ سے جھگڑتے ہو ان (بے حقیقت) ناموں کے بارے میں، جن کو گھڑا ہے خود تم نے اور تمہارے باپ دادوں نے؟ نہیں اتاری اللہ نے ان کے بارے میں کوئی سند، پس تم انتظار کرو میں بھی تمہارے ساتھ انتظار میں ہوں،

۷۲۔ آخر کار (عذاب آنے پر) ہم نے بچا لیا، ہود کو بھی، اور ان سب کو بھی جو ان کے ساتھ تھے، اپنی رحمت سے، اور جڑ کاٹ کر رکھ دی ہم نے ان سب کی جو جھٹلاتے تھے ہماری آیتوں کو، اور وہ ایمان لانے والے نہیں تھے،

۷۳۔ اور ثمود کی طرف ان کے بھائی صالح کو بھی (ہم نے پیغمبر بنا کر بھیجا) انہوں نے بھی یہی کہا کہ اے میری قوم، اللہ کی بندگی کرو تم سب، کہ اس کے سوا تمہارا کوئی معبود نہیں، بلاشبہ آ چکی تمہارے پاس روشن دلیل تمہارے رب کی جانب سے، یہ اللہ کی اونٹنی تمہارے لئے ایک عظیم نشانی کے طور پر (تمہارے سامنے موجود ہے) پس تم اسے کھلا چھوڑ دو کہ یہ کھاتی

(چرتی) رہے، اللہ کی زمین میں، اوراس کو چھونا بھی نہیں کسی برے ارادے سے، کہ اس کے نتیجے میں آپ کرڑے تم کو ایک دردناک عذاب،

۷۴. اور یاد کرو جب اللہ نے تمہیں جانشین بنایا قوم عاد کے بعد، اور تمہیں زمین میں اس شان سے بسایا کہ تم اس کے ہموار میدانوں میں عالی شان حل تعمیر کرتے ہو، اور اس کے پہاڑوں کو تراش تراش کر تم مضبوط مکان بناتے ہو، پس یاد کرو تم لوگ اللہ کی نعمتوں کو، اور مت پھرو تم اس کی زمین میں فساد مچاتے ہوئے،

۷۵. (مگراس کے باوجود) آپ کی قوم کے ان سرداروں نے جو اپنی بڑائی کے گھمنڈ میں بتلا تھے، ان میں کے کمزور سمجھے جانے والے ان لوگوں سے جو کہ ایمان لاچکے تھے کہا کیا واقعی تم لوگ یقین رکھتے ہو کہ صالح کو بھیجا گیا ہے ان کے رب کی طرف سے؟ انہوں نے جواب میں کہا کہ بیشک ہم ایمان رکھتے ہیں اس پر جس کے ساتھ ان کو بھیجا گیا ہے،

۷۶. اس پر اپنی بڑائی کا گھمنڈ رکھنے والے ان لوگوں نے کہا کہ ہم تو قطعی طور پر منکر ہیں اس کے جس پر تم لوگ ایمان رکھتے ہو،

۷۷. پھر (اپنی اصلاح کرنے کی بجائے) انہوں نے ہلاک کر ڈالا اس اونٹنی کو، اور سرکشی کی انہوں نے اپنے رب کے حکم سے، اور وہ (نہایت بے باکی سے) کہنے لگے کہ اے صالح! لے آؤ تم ہم پر وہ عذاب جس کی دھمکی تم ہمیں دے رہے ہو، اگر تم واقعی رسولوں میں سے ہو،

۷۸۔ آخر کار آپکڑا ان لوگوں کو اس (ہولناک) زلزلے نے جس سے یہ لوگ اپنے گھروں میں اوندھے پڑے رہ گئے

۷۹۔ صالح ان سے منہ موڑ کر چلے گئے اور کہا اے میری قوم میں نے تو پہنچا دیا تھا تم کو پیغام اپنے رب کا، اور پوری خیر خواہی کی تھی تمہارے لئے، مگر تم لوگ ہو کہ تم پسند ہی نہیں کرتے اپنے خیر خواہوں کو،

۸۰۔ اور لوط کو بھی (ہم نے بھیجا، چنانچہ یاد کرو کہ) جب انہوں نے کہا اپنی قوم سے، کہ کیا تم لوگ ارتکاب کرتے ہو ایسی بے حیائی کہ جس کا ارتکاب تم سے پہلے دنیا میں کسی نے نہیں کیا،

۸۱۔ تم لوگ مردوں سے شہوت رانی کرتے ہو، عورتوں کو چھوڑ کر؟ (اور یہ کسی دھوکہ یا مغالطہ سے نہیں) بلکہ تم تو ہو ہی حد سے گزرنے والے لوگ،

۸۲۔ اور آپ کی قوم کا جواب بھی اس کے سوا کچھ نہ تھا، کہ انہوں نے چھوٹتے ہی کہا کہ نکال باہر کرو ان کو اپنی بستی سے، کہ بڑے پاکباز بنتے ہیں یہ لوگ،

۸۳۔ پھر (عذاب آنے پر) ہم نے بچا لیا لوط کو اور ان کے اہل کو، سوائے ان کی بیوی کے کہ وہ پیچھے رہنے والوں میں سے ہو گئی

۸۴۔ اور برسائی ہم نے ان پر ایک بڑی ہولناک بارش، پس تم دیکھو کہ کیسا ہوا انجام مجرموں کا؟

۸۵. اور مدین کی طرف ان کے بھائی شعیب کو بھیجا، انہوں نے بھی یہی دعوت دی کہ اے میری قوم! تم اللہ ہی کی بندگی کرو کہ اس کے سوا تمہارا کوئی معبود نہیں، بلاشبہ آچکی تمہارے پاس، ایک روشن دلیل، تمہارے رب کی جانب سے، پس تم پورا کرو ناپ اور تول کو، اور کم کر کے نہ دو لوگوں کو ان کی چیزیں، اور فساد مت پھیلاؤ تم لوگ (اللہ کی) زمین میں، اس کی اصلاح کے بعد، یہی (جو کچھ میں کہہ رہا ہوں) بہتر ہے تمہارے لئے اگر تم لوگ ایماندار ہو۔

۸۶. اور مت بیٹھو تم لوگ راستوں پر ڈرانے کو، اور اللہ کی راہ سے روکتے ہوئے، ان لوگوں کو جو اس پر ایمان لائے ہیں، اور اس میں کجی تلاش کرتے ہوئے، اور یاد کرو کہ جب تم تھوڑے سے تھے، پھر اللہ نے تمہیں زیادہ کر دیا اور (آنکھیں کھول کر) دیکھو کہ کیسا ہوا انجام فساد کرنے والوں کا؟

۸۷. اور اگر تم میں سے ایک گروہ ایمان لے آیا اس (پیغام) پر جس کے ساتھ مجھے بھیجا گیا ہے، اور دوسرا گروہ ایمان نہیں لایا، تو تم لوگ صبر کرو، یہاں تک کہ اللہ فیصلہ فرما دے ہمارے درمیان، کہ وہی ہے سب سے بہتر فیصلہ فرمانے والا۔

۸۸. آپ کی قوم کے ان سرداروں نے جو کہ اپنی بڑائی کے گھمنڈ میں مبتلا تھے، جواب میں کہا اے شعیب ہم نکال باہر کریں گے اپنی بستی سے تم کو بھی، اور ان سب کو بھی جو ایمان لے آئے تمہارے ساتھ، الّا یہ کہ تم لوگ لوٹ آؤ ہمارے دین میں، شعیب نے فرمایا اگرچہ ہم اس کو ناپسند کرتے ہوں؟

۸۹. م نے یقیناً اللہ پر بہت بڑا جھوٹ باندھ لیا، اگر ہم (خدانخواستہ) پلٹ آئے تمہارے مذہب میں، اس کے بعد کہ اللہ نے ہمیں اس سے نجات دے دی، اور ہمارے لئے تو اب کوئی گنجائش نہیں کہ ہم اس میں واپس آ جائیں، الّا یہ کہ اللہ چاہے، جو کہ رب ہے ہم سب کا، گھیرے میں لیا ہوا ہے ہمارے رب نے ہر چیز کو اپنے علم کے اعتبار سے، ہم نے بہر حال اللہ ہی پر بھروسہ کر رکھا ہے، اے ہمارے رب! تو فیصلہ فرما دے، ہمارے اور ہماری قوم کے درمیان حق کے ساتھ، کہ تو ہی ہے سب سے اچھا فیصلہ کرنے والا،

۹۰. اور (دوسری طرف) آپ کی قوم کے ان سرداروں نے جو کہ اڑے ہوئے تھے اپنے کفر پر (آپس میں) کہا کہ اگر تم لوگوں نے پیروی کر لی شعیب کی، تو یقیناً تم سخت خسارے میں پڑ جاؤ گے،

۹۱. آخر کار آپکڑا ان کو اس زلزلے نے (جس کے وہ مستحق ہو گئے تھے) جس سے وہ اوندھے پڑے رہ گئے اپنے گھروں میں،

۹۲. جن لوگوں نے شعیب کو جھٹلایا تھا وہ (ایسے ہو گئے کہ) گویا کہ وہ وہاں کبھی رہے بسے ہی نہیں تھے، جنہوں نے شعیب کو جھٹلایا تھا وہی تھے خسارے والے،

۹۳. پھر شعیب ان سے منہ موڑ کر چل دیئے اور (حسرت بھرے انداز میں) کہا کہ اے میری قوم، بیشک میں نے پہنچا دیئے تم کو پیغامات اپنے رب کے، اور پوری طرح خیر خواہی کی تمہارے لئے، اب میں کیسے غم کروں ایسے لوگوں پر جو اڑے رہے تھے اپنے کفر پر،

۹۴. اور ہم نے جس کسی بستی میں بھی کوئی پیغمبر بھیجا اس کے باشندوں کو ہم نے پکڑا سختی اور تنگی میں، تاکہ یہ لوگ دب جائیں،

۹۵. پھر ہم نے ان پر بدحالی کی جگہ خوشحالی کا دور دورہ کر دیا، یہاں تک کہ وہ خوب پھل پھول گئے، اور کہنے لگے کہ یہ اچھے برے دن تو ہمارے باپ دادا پر بھی آتے رہے ہیں تب ہم نے ان کو ایسے اچانک پکڑا کہ ان کو اس کا کوئی شعور تک نہ تھا،

۹۶. اور اگر ان بستیوں والے ایمان لے آتے، اور تقوی اختیار کرتے تو ہم ضرور ان پر دروازے کھود یتے طرح طرح کی برکتوں کے آسمان و زمین سے، مگر وہ تو تکذیب ہی پر کمر بستہ رہے، آخر کار ہم نے آپ کرڑا، ان کو ان کے اعمال کی بناء پر جنہیں وہ خود کماتے رہے تھے،

۹۷. تو کیا بے خوف ہو گئے بستیوں والے اس بات سے کہ آپہنچے ان پر ہمارا عذاب رات کو جب کہ یہ سوئے پڑے ہوں،

۹۸. کیا ان بستیوں والے نڈر ہو گئے اس سے کہ ان پر ہمارا عذاب دن چڑھے عین اس وقت آپہنچے، جب کہ یہ کھیل کود میں لگے ہوں،

۹۹. تو کیا یہ لوگ بے خوف گئے اللہ کی چال (اور اس کی پکڑ) سے؟ سو اللہ کی چال (اور اس کی پکڑ) سے بے خوف نہیں ہوتے، مگر وہی لوگ جو خسارہ اٹھانے والے ہیں،

۱۰۰. تو کیا ان لوگوں کے لئے جو آج وارث بنے ہوئے ہیں اس زمین کے، اس کے باشندوں (کی ہلاکت) کے بعد، یہ بات ظاہر نہیں ہوئی کہ اگر ہم چاہیں تو ان کو بھی دھڑکیں،

ان کے گناہوں کے سبب، اور ہم مہر لگا دیتے ہیں ایسے لوگوں کے دلوں پر، جس سے وہ سنتے ہی نہیں،

۱۰۱۔ یہ ان بستیوں کے کچھ حالات ہیں جو ہم (عبرت اور نمونہ کے طور پر) آپ کو سنا رہے ہیں، بلاشبہ آئے ان کے پاس ان کے رسول کھلے دلائل لے کر، پھر بھی انہوں نے ایمان لا کے نہ دیا اس پر، جس کو وہ جھٹلا چکے تھے اس سے پہلے، اسی طرح اللہ مہر کر دیتا ہے کافروں کے دلوں پر،

۱۰۲۔ اور ہم نے ان میں سے اکثر میں عہد کا کوئی نباہ نہ پایا، اور ہم نے ان کی اکثریت کو سخت بدکار پایا،

۱۰۳۔ پھر ان (ذکر شدہ انبیاء) کے بعد ہم نے موسیٰ کو بھیجا ان اپنی نشانیوں کے ساتھ، فرعون، اور ان کے (سرکش) سرداروں کی طرف، مگر انہوں نے بھی ان کے ساتھ ظلم (و زیادتی) ہی کا ارتکاب کیا، پھر دیکھ لو کہ کیسا انجام ہوا ان مفسدوں کا،

۱۰۴۔ اور موسیٰ نے کہا اے فرعون بیشک میں پیغمبر ہوں، اس ذات کی طرف سے جو پروردگار ہے سب جہانوں کی،

۱۰۵۔ میرا منصب ہی یہ ہے کہ میں سچ کے سوا کوئی بات اللہ کی طرف منسوب نہ کروں، میں یقینی طور پر تمہارے پاس تمہارے رب کی طرف سے ایک روشن دلیل لے کر آیا ہوں (اپنی صداقت و حقانیت کی) پس تو بھیج دے میرے ساتھ بنی اسرائیل کو،

۱۰۶. فرعون نے کہا کہ اگر تم کوئی نشانی لے کر آئے ہو تو لاؤ پیش کرو اس کو، اگر تم سچوں میں سے ہو،

۱۰۷. اس پر موسیٰ نے ڈال دیا اپنے عصا کو، تو یکایک وہ ایک کھلا ہوا اژدھا بن گیا،

۱۰۸. اور اپنا ہاتھ گریبان میں ڈال کر نکالا تو یکایک وہ چمک رہا تھا دیکھنے والوں کے لئے،

۱۰۹. فرعون کی قوم کے سرداروں نے کہا یقیناً یہ ایک بڑا جادوگر ہے،

۱۱۰. جو چاہتا ہے کہ نکال باہر کرے تم لوگوں کو تمہاری سرزمین سے، تو پھر تم لوگ کیا حکم دیتے ہو؟

۱۱۱. انہوں نے کہا کہ (سر دست تو) مہلت دے دو اس کو بھی، اور اس کے بھائی کو بھی اور بھیج دو شہروں میں ہرکارے،

۱۱۲. جو لے آئیں آپ کے پاس ہر ماہر جادوگر کو،

۱۱۳. (چنانچہ ایسا ہی کیا گیا) اور آپہنچے وہ جادوگر فرعون کے پاس، اور وہ (چھوٹتے ہی) بولے کہ کیا ہمیں کوئی اجر بھی ملے گا اگر ہم غالب آگئے؟

۱۱۴. فرعون نے جواب دیا ہاں، اور (اس سے بڑھ کر یہ کہ) اس صورت میں تم ہمارے مقربین میں شامل ہو جاؤ گے،

۱۱۵. پھر انہوں نے کہا، اے موسیٰ (بتاؤ پہلے) تم ڈالتے ہو یا ہم ڈالیں؟

۱۱۶. تو موسیٰ نے (کمال اطمینان سے) جواب اکہ تم ہی ڈال لو، پھر جب انہوں نے ڈال دیا (جو کچھ کہ ان کو ڈالنا تھا) تو انہوں نے مسحور کر دیا لوگوں کی نگاہوں کو، اور خوفزدہ کر دیا ان (کے دلوں) کو، اور (واقعتاً) وہ لوگ ایک بڑا (ہی ہولناک) جادو لائے تھے،

۱۱۷. ہم نے موسیٰ کو وحی کی کہ ڈال دو تم اپنا عصا، پس اس کا ڈالنا تھا کہ اس نے نگلنا شروع کر دیا اس پورے سوانگ کو جو انہوں نے رچایا تھا،

۱۱۸. سو اس طرح غالب آ کر رہا حق، اور مٹ کر رہا وہ سب کچھ جو انہوں نے بنا رکھا تھا،

۱۱۹. سو مغلوب ہو گئے اس موقع پر وہ سب، اور لوٹے ذلیل (وخوار) ہو کر،

۱۲۰. اور بے ساختہ سجدے میں گر پڑے وہ (تمام ماہر) جادوگر،

۱۲۱. اور وہ پکار اٹھے کہ ہم ایمان لے آئے پروردگار عالم پر،

۱۲۲. جو کہ رب ہے موسیٰ اور ہارون کا،

۱۲۳. فرعون نے جھنجھلا کر) کہا کہ کیا تم لوگ اس پر ایمان لے آئے ہو، قبل اس کے کہ میں تم کو اجازت دیتا؟ یقیناً ایک بڑی سازش ہے، جو تم سب نے مل کر پکائی ہے اس شہر کے اندر، تاکہ تم نکال باہر کرو اس سے اس کے اصل باشندوں کو، سو ابھی معلوم ہوا چاہتا ہے

۱۲۴. (انجام اپنے کیے کا) میں یقیناً کٹوا کر رہوں گا ہاتھ پاؤں تم سب کے مخالف جانب سے، پھر سولی پر لٹکا دوں گا تم سب کو،

۱۲۵. انہوں نے (اطمینان سے) جواب دیا کہ (پرواہ نہیں کہ) ہمیں تو بہر حال اپنے رب ہی کے پاس لوٹ کر جانا ہے،

۱۲۶. اور تو ہم سے انتقام نہیں لیتا مگر اس بات کا، کہ ہم ایمان لے آئے اپنے رب کی آیتوں پر، جب کہ وہ آ پہنچیں ہمارے پاس، اے ہمارے رب! فیضان فرما دے، ہم پر صبر (و برداشت) کا، اور ہمیں اس دنیا سے اس حال میں اٹھانا کہ ہم فرمانبردار ہوں (تیرے)،

۱۲۷. اور فرعون کی قوم کے سرداروں نے کہا کہ کیا آپ موسیٰ اور اس کی قوم کو یونہی چھوڑ دیں گے؟ کہ وہ فساد مچاتے پھریں اس ملک میں، اور چھوڑ دیں آپ کو اور آپ کے معبودوں کو؟ تو فرعون نے جواب دیا کہ ہم چن چن کر قتل کروا دیں گے ان کے بیٹوں کو، اور زندہ رکھ چھوڑیں گے ان کی عورتوں کو، اور یقیناً ہم ان پر پوری طرح قابو رکھتے ہیں،

۱۲۸. موسیٰ نے اپنی قوم سے فرمایا کہ تم لوگ مدد مانگو اللہ سے، اور کام لو تم صبر (و استقامت) سے، بیشک یہ زمین اللہ کی ہے، وہ اپنے بندوں میں سے جسے چاہتا ہے اس کا وارث بنا دیتا ہے، اور وہ انجام (اور آخری کامیابی) بہرحال پرہیزگاروں ہی کے لئے ہے،

۱۲۹. انہوں نے (شکایت کرتے ہوئے) کہ کہا کہ (موسی) ہمیں تمہارے آنے سے پہلے بھی ستایا جاتا رہا، اور تمہارے آنے کے بعد بھی ہمارا یہی حال ہے، موسیٰ نے جواب میں فرمایا، امید ہے کہ تمہارا رب جلد ہی ہلاک کر دے گا، تمہارے دشمن کو، اور جانشین بنا دے گا تم لوگوں کو اس ملک کا، پھر وہ دیکھے گا کہ تم کیسے کام کرتے ہو،

۱۳۰. اور بلاشبہ ہم نے پکڑا فرعون والوں کو (کئی سالوں کے) قحط، اور پیداوار کی کمی کے ساتھ، تاکہ وہ لوگ (ہوش میں آئیں اور) سبق لیں،

۱۳۱. مگر جب ان پر خوشحالی آتی تو وہ کہتے کہ یہ تو ہمارے ہی لئے بہتر ہے، اور اگر ان کو کوئی بدحالی پیش آتی تو اس کو وہ نحوست قرار دیتے موسیٰ اور ان کے ساتھیوں کی، یاد رکھو ان کی نحوست کا سبب تو اللہ ہی کے پاس ہے، لیکن ان میں سے اکثر لوگ جانتے نہیں،

۱۳۲. اور انہوں نے کہا (موسی سے) کہ تم جو بھی کوئی نشانی لے آؤ ہمیں مسحور کرنے کے لئے تو (یاد رکھو کہ) ہم تمہاری بات ماننے والے نہیں،

۱۳۳. آخر کار ہم نے بھیج دیا ان پر طوفان، اور چھوڑ دیئے ان پر ٹڈی دل اور پھیلا دیں ان پر (جوئیں اور) سرسریاں، نکال دیئے مینڈک، اور برسا دیا ان پر خون الگ الگ (اور عبرت انگیز) نشانیوں کے طور پر پھر بھی وہ اپنی بڑائی کے گھمنڈ میں ہی پڑے رہے، اور وہ تھے ہی مجرم لوگ

۱۳۴. اور جب ان پر ایسا کوئی عذاب آپڑتا تو وہ کہتے ہیں اے موسیٰ ہمارے لئے دعا کرو اپنے رب سے اس عہد کی بناء پر جو اس نے آپ سے کر رکھا ہے (اور) اگر آپ نے ہم سے یہ عذاب دور کرا دیا تو ہم ضرور بالضرور تمہاری بات مان لیں گے، اور بھیج دیں گے تمہارے ساتھ بنی اسرائیل کو،

۱۳۵. مگر جب ہم ان سے وہ عذاب دور کر لیتے ایک ایسی مدت تک جس کو انہیں پہنچنا ہوتا تو وہ (یک لخت) توڑ دیتے اپنے عہد کو

۱۳۶. آخر کار ہم نے ان سے انتقام لیا، اور غرق کر دیا ان کو سمندر میں، اس بناء پر کہ انہوں نے جھٹلایا تھا ہماری آیتوں کو، اور وہ ان سے غفلت (ولاپرواہی) برت رہے تھے،

۱۳۷. اور ہم نے وارث بنا دیا ان لوگوں کو جنہیں دبا کر رکھا گیا تھا، اس زمین کے مشرق و مغرب کا جس کو ہم نے مالا مال کر رکھا تھا طرح طرح کی برکتوں سے، اور (اس طرح) پورا ہو کر رہا تمہارے رب کا وہ عمدہ وعدہ جو بنی اسرائیل کے حق میں تھا، اس بناء پر کہ انہوں نے صبر (و استقامت) سے کام لیا تھا، اور تہس نہس کر کے رکھ دیا، ہم نے اس سب کو جو بناتا تھا فرعون اور اس کی قوم، اور ملیامیٹ کر دیا ہم نے ان اونچی عمارتوں کو جو تعمیر کرتے رہے تھے وہ لوگ،

۱۳۸. اور ہم نے پار کیا بنی اسرائیل کو سمندر سے، اور ان کا گزر کچھ ایسے لوگوں پر ہوا جو چمٹے بیٹھے تھے اپنے بتوں سے، تو انہوں نے (ان کو دیکھتے ہی) کہا، اے موسیٰ ہمارے لئے بھی کوئی ایسا معبود بنا دو، جیسا کہ ان لوگوں کے معبود ہیں، موسیٰ نے فرمایا واقعی تم لوگ بڑی جہالت میں ہو،

۱۳۹. بیشک تباہ و برباد ہو کر رہنے والا ہے وہ سب کچھ، جس میں یہ لوگ محو ہیں اور باطل وہ سب کچھ جو یہ کر رہے ہیں،

۱۴۰. نیز فرمایا کہ میں اللہ کے سوا تمہارے لئے کوئی معبود تلاش کروں، حالانکہ اسی وحدہٗ لا شریک نے تم کو فضیلت بخشی ہے سب جہان والوں پر،

۱۴۱. اور (وہ بھی یاد کرو کہ) جب ہم نے نجات دی تم کو فرعون والوں سے، جو چکھاتے تھے تم لوگوں کو برا عذاب، تمہارے بیٹوں کو وہ لوگ چن چن کر قتل کرتے، اور تمہاری عورتوں کو زندہ چھوڑ دیتے، اور بیشک اس میں بڑی بھاری آزمائش تھی تمہارے رب کی جانب سے،

۱۴۲. اور وعدہ کیا ہم نے موسیٰ سے تیس راتوں کا، پھر ان میں ہم نے دس راتوں کا اور اضافہ کر دیا، اس طرح پوری ہو گئی اس کے رب کی مقرر کردہ مدت چالیس راتیں، اور (چلتے وقت) موسیٰ نے اپنے بھائی ہارون سے کہا کہ میرے پیچھے میری جانشینی کرنا، میری قوم میں، اور اصلاح کرتے رہنا، اور پیروی نہیں کرنا بگاڑ پیدا کرنے والوں کے راستے کی،

۱۴۳. اور جب آپہنچے موسیٰ ہمارے مقرر کردہ وقت پر، اور کلام فرمایا ان سے ان کے رب نے، تو انہوں نے التجا کی، کہ اے میرے رب! مجھے اپنا دیدار کرا دیجئے کہ میں آپ کو دیکھ سکوں، فرمایا کہ (ان کی دنیاوی آنکھوں سے) تم مجھے کبھی نہیں دیکھ سکتے، لیکن (اپنی تسلی کے لئے) تم اس پہاڑ پر نظر رکھو، اگر تو وہ (ہماری ایک جھلک پڑنے سے) اپنی جگہ برقرار رہ گیا تو پھر تم بھی مجھے دیکھ سکو گے، مگر جب اس کے رب نے تجلی فرمائی اس پہاڑ پر تو ریزہ ریزہ کر دیا اس کو، اور گر پڑے موسیٰ بے ہوش ہو کر، پھر جب ہوش میں آئے تو عرض کیا، پاک ہے وہ ذات، میں تیرے حضور توبہ کرتا ہوں، اور میں سب سے پہلا یقین لانے والا ہوں (اے میرے رب)،

۱۴۴. (موسیٰ کے رب نے) فرمایا، اے موسیٰ بیشک میں نے چن لیا ہے تم کو، دوسرے لوگوں کے مقابلے میں، اپنی پیغمبری اور ہم کلامی کے ذریعے، پس تم لے لو جو کچھ کہ میں تم کو عطا کروں، اور ہو جاؤ تم شکر کرنے والوں میں سے،

۱۴۵. اور لکھ دی تھی ہم نے ان کے لئے ان تختیوں میں ہر طرح کی نصیحت، اور تفصیل ہر چیز کی، سو (کہا ان سے) لے لو تم کو اس کو مضبوطی سے، اور حکم کرو اپنی قوم کو کہ وہ اپنا لیں

ان کو، ان کے بہترین مفہوم کے ساتھ، میں عنقریب ہی دکھا دوں گا تم لوگوں کو گھر فاسقوں کا،

۱۴۶. میں پھیر دوں گا، اپنی آیتوں سے ان لوگوں کو جو تکبر کرتے ہیں زمین میں ناحق طور پر، اور (ان کی ہٹ دھرمی کا عالم یہ ہے کہ) اگر یہ (حق کو واضح کرنے والی) ہر نشانی کو بھی دیکھ لیں تو بھی یہ اس پر ایمان لانے کے نہیں، اگر یہ ہدایت کا راستہ دیکھیں تو اسے راستہ نہیں بنا دے اور اگر گمراہی کا راستہ دیکھیں تو اسے (فورا) اپنا راستہ بنا لیتے ہیں، یہ اس لئے کہ انہوں نے جھٹلایا ہماری آیتوں کو، اور یہ ان سے غفلت (اور لاپرواہی) برتنے والے تھے،

۱۴۷. اور جن لوگوں نے جھٹلایا ہماری آیتوں کو، اور آخرت کی پیشی کو، اکارت چلے گئے ان کے سب عمل، ان کو بدلہ نہیں دیا جائے گا مگر ان اپنے انہی کاموں کا جو وہ خود کرتے رہے تھے،

۱۴۸. اور بنا لیا موسیٰ کی قوم نے ان کے پیچھے اپنے زیوروں سے ایک بچھڑا، یعنی ایک پتلا جس میں گائے کی سی ایک آواز تھی (اور بس) کیا انہوں نے اتنا بھی نہ دیکھا کہ وہ نہ ان سے بول سکتا ہے، اور نہ انہیں کوئی راہ دکھا سکتا ہے، انہوں اس کو (معبود) بنا لیا اور وہ تھے ہی ظالم لوگ

۱۴۹. اور جب وہ (اپنے کئے پر) پشیمان ہو گئے، اور دیکھا کہ وہ یقیناً بھٹک چکے ہیں، تو (ندامت سے) کہنے لگے کہ اگر رحم نہ فرمایا ہم پر ہمارے رب نے، اور بخشش نہ فرمائی ہماری، تو یقیناً ہم تباہ و برباد ہو جائیں گے،

۱۵۰۔ اور جب واپس لوٹے موسیٰ اپنی قوم کی طرف غصے اور رنج میں بھرے ہوئے، تو کہا بڑی بری ہے وہ جانشینی، جو تم لوگوں نے میرے بعد اختیار کی، کیا تم نے جلد بازی برتی اپنے رب کے حکم سے اور پھینک دیا آپ نے ان تختیوں کو، اور اپنے بھائی کا سر پکڑ کر اس کو اپنی طرف کھینچنے لگے، انہوں نے کہا میری ماں کے بیٹے! (ذرا میری بھی سنئے) ان لوگوں نے مجھے دبا لیا تھا، اور قریب تھا کہ یہ مجھے قتل کر دیں، پس آپ دشمنوں کو مجھ پر ہنسنے کا موقع نہ دیں اور مجھے شامل نہ کریں ظالم لوگوں کے ساتھ،

۱۵۱۔ تب موسیٰ نے کہا اے میرے رب! معاف فرما دے مجھے بھی اور میرے بھائی کو بھی، اور داخل فرما دے ہمیں اپنی رحمت میں، اور تو ہی سب سے بڑھ کر رحم فرمانے والا،

۱۵۲۔ بیشک جن لوگوں نے معبود ٹھہرایا بچھڑے کو، ان کو ضرور پہنچ کر رہے گا ایک ہولناک غضب ان کے رب کی جانب سے، اور سخت ذلت اس دنیا کی زندگی میں، اور ہم اسی طرح بدلے دیتے ہیں افتراء کرنے والوں کو،

۱۵۳۔ اور جن لوگوں نے برائیوں کا ارتکاب کیا، پھر انہوں نے اس کے بعد توبہ کرلی، اور وہ ایمان لے آئے، تو بیشک تمہارا رب اس کے بعد بڑا ہی بخشنے والا، نہایت ہی مہربان ہے،

۱۵۴۔ اور جب ٹھنڈا ہو گیا غصہ (حضرت) موسیٰ کا، تو انہوں نے اٹھا لیا ان تختیوں کو، اور ان کی تحریر میں نری ہدایت اور عین رحمت تھی، ان لوگوں کے لئے جو اپنے رب سے ڈرتے ہیں،

۱۵۵. اور چن لیا موسیٰ نے اپنی قوم کے ستر آدمیوں کو ہمارے وعدہ کے وقت پر (ہمارے حضور) لانے کو، پھر جب ان کو آپ کرڑا ایک سخت زلزلے نے (ان کے ایک ایک بے ہودہ مطالبہ پر) تو موسیٰ نے عرض کیا کہ اے میرے رب! اگر آپ چاہتے تو پہلے ہی ہلاک کر دیتے ان کو بھی اور مجھے بھی، کیا آپ اس قصور پر ہم سب کو ہلاک کر دیں گے جو کہ ہم میں سے کچھ بیوقوفوں نے کیا؟ یہ تو محض آپ کی ایک آزمائش ہے جس کے ذریعے آپ جسے چاہیں گمراہ کر دیں اور جسے چاہیں ہدایت بخش دیں، آپ ہی ہیں ہمارے لئے کارساز، پس بخشش فرما دے ہماری، اور رحم فرما دے ہم پر، اور آپ ہی (اے ہمارے رب!) سب سے بڑھ کر بخشش فرمانے والے ہیں،

۱۵۶. اور لکھ دیجئے ہمارے لئے بھلائی اس دنیا میں بھی، اور آخرت میں بھی، بیشک ہم نے رجوع کر لیا آپ کی طرف، ارشاد فرمایا کہ اپنا عذاب تو میں جسے چاہتا ہوں دیتا ہوں، مگر میری رحمت چھائی ہوئی ہے ہر چیز پر، سو میں اس کو لکھ دوں گا (اس کے درجہ کمال میں میں) ان لوگوں کے لئے جو ڈرتے ہیں، اور وہ زکوٰۃ ادا کرتے ہیں، اور جو (صدق دل سے) میری آیتوں پر ایمان (ویقین) رکھتے ہیں،

۱۵۷. وہ جو پیروی کریں گے اس رسول کی جو نبی امی (ہونے کی شان رکھتے) ہیں، جن کو یہ لوگ لکھا ہوا پاتے ہیں اپنے یہاں تورات اور انجیل میں (ان کی خصوصیات و امتیازات کے ساتھ)، جو ان کو حکم دے گا نیکی کا، اور روکے گا ان کو برائی سے، اور حلال بتلائے گا وہ ان کے لئے پاکیزہ چیزوں کو، اور حرام بتلائے گا ان پر ناپاک چیزوں کو، اور وہ اتار دے گا ان

(کی گردنوں) سے ان کے وہ بوجھ جو (لدے ہوئے) تھے ان پر، اور (وہ دور کردے گا ان سے) وہ طوق (جن میں جکڑے ہوئے تھے) یہ لوگ اس سے پہلے، پس لوگ جو (صدق دل سے) ایمان لائیں گے اس (نبیِ امی) پر اور وہ تعظیم و مدد کریں گے اس کی، اور پیروی کریں گے ان نور (مبین) کی جو اتارا گیا ہو گا ان کے ساتھ، تو ایسے ہی لوگ ہوں گے فلاح پانے والے

۱۵۸۔ کہو، اے (دنیا جہاں کے) لوگو! بیشک میں رسول ہوں، اس اللہ کا تم سب کی طرف جس کے لئے بادشاہی ہے آسمانوں اور زمین (کی اس ساری کائنات) کی، کوئی معبود نہیں سوائے اس کے، وہی زندگی بخشتا اور موت دیتا ہے، پس تم لوگ ایمان لے آؤ اللہ پر، اور اس کے بھیجے ہوئے اس نبی امی پر، جو ایمان رکھتا ہے اللہ پر اور اس کی باتوں پر اور تم لوگ پیروی کرو اس کی تاکہ تم سرفراز ہو سکو راہ راست سے

۱۵۹۔ اور موسیٰ کی قوم میں ایک گروہ ایسا بھی تھا جو حق کے مطابق ہدایت کرتا، اور اسی کے مطابق وہ لوگ انصاف کرتے تھے

۱۶۰۔ اور ہم نے ان کو بارہ خاندانوں میں بانٹ کر مستقل گروہوں کی شکل دے دی تھی، اور حکم بھیجا ہم نے موسیٰ کی طرف جب کہ پانی مانگا ان سے ان کی قوم نے کہ اپنی لاٹھی مارو فلاں پتھر پر، پس (لاٹھی کا مارنا تھا کہ) پھوٹ نکلے اس سے بارہ چشمے، (اور اس طور پر) کہ اچھی طرح پہچان لیا ان میں کے ہر گروہ نے اپنے گھاٹ کو، اور ہم نے ان پر سایہ کر دیا بادل کا، اور اتار دیا ان پر ہم نے (اپنے خزانہ غیب سے) من و سلویٰ، (اور ان سے کہا) کہ تم

لوگ کھاؤ ان پاکیزہ چیزوں میں سے جو ہم نے بخشی ہیں تم کو، اور انہوں نے (اپنے کرتوتوں سے) ہمارا کچھ نہیں بگاڑا، بلکہ وہ اپنی ہی جانوں پر ظلم کرتے رہے تھے

۱۶۱۔ اور جب ان سے کہا گیا کہ تم لوگ جا کر رہو اس بستی میں، اور وہاں پر جہاں سے تم چاہو کھاؤ (اور پیو) اور (زبان سے) یہ کہتے جانا کہ ہماری توبہ، اور شہر کے دروازے سے داخل ہونا (عاجزی کے ساتھ) جھکے جھکے، ہم بخش دیں گے تمہاری خطاؤں کو، اور مزید فضل سے نوازیں گے ہم نیکوکاروں کو،

۱۶۲۔ مگر بدل دیا ان میں کے ظالم لوگوں نے (اس کو) ایک اور ہی بات سے، اس کے سوا جو ان سے کہی گئی تھی، جس کے نتیجے میں ہم نے بھیج دیا ان پر ایک ہولناک عذاب آسمان سے، اس بناء پر کہ وہ ظلم کرتے تھے،

۱۶۳۔ اور پوچھو ذرا ان سے، اس بستی کے بارے میں جو کہ واقع تھی سمندر کے کنارے پر، جب کہ حد سے بڑھ رہے تھے اس کے باشندے ہفتہ کے دن کے معاملے میں، جب کہ (ان کی آزمائش کے لئے) ان کی مچھلیاں ہفتے کے دن تو ابھر ابھر کر ان کے سامنے آتی تھیں، مگر جب ہفتے کا دن نہیں ہوتا تو وہ ان کے سامنے نہ آتیں، اسی طرح ہم آزمائش میں ڈالتے رہے ان کو، ان کی نافرمانیوں کی بناء پر، جن کا ارتکاب وہ لوگ کرتے رہے تھے

۱۶۴۔ اور وہ بھی یاد کرنے کے لائق ہے کہ) جب ان میں سے ایک گروہ نے (دوسرے سے) کہا کہ تم کیوں نصیحت کرتے ہو ایک ایسی (ناہنجار) قوم کو، جس کو اللہ نے ہلاک کرنا

ہے ، یا اس کو مبتلا کرنا ہے کسی سخت عذاب میں ؟ تو انہوں نے جواب دیا کہ تمہارے رب کے حضور معذرت پیش کرنے کے لئے ، اور اس امید پر کہ شاید یہ لوگ بچ جائیں ،

۱۶۵. مگر جب انہوں نے بالکل فراموش کر دیا ان نصیحتوں کو جو انہی کی گئی تھیں ، تو ہم نے بچا لیا ان لوگوں کو جو روکتے تھے برائی سے ، اور پکڑ لیا ان کو جو اڑے ہوئے تھے اپنے ظلم پر ، ایک بڑے ہی سخت عذاب میں ان کی نافرمانیوں کی پاداش میں جن کا ارتکاب وہ کرتے چلے آرہے تھے

۱۶۶. سو جب وہ اپنی سرکشی سے ان کاموں میں بڑھتے ہی چلے گئے جن سے ان کو روکا گیا تھا تو ہم نے ان سے کہا کہ ہو جاؤ تم بندر ذلیل ،

۱۶۷. اور (وہ بھی یاد کرنے کے لائق ہے کہ) جب اعلان فرما دیا تمہارے رب نے کہ وہ ضرور بالضرور مسلط رکھے گا ، ان پر قیامت تک کسی نہ کسی ایسے شخص کو جو چکھاتا رہے گا ان کو برا عذاب ، بیشک تمہارا رب عذاب دینے میں بھی بڑا ہی تیز دست ہے ، اور بلاشبہ وہ بڑا ہی بخشنے والا نہایت مہربان بھی ہے ،

۱۶۸. اور ہم نے ان کو ٹکڑے ٹکڑے کر کے زمین میں پھیلا دیا مختلف گروہوں کی شکل میں ، ان میں سے کچھ نیک تھے اور کچھ اور طرح کے ، اور ہم نے ان کو آزمایا اچھے حالات سے بھی ، اور برے حالات سے بھی ، تاکہ یہ باز آجائیں ،

۱۶۹. پھر ان کی اگلی نسلوں کے بعد ایسے ناخلف ان کے جانشین ہوئے جو وارث بن گئے کتاب الٰہی کے ، وہ (احکام کتاب کے عوض) اسی دنیاء دوں کا مال سمیٹنے لگے ، اور کہتے کہ

ہماری توضرور بخشش کر دی جائے گی، اور اگر ان کے پاس اس طرح کا کوئی مال (ایسی دین فروشی کے عوض پھر) آجاتا تو اس کو بھی یہ لوگ (پوری ڈھٹائی اور بے باکی سے لے کر) لے لیتے، کیا ان لوگوں سے کتاب کے اس مضمون کا پختہ عہد نہیں لیا گیا کہ یہ لوگ اللہ کے نام پر کوئی بات نہیں کہیں گے مگر وہی جو کہ حق ہو، اور انہوں نے اس سب کو پڑھ بھی لیا، جو کہ اس میں لکھا ہے، اور آخرت کا گھر تو یقیناً کہیں بہتر ہے ان لوگوں کے لئے جو ڈرتے رہتے ہیں، کیا تم لوگ پھر بھی عقل سے کام نہیں لیتے؟

۱۷۰. اور (ان میں سے) جو لوگ مضبوطی سے تھامتے ہیں کتاب کو اور انہوں نے قائم رکھا نماز کو، (تو وہ فائز المرام ہو گئے کہ) بیشک ہم ضائع نہیں کرتے اجر ایسے اصلاح کرنے والوں کا،

۱۷۱. اور (وہ بھی یاد رکھنے کے قابل ہے کہ) جب ہم نے اٹھا لیا ان پر پہاڑ کو، گویا کہ وہ ایک سائبان ہے، اور ان کو یقین ہو گیا تھا کہ وہ آپڑنے والا ہے ان پر، (تو ہم نے ان سے کہا کہ) مضبوطی سے لے لو تم لوگ اس کتاب کو جو ہم نے تمہیں دی ہے اور یاد کرو اس کو جو کچھ کہ اس کے اندر ہے، تاکہ تم بچ سکو

۱۷۲. اور (وہ بھی یاد کراؤ ان لوگوں کو اے پیغمبر! کہ) جب نکالا تمہارے رب نے (اپنی قدرت کاملہ اور حکمت بالغہ سے) بنی آدم کی پشتوں سے ان کی نسل کو، اور ان کو خود اپنے اوپر گواہ بنا کر (ان سے پوچھا) کہ کیا میں تمہارا رب نہیں ہوں؟ تو سب نے جواب دیا کہ (ہاں) کیوں نہیں، ہم سب گواہی دیتے ہیں، (اور ہم نے اس لئے کیا کہ) کہیں تم لوگ کل قیامت کے روز یوں (نہ) کہنے لگو کہ ہم تو اس سے بالکل بے خبر تھے،

۱۷۳. یا تم یوں کہنے لگو کہ شرک (کے آغاز) کا ارتکاب تو ہمارے باپ دادا نے ہم سے پہلے کیا تھا، اور ہم بعد میں ان کی نسل سے پیدا ہوئے، تو کیا آپ ہمیں اس قصور پر ہلاکت میں ڈال دیں گے جو (ہم سے پہلے کے) ان باطل پرستوں نے کیا تھا؟

۱۷۴. اور اسی طرح کھول کھول کر بیان کرتے ہیں ہم اپنی آیتوں کو (تاکہ یہ لوگ کسی طرح سمجھ جائیں) اور تاکہ یہ باز آ جائیں،

۱۷۵. اور ان کے سامنے بیان کرو حال اس شخص کا جس کو نوازا تھا ہم نے اپنی آیتوں (کے علم) سے، مگر وہ نکل بھاگا ان (کی پابندی) سے، پھر پیچھے لگ گیا اس کے شیطان، جس سے وہ ہو گیا گمراہوں میں سے،

۱۷۶. اور اگر ہم چاہتے تو اس کو بلند مرتبہ سے نواز دیتے اپنی ان آیتوں کے ذریعے، مگر وہ خود ہی جھک گیا زمین کی طرف، اور پیچھے چل پڑا اپنی خواہشوں کے، جس سے اس کی حالت کتے کی سی ہو گئی کہ اگر تم اس پر حملہ کرو تو وہ بھی ہانپے اور اگر اسے چھوڑ دو تو بھی وہ ہانپے، یہی مثال ہے ان لوگوں کی جو جھٹلاتے ہیں ہماری آیتوں کو، سو سناتے رہو تم (ان کو) ایسے احوال تاکہ یہ لوگ (عبرت پکڑیں، اور) غور و فکر سے کام لیں،

۱۷۷. بڑی ہی بری ہے مثال ان لوگوں کی جنہوں نے جھٹلایا ہماری آیتوں کو، اور (اس طرح حقیقت میں) وہ خود اپنی ہی جانوں پر ظلم کرتے رہے تھے،

۱۷۸. جسے اللہ ہدایت کی توفیق بخشے وہی راہ پا سکتا ہے اور جسے وہ ڈال دے گمراہی کے گڑھے میں تو ایسے لوگ ہیں (حقیقی اور ابدی) خسارے والے)

۱۷۹. اور حقیقت یہ ہے کہ ہم نے بہت سے جنوں اور انسانوں کو جہنم ہی کے لئے پیدا کیا ہے، ان کے دل تو ہیں پر وہ ان سے سوچتے نہیں، اور ان کے پاس آنکھیں بھی ہیں، مگر وہ ان سے دیکھتے نہیں، اور ان کے پاس کان بھی ہیں، مگر وہ ان سے سنتے نہیں، ایسے لوگ جانوروں جیسے بلکہ ان سے بھی کہیں بڑھ گمراہ ہیں، اور یہی لوگ ہیں غافل (وبے خبر اپنے انجام سے)

۱۸۰. اور اللہ ہی کے لئے سب سے اچھے نام، پس تم لوگ اس کو پکارو اس کے انہی ناموں کے ذریعے، اور چھوڑ دو تم ان لوگوں کو جو کج روی برتتے ہیں اس کے ناموں میں، وہ عنقریب ہی (بھرپور) بدلہ پا کر رہیں گے اپنے ان کاموں کا جو وہ کرتے رہے تھے،

۱۸۱. اور ہماری مخلوق میں سے ایک جماعت ایسے لوگوں کی بھی ہے جو راہنمائی کرتے ہیں (لوگوں کی) حق کے ساتھ، اور اسی کے مطابق وہ انصاف کرتے ہیں،

۱۸۲. اور وہ جن لوگوں نے جھٹلایا ہماری آیتوں کو، ہم ان کو آہستہ آہستہ ایسے طریقے سے پکڑے جا رہے ہیں کہ انہیں خبر بھی نہیں ہوتی،

۱۸۳. اور میں انہیں ڈھیل دیئے جا رہا ہوں، بیشک میری تدبیر بڑی ہی مضبوط ہے،

۱۸۴. کیا ان لوگوں نے کبھی غور نہیں کیا کہ ان کے ساتھی میں جنون کی آخر کون سی بات ہے؟ وہ تو محض ایک خبردار کرنے والا ہے کھول کر،

۱۸۵. کیا انہوں نے کبھی غور نہیں کیا آسمانوں اور زمین کے (اس حکمتوں بھرے) نظام میں؟ اور (کیا انہوں نے کبھی آنکھیں کھول کر دیکھا نہیں) اللہ کی پیدا کردہ کسی چیز کو؟ اور کیا

انہوں نے کبھی یہ بھی نہیں سوچا کہ کہیں قریب آ لگی ہو ان کی اجل؟ پھر آخر کس بات پر ایمان لائیں گے یہ لوگ اس (کلام معجز نظام) کے بعد؟

۱۸۶. (پس اصل بات یہی ہے کہ) جس کو اللہ ڈال دے گمراہی (کے گڑھے) میں اس کو کوئی راہ پر نہیں لا سکتا، اور اللہ چھوٹ دے رہا ہے ان کو، یہ اپنی سرکشی میں پڑے بھٹک رہے ہیں،

۱۸۷. پوچھتے ہیں آپ سے (قیامت کی) اس (ہولناک) گھڑی کے بارے میں کہ آخر کب آئے گی وہ؟ (ان سے) کہو کہ اس کا علم تو میرے رب ہی کے پاس ہے، اس کو اپنے وقت پر کوئی ظاہر نہیں کرے گا مگر وہی، وہ بڑی ہی بھاری بات ہے آسمانوں اور زمین میں، وہ تم پر بالکل اچانک آن پڑے گی، آپ سے اس طرح پوچھتے ہیں جیسا کہ آپ اس کا کھوج لگا چکے ہوں (ان سے) کہو کہ اس کا علم تو اللہ ہی کے پاس ہے، لیکن اکثر لوگ جانتے نہیں (حق اور حقیقت کو)

۱۸۸. کہو کہ میں تو خود اپنی ذات کے لئے بھی اختیار نہیں رکھتا نہ کسی نفع (کو حاصل کرنے) کا، اور نہ کسی نقصان (کو ٹالنے) کا، مگر جو اللہ چاہے، اور اگر میں غیب جانتا ہوتا تو میں اپنے لئے بہت کچھ بھلائیاں جمع کر لیتا، اور مجھے کوئی تکلیف نہ پہنچتی، میرا کام تو بس خبردار کر دینا ہے (لوگوں کو ان کے انجام سے) اور خوشخبری سنانا ہے ایسے لوگوں کو جو ایمان رکھتے ہیں،

۱۸۹. وہ (اللہ) تو وہی ہے جس نے پیدا فرمایا تم سب کو ایک ہی جان سے، اور پھر اسی سے اس نے اس کا جوڑا بنایا تاکہ سکون حاصل کرے اس کے پاس، پھر (آگے چل کر ان کی

اولاد میں بعض کی حالت یہ ہوئی کہ) جب مرد نے عورت سے ہمبستری کی، تو اس کو ہلکا سا حمل ہو گیا، جسے وہ لئے پھرتی رہی، پھر جب وہ بوجھل ہو گئی تو ان دونوں (میاں بیوی) نے مل کر دعا کی اللہ سے جو کہ رب ہے ان دونوں کا، کہ (اے ہمارے مالک) اگر تو نے ہمیں اچھا سا بچہ دے دیا تو ہم تیرے بڑے ہی شکر گزار ہوں گے،

۱۹۰. مگر جب اللہ نے ان کو صحیح سالم بچہ دے دیا تو انہوں نے اس کے شریک بنا دیئے اس (نعمت) میں جو اسی نے ان کو بخشی تھی، سو بالا و برتر ہے اللہ اس شرک سے جو یہ لوگ کرتے ہیں،

۱۹۱. تو کیا یہ ایسوں کو اس کا شریک ٹھہراتے ہیں جو کچھ بھی پیدا نہیں کر سکتے، اور وہ خود پیدا کئے جاتے ہیں؟

۱۹۲. اور وہ نہ ان کی کسی قسم کی کوئی مدد کر سکتے ہیں اور نہ وہ خود اپنی ہی کوئی مدد کر سکتے ہیں،

۱۹۳. اور اگر تم انہیں سیدھی راہ کی طرف بلاؤ تو وہ تمہارے کہنے پر نہ چلیں، برابر ہے تمہارے حق میں کہ خواہ تم انہیں پکارو یا تم خاموش ہو (وہ بہر حال سننے ماننے کے نہیں)

۱۹۴. بیشک جن کو تم لوگ پکارتے ہو اللہ کے سوا، وہ بندے ہیں تم ہی جیسے، پس تم لوگ انہیں پکار کر دیکھو، پھر ان کو چاہیے کہ وہ قبول کریں تمہاری (دعا) و پکار کو، اگر تم لوگ سچے ہو (اپنے دعووں میں)

۱۹۵. کیا ان کے کوئی پاؤں ہیں جن سے وہ چلیں، یا ان کے کوئی ہاتھ ہیں جن سے وہ پکڑیں، یا ان کی کوئی آنکھیں ہیں جن سے وہ دیکھیں، یا ان کے کوئی کان ہیں جن سے وہ سنیں، (ان

سے) کہو کہ اچھا تم بلا لو اپنے ٹھہرائے ہوئے شریکوں کو، پھر تم سب مل کر چلاؤ میرے خلاف اپنی چالیں، اور مجھے مت دو کوئی مہلت،

۱۹۶. بیشک میرا کارساز (و مددگار) وہ اللہ ہے جس نے (اپنے کرم سے مجھ پر) نازل فرمائی یہ (مبارک و مسعود) کتاب، اور وہی مدد (و کارسازی) فرماتا ہے اپنے نیک بندوں کی،

۱۹۷. اس کے بر عکس جن کو تم لوگ (پوجتے) پکارتے ہو، اس (وحدہٗ لاشریک) کے سوا، وہ نہ تمہاری کسی طرح کی کوئی مدد کر سکتے ہیں اور نہ ہی خود اپنی ہی کوئی مدد کر سکتے ہیں

۱۹۸. اور (ان کا حال یہ ہے کہ) اگر تم ان کو بلاؤ سیدھی راہ کی طرف تو یہ نہیں سنتے، اور تم ان کو دیکھو گے تو تمہیں یوں ملے گا جیسے وہ تمہاری طرف دیکھ رہے ہوں، حالانکہ وہ کچھ بھی نہیں دیکھ سکتے،

۱۹۹. عفو (و درگزر) ہی کو اپنائے رکھو، آپ (اے پیغمبر!) نیکی کی تلقین کرتے رہو، اور کنارہ کش رہو جاہلوں (کے الجھاؤ) سے،

۲۰۰. اور اگر کبھی پہنچے شیطان کی طرف سے کوئی اکساہٹ تو (فورا) پناہ مانگا کرو اللہ کی، بیشک وہ بڑا ہی سننے والا، خوب جاننے والا ہے،

۲۰۱. بیشک جو لوگ ڈرتے (اور بچتے) رہتے ہیں اپنے رب کی نافرمانی سے) جب ان کو چھو جاتا ہے کوئی خیال شیطان کی طرف سے تو وہ فورا چونک جاتے ہیں، پھر یکایک کھل جاتی ہیں ان کی آنکھیں،

۲۰۲. رہ گئے شیطانوں کے بھائی بند، توان کو یہ کھینچے چلے جاتے ہیں ان کی گمراہی میں، اور وہ اس میں کوئی کسر اٹھا نہیں رکھتے،

۲۰۳. اور جب آپ ان کے پاس نہیں لاتے کوئی نشانی، تو یہ کہتے ہیں کہ کیوں نہیں چھانٹ لیا آپ نے اس کو، (ان سے) کہو کہ میرا کام تو بس پیروی کرنا ہے اس وحی کی جو بھیجی جاتی ہے میری طرف میرے رب کی جانب سے، یہ (قرآن بجائے خود) مجموعہ ہے، آنکھیں کھولنے والی نشانیوں کا تمہارے رب کی طرف سے، اور سراسر ہدایت اور عین رحمت، ان لوگوں کے لئے جو ایمان رکھتے ہیں،

۲۰۴. اور جب قرآن پڑھا جائے تو تم کان لگا کر سنا کرو، اور خاموش رہا کرو، تاکہ تم پر رحم کیا جائے،

۲۰۵. اور یاد کرتے رہا کرو اپنے رب کو اپنے دل میں عاجزی کے ساتھ، اور ڈرتے ہوئے، آواز بلند کئے بغیر، صبح و شام (یعنی ہمیشہ) اور نہ ہو جانا تم غافل لوگوں میں سے، (کہ غفلت جڑ بنیاد ہے خسارے کے)

۲۰۶. بیشک جو تمہارے رب کے پاس (ہیں اور وہ اس کے حضور شرف قرب رکھے) ہیں وہ اپنی بڑائی کے گھمنڈ میں بتلا ہو کر اس کی عبادت سے منہ موڑتے اور وہ اسی کی تسبیح کرتے اور اسی کے حضور سجدہ ریز ہوتے ہیں۔

***